MŒURS LITTÉRAIRES

IMP. DU PROGRÈS. — CH. LÉPICE, 7, RUE DU BOIS, ASNIÈRES

CAMILLE DE SAINTE-CROIX

MŒURS LITTÉRAIRES

Les Lundis de *La Bataille*

(1890-91)

PARIS
NOUVELLE LIBRAIRIE PARISIENNE
ALBERT SAVINE, ÉDITEUR
12, RUE DES PYRAMIDES, 12

1891
Tous droits réservés

DU MÊME AUTEUR

A LA MÊME LIBRAIRIE

LA MAUVAISE AVENTURE, roman.

CONTEMPLER, roman.

En préparation :

DOUBLE MÈRE, roman

L'ENTENTE, roman.

LE ROI GUPOR.

Tous les lundis, *La Bataille*, journal quotidien, consacre sa troisième page entière à

LA BATAILLE ARTISTIQUE ET LITTÉRAIRE

PAR

CAMILLE DE SAINTE-CROIX

A MES CAMARADES

ET A NOS LECTEURS DE *LA BATAILLE*

En créant les Lundis Artistiques et Littéraires de La Bataille *sur l'invitation de ce très-libre et très-haut esprit qui s'appelle Lissagaray, j'ai voulu revenir aux anciens usages de la chronique franche. Douze mois durant, n'obéissant à aucune instigation d'éditeur, ne me liant par aucun traité, j'ai dit dans un journal quotidien ce que je voyais dans les faits journaliers de la vie des lettres à Paris et c'est moins simple qu'on ne peut se l'imaginer. Ce n'est ni de la critique, au nom d'une doctrine, ni de l'analyse soutenue. Ce sont plutôt des tablettes de notices longues ou courtes sur des livres, des individus et des opinions.*

Je me suis ainsi formé un public cordial et choisi avec lequel j'espère rester uniquement en communication, ne voulant rien faire pour forcer l'attention de ceux qui ne prennent pas l'initiative de leurs lectures, me bornant à dire au nez des gens quel bien ou quel mal je pense d'eux et me satisfaisant d'échanger ces impressions avec ceux auxquels je plais.

C. DE S.-C.

MŒURS LITTÉRAIRES

14 janvier 1890

RENGAINE

> Que la pauvreté de ta robe
> Ne te fasse honte ni peur.
> Ni te diminue ou dérobe
> La suffisance, ni le cœur.
>
> AGRIPPA D'AUBIGNÉ.

Un confrère de la presse du soir a saisi, cette semaine, dans diverses actualités — conflit des peintres, affaire Descaves, etc. — l'occasion de remettre à flot une idée dont le plus grand tort reste d'avoir été trop souvent tirée du monde des clichés pour nourrir les interviewers, dans les temps de disette parlementaire.

Il ne s'agirait de rien moins que de faciliter aux jeunes écrivains les débuts dans la carrière par l'institution d'une sorte de jury de belles-lettres, chargé d'examiner les œuvres frais écloses et de décréter la publication, aux dépens de l'Etat, de celles jugées les meilleures.

Notre distingué confrère étaie sa proposition de

cette remarque que les peintres, sculpteurs, architectes et graveurs jouissent d'une exposition annuelle qui les met en contact direct avec le grand public, dans un palais gratuitement prêté par l'État, — et qu'en outre il leur est servi, comme aux musiciens, un *prix de Rome*, des *bourses de voyage*, puis mille autres subventions, avantages de réclame et d'argent qui font défaut aux jeunes écrivains.

* * *

Celui qui a pris sous sa responsabilité la réédition de cette fantaisie, s'est-il bien souvenu qu'il était lui-même un écrivain ? Ne sait-il pas que ce qu'il propose là est certainement ce que n'accepteront jamais ceux en qui peut germer la conception d'une vie hautement intellectuelle ?

Et n'a-t-on pas vu que jamais les concours n'encouragèrent les gens de style, ne produisirent jamais que de futures non-valeurs, à moins qu'ils ne contraignissent les écrivains vrais à déroger, ce qui ne pouvait compter comme compensation.

* * *

Qui se plaint parmi nous ? Est-ce qu'un poète est riche ou pauvre ? Il est poète, et c'est tout !

Mais on objecte que la vie est dure en nos temps, qu'il faut la gagner et que les heures dépensées par certains à se former sont perdues pour le gain du pain quotidien, — et réciproquement. On nous montre les souffrances de la bohême, les ratés affolés de famine, se débattant, impuissants et maladroits, entre les doigts souples et crochus des huissiers. On nous montre de pauvres êtres de génie, incapables de satisfaire aux charges de famille et presque contraints à mendier.

Et puis après ?

* * *

Vous voulez leur tendre la main, favoriser leur succès, encourager leurs débuts, les recommander au public ! Vous aurez des poètes prix de Rome ? des poètes médaillés de première, deuxième et troisième classe ? le poète à médaille d'honneur ? les poètes *hors concours, exempts de l'examen du jury d'admission*, et membres, à leur tour, dudit jury, pour clore la carrière ?

Quelle perspective !

Et à quel moment les prendrez-vous pour cela ? Tout jeunes ?

Et quelles œuvres primerez-vous ? De bons morceaux de style ? De quel style ?

Ignorez-vous qu'il n'est de vrai style, style de styliste que celui que chacun, par goût et tempérament, s'invente instinctivement : grand style, si l'on est grand homme ; style mesquin, si l'on est pied-plat et que cela ne peut être jugé qu'après examen fait d'une génération, sinon par la postérité lointaine, au moins par la génération suivante.

Tels d'entre nos pères que nos pères eux-mêmes ont admirés ne comptent plus pour la postérité et, par conséquent, restent n'avoir rien valu.

D'autres, au contraire, que leur temps a méconnus ou ignorés, sont les dieux de l'avenir.

Alors comment voulez-vous, vous vétérans, juger ces jeunes qui seront, au contraire, vos juges ?

***

Je ne sais qu'un moyen de soutenir le poète pauvre. C'est : diminuer le prix du loyer, le prix du vin, le prix du pain.

Oui, résolvez au plus tôt le grand solde des problèmes économiques et créez une société où personne, pas même un poète, ne meure de faim !... C'est tout ce que vous pourrez pour nous !

La première et peut-être l'unique condition pour rester artiste pur, c'est de l'être avant tout, contre tout, avec la fortune ou malgré la misère.

La misère !... Hé, diable ! On n'est pas manchot et l'on s'en tire !

Ne pouvons-nous, faute de rentes, nous faire professeurs, expéditionnaires, reporters, feuilletonistes ou typographes, ou tout autre chose ? Cela conviendra toujours mieux que l'aumône officielle des académies, conseils supérieurs, comités quelconques de parvenus patentés. On gagne (oh ! très durement) son pain par des besognes, mais sans mettre indignement sa « plume d'or » au service des gains forcés et quotidiens.

Vous voudriez protéger des chefs-d'œuvre ?

On ne protège pas les chefs-d'œuvre !... Les chefs-d'œuvre sont des personnes animées, enfantées par de féconds cerveaux ; ils vivent de leur vie propre et s'assurent eux-mêmes leurs moyens d'existence. Que celui qui les a faits n'ait pas su se débrouiller dans la vie, la belle affaire !

Son ventre à jeun n'est ni plus intéressant, ni moins qu'un ventre d'ouvrier sans ouvrage.

Il y a cinquante ans, lorsque quelqu'un écrivait : « Je ne serai compris que dans cinquante ans ! » il nous acceptait pour juges, nous, les jeunes hommes d'aujourd'hui. Se serait-il permis de nous juger, lui ?

Lorsqu'on aura constitué un comité officiel, ainsi composé :

> De Bornier, président ;
> Pailleron,
> Legouvé,   } membres ;
> Cherbuliez,
> Claretie, secrétaire.

Je ne prévois pas de quelle compétence s'autoriseront ces messieurs pour proclamer lequel de nous, né après 1850, signera le paquet littéraire à léguer au vingtième siècle ?

28 janvier.

UN PEU DE GÉNÉALOGIE

Voici douze ou quatorze ans qu'avec les reliefs du Parnasse, à l'ombre des grands noms de Gautier, de Baudelaire, de Flaubert et de Stendhal, fut fondé le premier groupe littéraire qu'on ait vu depuis la guerre. Du salon de Victor Hugo au café Tabourey, en faisant étape au Madrid, tous les petits cercles d'art pur mêlèrent leurs bannières pour la bonne croisade.

Deux hommes jeunes, actifs et souples, Catulle Mendès et Henry Laujol, concilièrent ces tendances, confuses et dissidentes, rassemblèrent tous ces rêveurs que la politique laissait désœuvrés au milieu de la vie moderne, et leur firent comprendre qu'eux aussi, les indifférents, pouvaient devenir une force comme une autre, à la condition d'être d'abord des camarades.

Une revue, la *République des Lettres*, parut, dont la couverture portait des noms alors connus des seuls confrères, aujourd'hui populaires, mais à des titres combien différents. La collection de la *République des Lettres* reste le plus beau recueil de littérature que notre temps ait eu. Un même numéro contenait des chapitres de l'*Assommoir* encore inédit, des rimes vierges de Leconte de

Lisle et de Banville, et des poèmes en prose de Stéphane Mallarmé. Ces noms sont loin aujourd'hui les uns des autres ! La postérité les raccordera-t-elle ? Nous devons rappeler aussi un recueil qu'Henri Mercier et Charles Cros avaient dirigé avec des intentions analogues, mais qui fut d'une durée trop courte pour avoir atteint son but, la *Revue du Monde Nouveau*.

Cependant et durant près de deux ans, les choses marchèrent assez bien ; tout le monde s'astreignait à marcher au pas. Puis un jour on fut las de l'uniforme. Il y eut orage et clameurs. La *Revue* sombra et chacun, s'accrochant à l'épave de son choix, vogua pour son compte. Ce fut une ivresse. On se sépara et l'on redevint des groupes, et les plus jeunes se syndiquèrent en fractions, s'attribuant chacune son maître dans le passé ou dans le présent.

Flaubert, de Goncourt et Zola furent revendiqués par les *naturalistes* Huysmans, Paul Alexis, Céard, Léon Hennique, Edouard Rod et Guy de Maupassant.

Leconte de Lisle garda les *impassibles* ; Hérédia, Léon Dierx, Catulle Mendès, Armand Silvestre.

Il y eut, par riposte, les *vivants*, encouragés par Barbey d'Aurevilly : Jean Richepin, Maurice Bouchor, Raoul Ponchon, Gabriel Vicaire, et leurs amis les *modernistes* : François Coppée, Paul Bourget, Sully Prud'homme, Léon Valade, Anatole France, Valéry Vernier, Amédée Pigeon, Raoul Gineste, Rodenbach.

Restèrent indépendants : Paul Verlaine, Villiers de l'Isle-Adam, Elémir Bourges, Stéphane Mallarmé, Léon Cladel, et, plus légèrement fantaisistes : Ernest d'Hervilly, Paul Arène, Maurice Rollinat, Emile Goudeau, Charles Cros, qui n'avaient tenu que d'assez loin à la *République des Lettres*.

Les plus simples restèrent stupéfaits devant cette dislocation.

Marchant dans leurs rêves, ils ne comprenaient guère que des gens assemblés pour causer littérature et semblant s'accorder sur tous les points principaux, se tournassent ainsi brusquement le dos.

Tels étaient : le symboliste Stéphane Mallarmé, le rude Léon Cladel, le magnifique Villiers de l'Isle-Adam, Germain Nouveau et quelques autres n'ayant point passé ou n'ayant pas encore atteint l'âge où l'on comprend quel est le vrai fond de semblables querelles.

Quelques années eurent, d'ailleurs, raison de toutes ces spécialités.

Les groupes prirent, chacun à son tour et par ordre de diligence, l'attention du public.

Puis, ils se défraîchirent et s'usèrent ou furent modifiés. Les œuvres de mérite survécurent aux formules qui les avaient encadrées et les individus d'élite échappèrent aux francs-maçonneries pour se mêler plus ouvertement a la vie littéraire.

Un superbe poète, que son existence romanesque, plus encore que sa furieuse indépendance artistique, avait longtemps tenu hors de ces fréquentations, revint d'exil ou plutôt sortit de sa retraite. Il avait brillé au premier rang du Parnasse d'il y a vingt ans, mais s'était brusquement retranché, courant à l'oubli, et toutes traces perdues. Il avait envoyé un volume de vers de la plus haute portée et qui souleva de vaillants enthousiasmes; mais il ne se montrait toujours pas. A peine correspondait-il encore avec ses camarades de prédilection. Puis, brusquement, on le revit.

Quand reparut Paul Verlaine, il y a six ou sept ans, il put s'apercevoir que le monde des penseurs s'était fort agité en ces dernières années. Il vit net. Sa grande colère ne fut pas que des gens de lettres se fussent querellés, mais bien qu'ils eussent, en se battant, oublié et abandonné trois ou quatre grands enfants, des leurs, sur le bord des routes.

Il s'émut et s'acharna à l'œuvre qu'il entrevoyait bonne, visita le quartier Latin et les cénacles de jeunes, se mêla aux petits journaux littéraires où s'exerçaient des talents adolescents. Deux revues et un éditeur de la rive gauche se mirent à son service : *Lutèce*, dirigée par Trezenik et Rall; la *Revue Indépendante*, de Félix Fénéon.

L'éditeur était Léon Vanier, un bouquiniste du quai Saint-Michel. Ici et là, Verlaine publia des **articles et des brochures sur les chers oubliés.**

Cette tâche, rude d'abord, lui fut facilitée par le concours ardent de vaillants jeunes hommes que l'étrangeté séduisante du revenant et l'héroïsme de son entreprise lui avaient conquis. Les noms de Mallarmé, d'Arthur Rimbaud, de Tristan Corbières furent gravés au front du nouveau Panthéon ; et Verlaine ayant montré ces noms à ses jeunes amis, leur cria : « Voici des maîtres que la réclame n'a pas encore défraîchis! » Puis, repris par une cruelle maladie, de nouveau il disparut.

Romantiques, réalistes, impassibles, vivants, idéalistes, hellénisants, naturalistes, mystiques, macabres et modernistes ayant tour à tour allumé, puis entretenu, puis lassé l'attention du public, il fallait des aliments frais à la génération présente.

A chacun des nouveaux maîtres ainsi adoptés, l'on emprunta sa dominante. Rimbaud et Corbières enseignèrent que l'on peut servir toute idée, crue et nue ; Verlaine, que chaque poète doit se composer lui-même sa logique et son traité d'harmonie ; Mallarmé, qu'il n'est pas artistique d'exprimer une idée par des signes directs et que toute poésie se doit d'être symbolique ; Villiers de l'Isle-Adam, que la littérature n'est point un art familier ni complaisant et qu'elle ne peut être pratiquée sans solennité.

Malgré l'incohérence apparente de ces divers enseignements, certains ont su s'en accommoder et s'y tailler un fonds littéraire pittoresque.

Les jeunes gens se lièrent soit aux représentations de Bayreuth, soit chez Edmond de Goncourt, soit chez Stéphane Mallarmé.

L'amitié de Verlaine les avait fait baptiser décadents. La fréquentation de Stéphane Mallarmé leur valut d'être dénommés *symbolistes*...

En 1887, Jean Moréas fut invité par le *Figaro* à expliquer pour la compréhension du public les principes un peu subtils du symbolisme. Il s'en tira avec esprit dans un article net et élégant. Les organes officiels du groupe furent tour à tour *Lutèce*, la *Vogue*, la *Revue contemporaine* et la *Revue indépendante*, qui seule a survécu.

... Voilà, en quelques mots, la carcasse de la vraie histoire littéraire de 1370 à 1887.

D'antres noms se sont fait depuis; nous les retrouverons au cours de ce volume ou des suivants.

4 février.

VRAIE GLOIRE

L'*Echo de Paris* annonce la publication dans ses colonnes d'un nouveau roman inédit de Stendhal. C'est mieux qu'un événement littéraire; c'est un point d'histoire. Et merci à notre confrère de faire que cela ait lieu! Voilà une belle pierre neuve ajoutée au monument que la postérité édifie lentement à la mémoire de ce grand homme.

On a peint Stendhal dédaigneux de sa gloire et ne la soignant pas.

Allons donc!... Dédaigneux de la gloriette bassement fructueuse des réclames, oui, certes! Mais de la haute, de la pure, de la vraie gloire... serait-ce humain? Et la première vertu de Stendhal fut d'être supérieurement « humain! »

S'il a pu s'écrier :

« — Je crois impossible d'obtenir un succès sans faire des bassesses auprès des critiques... » Et s'il ne les a pas faites, il n'a jamais dit de mal de l'Avenir.

Sentir en soi la force contondante qui, sans piquer sanguinairement ni trancher brutalement, amincira par petits coups précis la peau humaine, trop épaisse encore après La Rochefoucauld, Saint-Simon et Voltaire; sentir que, sur le cœur et sur le cerveau des descendants, on exercera cette influence qui crée des sentiments, enflamme des courages et éclaire des doutes, se savoir prophète et précurseur et n'entendre dire de soi que ceci : « M. Beyle est un auteur spirituel et original, mais capricieux et paradoxal, un observateur fin et délicat, mais dont l'ironie perpétuelle atteste un esprit blasé... » et mourir là-dessus! Telle fut la vie de Stendhal et telle fut sa souffrance!

Droite vie d'honnête homme qui avait pour règle l'effacement, et dont le plaisir était l'élégance discrète, ne l'a-t-on pas attaquée dans sa simplicité même? Cinq lignes la raconteraient: Né en 1783, fils d'un riche avocat au Parlement de Grenoble et parent de ce grave comte Daru qui, dans les conseils de l'empereur s'était opposé à la guerre de Russie, Henri Beyle, dit Stendhal, fut tour à tour peintre, soldat, commerçant et diplomate.

C'est tout.

Il a cependant fallu qu'on relevât dans ses études artistiques des fautes de goût ou d'érudition qu'assurément M. Brunnetière n'eût pas commises, et, dans sa carrière diplomatique, des erreurs administratives que M. Delafosse réprouverait.

Qu'a-t-il fait pour importuner? Ses amours se sont-elles imposées comme sujets de pendules? S'est-il permis quelque scandale à la Sainte-Beuve, quelques bavardages à la Musset? A-t-il tenté de ces usurpations de l'opinion publique qui font que les intéressés et les ayants droit réclament et se fâchent haut? A-t-il forcé ses contemporains à ne fumer qu'en des pipes dont les têtes fussent la sienne?

C'est de quelques années seulement, on se le rappelle, que date la ferveur pour Stendhal.

Le lancement de la « Chartreuse de Parme », entrepris par Balzac, n'avait guère réussi autrefois.

Balzac n'avait pas dans l'idée qu'il eût à mettre l'auteur de trois romans, d'une physiologie et quelques biographies, à son niveau à lui, Balzac, qui avait écrit un million de pages et des chefs-d'œuvre par douzaines de douzaines. Il avait pris Stendhal en protégé, en original à produire, en inconnu à faire honorablement connaître, et, s'il avait mis dans sa préface de 1840 : « M. Beyle a écrit un livre où le sublime éclate de chapitre en chapitre », il s'est hâté d'ajouter, pour l'édition de 1854, Stendhal mort : « C'est un des esprits les plus remarquables de ce temps ; mais il n'a pas assez soigné sa forme... »

D'autres hommes méconnus du public sont du moins appréciés par les gens d'esprit et l'élite de leurs contemporains. Bonne revanche que Stendhal n'eut donc pas, puisque Théophile Gautier, le comparant à Léon Gozlan, trouvait qu'il n'éblouissait pas comme celui-ci « *par un pétillement d'étincelles de toutes nuances* », puisque Sainte-Beuve confessait ne pas comprendre l'admiration qu'il croyait voir déjà se propager *pour cet homme d'esprit fin, sagace, mais n'ayant en somme rien fait* qui valût le *Voyage autour de ma chambre*, de Xavier de Maistre. Et vous pensez si, Sainte-Beuve et Gautier ayant donné, les autres se gênaient !

Stendhal avait osé écrire : « Je ne serai compris que dans cinquante ans. »

En effet, il ne s'en serait fallu que de très peu, malgré Mérimée, qu'on l'eût oublié si M. Taine ne s'était occupé sérieusement de lui vers 1867.

Alors il s'est écoulé six ou huit années assez bonnes pour Stendhal.

Après que M. Taine, bravant Flaubert et Sainte-Beuve, eut osé écrire, dans les *Philosophes fran-*

çais au dix-neuvième siècle, que Stendhal resterait comme le plus grand psychologue des temps présents, quelques jeunes gens avaient déjà pris la mode de rivaliser d'enthousiasme. Cette mode alla bientôt croissant. De tous les coins du monde parisien et littéraire naquirent des fervents, des *Stendhaliens*, qui apprirent et surent bientôt par cœur *le Rouge et le Noir*.

C'était, dans les conversations, à qui surprendrait son camarade à court de citation, en flagrant délit d'ignorer en quelle page et à quelle ligne se trouvait tel adjectif qualifiant tel mot. Plus d'un perdait la tête dans cette ronde fanatique et vertigineuse autour de l'Idole nouvelle qui détrônait Balzac. Il y eut, comme toujours, quelques absurdités commises par les niais fourvoyés en cette compagnie d'hommes sincères et justement enivrés d'avoir, dans un chaos, trouvé un homme et une pensée.

Mais de tout ceci se dégagea bientôt l'étude dans laquelle Paul Bourget a pleinement et définitivement révélé l'œuvre de Henri Beyle, ses loyales origines et son immense portée.

Ce fut l'apogée, l'hommage public.

Hélas!

Les Stendhaliens étaient-ils incapables de l'être jusqu'au bout, — allait-il falloir les déclarer en faillite d'admiration? Il y a deux ans, ils n'avaient déjà pas su étouffer convenablement les murmures inexplicables que souleva la publication du « Journal ». L'an dernier, ce fut « *Lamiel* » qu'ils *lâchèrent* presque complètement.

Déjà l'on parlait d'une « influence qui allait en diminuant », d'un « équilibre à tenir entre l'admiration due et l'enthousiasme exagéré ». Allait-on déserter les autels? Et l'on se répétait une phrase de Paul Bourget, que l'on avait d'abord laissé passer inaperçue :

— Qui peut affirmer que dans quarante ans, ce même Stendhal et ses fervents ne seront pas enveloppés d'un profond oubli, par une nouvelle génération qui goûtera la vie avec des saveurs nouvelles?

La vérité, c'est que Stendhal n'aura jamais une gloire complète, universelle et panachée, une gloire à statue, une gloire de dictionnaires, d'almanachs, de pendules et de têtes de pipe.

Son maximum de succès a été rendu par les Stendhaliens de ces dernières années, refroidis aujourd'hui, — et c'était en somme une parodie qui ne pouvait durer.

Mais il y aura toujours d'autres fidèles, toujours des hommes jeunes et des femmes jeunes qui liront *le Rouge et le Noir* et l'ébauche de *Lamiel*, et qui resteront frappés et charmés d'avoir été pénétrés ou caressés par l'esprit mystérieux du divinateur.

— Les hommes sont personnels, a dit le pessimiste allemand, — ce qui revient à dire que les modes passent, mais que leur passage, leur venue, leur fuite n'agissent pas profondément sur les individus.

Tout est donc ou dans la mode ou selon la nature; et si les choses de la mode s'entretuent et se remplacent, — celles de la nature s'entretiennent et se perpétuent.

Ainsi revivra toujours Stendhal au printemps des générations !

---

11 février.

PIGALLOU

Si, par quelque beau soir d'été, vous savourez les bienfaits d'un soda sur la terrasse de la Nouvelle-Athènes, et si, ayant épuisé toutes les formes de causerie, vous êtes réduit à demander au bon Pigallou :

— Ah çà ! mon cher, d'où êtes-vous donc !

Son regard large, attendri, humide, enveloppera ce fameux rond-point de la place Pigalle, au milieu duquel tremblotte un mince jet d'eau ; et, peignant de ses longs doigts maigres sa barbe grise et frisée, il vous répondra :

— Je ne sais pas où je suis né; mais c'est ici que j'ai toujours vécu.

Pigallou, dont la taille est moyenne, s'habille d'un veston bismarck, d'un pantalon collant et d'une cravate flottante; il se chausse finement et se coiffe d'un chapeau de feutre noir, rond, à bords rabattus, d'un de ces chapeaux, dont la mode date d'il y a dix ans et qu'on appelait alors des « cloches ».

Il a les cheveux drus et frisés, grisonnants, le teint bronzé, les yeux pâles, la barbe courte, la voix traînante. Son geste est très vivant, presque éloquent ; on sent que ce penseur se repose sur son allure du soin de rester coi devant certaines discussions.

Ce geste est généralement une agitation indécise du bras droit, puis le simulacre de jeter quelque chose par dessus l'épaule avec un écarquillement franc des deux yeux et un pincement sec des lèvres. Cela dure une seconde et signifie :

— Tout ce que vous me dites là, c'est vieux, on la connaît ! Mais, qu'est-ce que ça prouve? Ça n'a jamais rien prouvé. Voyons !... Après?...

C'en est assez pour que Pigallou soit admis dans la discussion. Son geste est une opinion, et quand on a soif, Pigallou est compris pour un bock dans la tournée commandée.

Pigallou ne parle que pour faire des aphorismes ; quand les aphorismes ne lui viennent pas, il se tait ; il y va simplement du geste.

Ses aphorismes ?... Il en a émis de profonds. En voulez-vous?

— En amour, il vaut mieux voler qu'acheter.
— Les amis ? On ne les connaît jamais que de vue !

— L'expérience ? C'est savoir dans quelle circonstance on commettra telle faute.

Sa formule témoigne généralement d'une connaissance froide de la vie, sans amertume ; d'une ferme intention de défendre ses intérêts, sans méchanceté.

Il demeure à Montmartre, près le Gymnase du Mont-Cenis, très haut sur la butte, presque à même l'autre pente, celle qui descend vers Saint-Denis. C'est là qu'il ferait de la peinture, s'il n'avait l'intention d'écrire des poésies et qu'il sculpterait, si son rêve n'était de devenir un grand musicien.

S'il vit actuellement avec une bonne fille de quarante ans, c'est que sa spécialité est de « finir les collages ». Expliquons : Un de ses amis « est » depuis sept ou huit années « avec » une demoiselle de magasin séduite, un « petit modèle » *tiré de la fange*, une dame de brasserie sentimentale ; ça a été une affection sérieuse, mais ça ne peut plus durer. L'ami veut se marier ou simplement changer. Pigallou intervient alors : il se glisse dans l'intimité du ménage, et se met du côté femelle ; il est le confident, il écoute patiemment les récriminations, donne des conseils perfides, s'émeut, s'indigne, pousse à la révolte, se fait écouter, apprécier, adorer.

La femme vient le voir, le consulter chez lui ; on est quelque temps « âmes sœurs ». On se voit plus fréquemment tous les jours : l'amant qu'on débarrasse fournit les occasions, règle les notes dans le restaurant où festoient les deux âmes sœurs qui finissent par s'entendre si bien que leurs deux corps ne font bientôt qu'un seul et même locataire dans l'appartement de Pigallou. Pourtant, il faut manger. Alors la dame revoit son ancien amant. Elle a un enfant en nourrice, elle a oublié son métier et se trouve sans ressources. Elle développe mille bonnes raisons, et, à chaque visite, elle obtient, soit par l'attendrissement, soit par l'intimidation, une subvention, au nom du passé. C'est ainsi que Pigallou recrute ses maîtresses, généralement défraîchies, mais « encore bonnes pour ce qu'il veut en faire. »

Pigallou a d'autres moyens d'existence : d'abord, une rente modique que lui servent des parents anonymes, — puis il est gérant de petits journaux — compagnon de voyage pour touristes spleenétiques, — commissionnaire en tableaux, — cicerone à l'usage des gens du monde qui veulent connaître à fond les mystères de Montmartre, ses brasseries célèbres et ses illustrations féminines.

Pigallou a trois haines topographiques: la rue des Martyrs, les grands boulevards, le quartier Latin.

Sa haine pour la rue des Martyrs est raisonnée et basée sur cette constatation, que le trottoir y est peuplé de jeunes femmes qui sont, à divers titres, ses créancières.

Ceux de son âge qui, jadis, hantaient avec lui le Madrid et le Mulhouse, sont aujourd'hui directeurs de journaux, membres de l'Institut, députés, banquiers, tous gras et cossus ; et jamais Pigallou ne pardonnera au Madrid ni au Mulhouse d'avoir été les points de départ de cette bifurcation. Ceci pour les boulevards. — Quant au quartier Latin, il ne s'y plaît pas... Voilà tout!

En peinture, Pissaro : en littérature, Mallarmé ; en politique, Vallès, Cassagnac ou Baudry-d'Asson, selon l'inspiration du moment : telles sont les affections spirituelles de Pigallou ; en tout, le culte systématique de l'outrance, peu lui importe qu'Alcibiade ait été le vainqueur d'Abidos. Le vrai mérite de ce grand homme est d'avoir coupé la queue de son chien et mutilé d'une manière analogue les statues d'Hermès. De même que le bourgeois maudit sans discernement la fine afféterie de Mallarmé et les lies de vin de Pissaro, pour la seule raison que l'un et l'autre sont excentriques, de même Pigallou leur dresserait des statues, sans trop savoir s'ils y ont d'autres droits que celui d'ahurir les Philistins. Quant aux choses de la politique, il ne s'y intéresse qu'autant que ceux qui les traitent sont briseurs de vitre et forts en gueule.

Et encore, des gens qui briseraient vraiment les vitres... Il n'en demande pas tant!

Ce que sera la vieillesse de Pigallou ? Quand sonnera la cinquantaine, Pigallou changera de ligne, ira solliciter d'anciens amis parvenus, qui lui jetteront quelque sinécure à manger, et l'on dira : Ah! si Pigallou avait voulu travailler! »

18 février.

BAS-ROSE

Reinette la Hongroise a de l'esprit, les yeux froids et la pensée ardente. Bien née et fiancée dès le berceau à son cousin qui, maintenant, est en Autriche, un brave et bel officier, il lui a plû, à seize ans, de s'affranchir en devenant la maîtresse du premier peintre qui fit son portrait.

C'était un artiste en voyage, venu de Paris, et célèbre. Il vola cette charmante enfant à son altière famille, l'apatria chez nous et l'exposa dans les fêtes galantes, comme il expose ses pastels aux vitrines, avec une signature énorme.

Ce peintre était marié, il se sépara. Sa femme, personne d'ailleurs consolable, eut quelques aventures littéraires qui prouvèrent qu'en elle la chair survivait au cœur mort.

On fit ménage, on a un enfant.

Reinette, qui connaît la Bohême au double titre d'Autrichienne et d'irrégulière, n'a jamais connu la misère et s'est fait sur l'existence commune une opinion délicieusement fausse. Elle y voit l'amour triomphant, l'amour libre et n'en goûte que la poésie heureuse.

Elle n'a vu l'homme que prosterné dans ces

brillants cénacles d'artistes qu'elle préside avec une grâce orgueilleuse.

Et pourtant, c'est une fille de l'espèce commune qui se serait vendue pour rire, s'il ne lui avait suffi de se donner comme d'autres se vendent pour manger. Son étonnant bonheur la sauva de cette misère sentimentale, puisqu'elle a trouvé dès le premier pas, et définitivement, toutes les jouissances rêvées dans une condition qui est l'indépendance même.

Son « ménage » a la tranquillité des unions parfaites. L'homme est très joli garçon, un excellent artiste, riche, applaudi, spirituel, regardé par les femmes, considéré par ses confrères avec une pointe d'envie qui n'exclut pas la sympathie.

Son fils est un gracieux baby de six ans, beau et vif, avec une grande douceur, dont les vieilles dames raffolent et que les jeunes mères convoitent.

Reinette a vingt-six ans et se maintient au premier rang des belles filles à la mode. Elle ne dépend, ai-je dit, de personne, pas même pécuniairement de son ami.

Un vieil oncle, qui l'avait toujours aimée et qui ne l'abandonna jamais, est mort en lui léguant un talisman contre les soucis de l'âge critique, de bonnes rentes qui protégeront les débuts du fils et déjà permettent à la mère de s'entourer d'un luxe fin, payé par elle.

Les femmes lui sourient, malgré sa beauté, car

elles la savent inébranlable dans sa fidélité, — et sans tressaillir, la regardent passer escortée de leurs maris ou de leurs amants.

Reinette, dont les longues mains blanches distribuent l'aumône avec une aménité patricienne, est bien connue pour sa bonté parfaite et sa délicate charité.

Elle est de toutes les saintes œuvres, et cette vaillance à se prodiguer dans les tournois de bienfaisance, à rendre mille petits services de presse et de théâtre, son succès de recettes dans certaines ventes de charité, la mettent en contact presque incessant avec de bonnes dames du meilleur monde qui, s'habituant à la rencontrer si souvent gracieuse et dévouée, la voient avec plaisir et la payent de son zèle en saluts et en menus bonjours.

Entièrement généreuse, elle prodigue sa beauté. On admire ses épaules et ses bras au théâtre, sa cheville et sa gorge dans les bals de cercles et les fêtes de centièmes.

Un peu Corinne, un peu Paulette, elle aime la musique savante et les toilettes jolies, les poètes inspirés et les officiers brillants, la vraie peinture et le vrai champagne.

Elle parle avec goût des choses du beau monde, de la bonne littérature et de la vie artistique.

On l'entoure aux courses, aux premières ; les auteurs viennent la saluer dans la loge qu'ils lui ont offerte ; les *grands* peintres la cicéronent parmi leurs expositions ; des gentilshommes corrects l'escortent au Bois.

Elle se repose sur la légende de fidélité qu'on lui a faite pour se permettre les plus crânes licences. En public, elle sourit à tous, et, dans les redoutes, circule de bras en bras avec un abandon complet de son beau corps. *Simounée* par cent haleines de feu, qui, tour à tour, lui soufflent leurs désirs à la face, elle revient de ces cohues souriante et forte, et sait n'y être la maîtresse... que d'elle-même.

Ses amies sont du demi-monde ou du théâtre. Cependant, deux camarades d'enfance, nobles Hongroises, richement mariées à Paris, lui sont restées fidèles, et, bravant leurs époux inquiets, lui multiplient les témoignages publics de la plus chaude affection. D'ailleurs, elles sont assez connues pour que la médisance ne mette cette fantaisie que sur le compte de leur originalité et si cette liaison les compromet un peu, très peu, Reinette y gagne un prestige réel et une grande supériorité sur les autres femmes de sa condition.

Un journaliste lui reprochait de ne pas « soigner la galerie ».

— Mon cher C..., répondit-elle, je n'aime pas plaire à tous, j'aime plaire à chacun.

Elle plaît en effet à chacun. Et c'est ce qui, dans cette exception mondaine, « les femmes à tous et à personne, » fait d'elle une subexception. De son large coup d'œil elle enveloppe une foule. Rapidement elle trie les figures de mérite et les apprécie selon leur attitude. Puis elle a du plaisir sur la planche pour une soirée, quand elle s'est assuré une provision de vingt hommes difficiles à conquérir.

Avec une activité de César, elle porte de l'un à l'autre le charme de ses sourires et de sa causerie, distribuant à chacun ce qui lui convient. Elle n'est satisfaite et ne rentre enfin en elle-même que lorsqu'elle est assurée que ses nouveaux sujets rejoindront, elle partie, leurs femmes ou leurs maîtresses avec une mélancolie qui fera sourire les connaisseurs.

Cette petite Reinette est un dandy qui donne une âme aux choses et méprise les réalités plates.

Elle écrit des phrases exquises sous un pseudonyme discret dans un journal lu seulement dans un monde dont elle n'est pas.

Ses actions et le parti qu'elle en tire sont en contradiction constante. Elle ne fait rien pour le bruit et fait beaucoup de bruit pour rien. Elle est incorrecte avec une simplicité de grande dame, et s'amuse de n'être ni cocotte, ni bourgeoise, ni bas-bleu, ni quoi que ce soit de défini, et d'être cependant une personne de son temps, mêlée aux événements et vivant comme on vit.

Aussi, ai-je eu grand mal à étiqueter son croquis, et ne l'ai-je appelée le bas-rose que parce qu'il est d'usage de s'occuper des bas des femmes de lettres, et que les siens sont roses.

Pauvre Reinette, quelle triste vieille femme

vous serez dans dix ans ! Votre amant sera marié, votre fils mangera vos rentes avec de belles filles que vous aurez peut-être tutoyées, et vous vivrez peut-être de faire, dans les bas prix, de la chronique mondaine pour les journaux galants. Votre beauté, vous l'aurez fatiguée ; vos amis, vous les aurez irrités ; votre vertu relative, vous en aurez tellement ri qu'elle aura perdu son crédit ; votre... Ah ! chère sceptique, vous vous souviendrez alors de ces vers faciles que, sur votre album, vous avez cru écrits pour une bourgeoise quelconque et qui s'adressaient bien à vous :

Car plus tu lutteras contre l'élan d'amour
. . . .
Et plus s'aggravera la sourde frénésie ;
Et quand aura sonnée l'heure de succomber,
Tes cheveux seront gris, tes dents près de tomber,
Nul ne viendra se prendre à l'amorce moisie,
Sinon, le ruffian tyrannique et coûteux,
Qui te proposera quelque pacte honteux,
Et tu seras déchue alors, sans poésie.

25 février.

GALANTERIES

M. de Glouvet est un écrivain qui sait ce qu'il écrit et dont la plume, discrète et douce, détaille finement les principes d'une morale toute franche, très simple mais non sans distinction.

Il a sous le coude une petite pile de livres dont il est l'auteur et sur laquelle il a certainement le droit de s'appuyer pour contempler le travail d'autrui.

Or, ce travail ne le satisfait pas ; car il voit, à bout de patience et sans plus d'indulgence, la montée des œuvres modernes où l'étude du tempérament féminin se poursuit, à son sens, peu galamment.

Il est bien navré que les causeurs et les auteurs contemporains lui présentent des héroïnes non seulement sans héroïsme, mais ne vivant que dans l'intrigue, par le maquillage et pour la faute.

C'est dit avec à-propos, sinon avec justice.

Il veut que l'on ne cesse d'enguirlander galamment le type légendaire de la Française.

Il évoque Jeanne Darc, supérieure aux plus nobles femmes de l'histoire romaine, — Mlle de Sombreuil et le verre de sang, — Mme Roland, qui eut du génie pour un mari qu'elle n'aimait pas d'amour, — Mme du Deffand, — Mme Récamier, adorée sans espoir.

Sans doute...

C'est donc décorée d'une « vertu aimable » et d'une « honnêteté souriante » qu'il voudrait, en résumé, voir s'épanouir les femmes au sein des conversations et des romans.

C'est, paraît-il, à ce seul prix que nous léguerons

des chefs-d'œuvre à l'admiration de nos petits-neveux.

Il s'indigne de ce qu'en leurs études les plus neuves, nos conteurs n'accordent à leurs héroïnes que des sens avec — pour fonction — d'être de la chair à plaisir.

Oui. C'est une opinion.

Assurément, si l'on va dans un théâtre pour y voir gambader une reine Fiammetta, — ou si l'on perd son temps à lire certains petits contes qui n'ont que la bêtise de leur saleté, on court le risque de ne pas faire l'heureuse rencontre de la réalité.

Mais la rencontrerons-nous davantage si nous exigeons que l'on nous représente la femme moderne végétant sans chaleur entre son buffet et son armoire et n'ayant une âme que pour ses devoirs ?

Sans réclamer goulûment la renaissance d'une littérature-souillon, sans nous borner d'autre part à des chroniques sur des travestis, les infanticides et les prix de beauté, nous aimons savourer autre chose que ce qui est vide de passion.

Mme Emile de Girardin, l'une des figures accomplies de la femme au dix-neuvième siècle, s'est courageusement et sincèrement révoltée contre Alphonse Karr, lorsque celui-ci formula, dans un numéro des « *Guêpes* » de 1840, une théorie très pareille à celle de M. de Glouvet.

Elle réclamait pour son sexe le privilège d'être faible, ignorant et paresseux.

C'était admirablement trouvé et c'était la définition de la femme donnée par une femme de Paris lorsqu'elle nous la désignait : *un être mystérieux et paré des contrastes les plus charmants*, — et feignait de ne pas se comprendre elle-même avec des passions violentes et de petites idées, des vanités insatiables et des générosités absolues, prouvant — par hasard — de grandes qualités devant de grands événements, mais sachant finement montrer tous les jours, dans le commun de la vie, ses défauts précieux, impérieux et pleins de grâce.

Est-on donc un butor si l'on peint un personnage féminin qui soit tout inconséquence et caprice, qui ne sache pas mentir, mais qui trompe avec génie, qui, calme dans le malheur, s'exalte sur une contrariété jusqu'à la folie ?

Enfin, M. de Glouvet qui est mieux placé que nul autre à son rang de magistrat, pour voir clair dans la nature humaine, devrait constater au contraire que l'on use aujourd'hui d'une extrême circonspection.

Les femmes modernes sont aussi délicatement traitées en littérature... qu'au Palais.

Inconséquences, fautes, trahisons, cruautés, tout ce qui leur était jadis et leur est encore, ailleurs, compté pour crimes n'est plus, de nos jours et chez nous, imputé qu'aux défaillances non prévues, aux implacables exigences des tempéraments, à l'état de la santé.

Nos censeurs ne jettent plus guère la femme égarée au pied du bourreau.

Ils l'assoient doucement dans le fauteuil d'un spécialiste, bon docteur, ami discret, confident ingénieux et grand homme d'honneur.

Précisément, je puis citer ce mot d'une jeune femme à son amie — un mot tout frais de deux jours.

Elles venaient de lire ensemble un article de revue écrit et conçu selon les dernières modes civilisées :

— Avoue que l'on n'a jamais dû être si bien comprises..., ni si peu grondées.

Toute estime gardée pour les convictions de M. de Glouvet, voici pourtant ce que les détracteurs de certaines modernes façons de conter, qui sont d'excellents progrès, admettent enfin.

Il n'y a rien de grossier — par le fait, ni par l'intention — dans l'acte d'exprimer les femmes comme on les sent, et de les montrer telles qu'on les voit.

Tout un système de chronique mondaine a été inventé pour enregistrer gracieusement les mille fantaisies que l'on tolère aujourd'hui aux femmes de chez nous, et dont on sait sourire, tandis qu'ailleurs elles seraient durement jugées.

Et si l'on a inventé cela, c'est que le besoin s'en faisait sentir, car on ne prend pas de mesures contre les moustiques dans les pays où il n'y a pas de moustiques.

Ainsi ce qui apparaissait vice par l'exposition du fait brutal ne l'est plus après composition.

Ce qui n'est d'ailleurs pas *galant*, c'est de fabriquer tout d'un jet quelque type surnaturel et de rejeter ensuite toutes les créatures qui en diffèrent trop — alors qu'elles ont peut-être de très justes et de très bonnes raisons pour en différer.

Ce n'est pas en symbolisant obstinément en des allégories impossibles, que l'on peindra ce que l'on doit peindre.

Ainsi aboutirait-on plutôt à ne produire que de bizarres monstres d'une féminité imparfaite ou incomplètement virils, et dont les exagérations ne compenseraient pas les lacunes.

... Oui, l'on regarde volontiers des statues de déesses.

Mais nous savons délicieusement à quoi nous en tenir sur leur compte — et les femmes aussi le savent vraiment.

Elles goûteraient fort peu qu'on les mît sans cesse en parallèle avec la Minerve, tout aussi bien qu'il ne nous plairait guère de voir nos mérites concourir éternellement avec ceux de l'Apollon.

Puisqu'il n'est ici question que de galanterie, croyez que le secret tout simple pour parler aux femmes une langue de raison qu'elles entendent et qu'elles agréent, c'est de leur prouver d'abord que, par instinct ou par douce étude, on les connaît.

Elles font fi du reste.

Les vraies femmes, chair à plaisir ou cœur à

souffrances, admettent, comme supérieurement galants, ceux qui parlent d'elles en vrais juges et qui disent « tout » sur elles, pourvu que ce « tout » soit de la vraie vérité.

Elles pressentent ce qu'elles y gagnent.

N'acceptent-elles pas d'abord comme hommage tout ce qui leur prouve qu'on a sincèrement pris garde à elles et qu'on les aime ?

Les inquiètes en demandent-elles plus pour se sentir disculpées et glorifiées ?

La femme moderne n'est ni Messaline, ni Mme Roland.

Elle est bien loin de l'une comme de l'autre.

Mais ce qui n'est pas en doute, c'est que le principe de la vraie femme existe et vit sous les chairs et dans les cœurs de toutes les femmes.

En les peignant, en leur parlant, ce qu'il faut, c'est les prendre... chacune comme elle est.

---

14 mars.

« LA BÊTE HUMAINE »

Faut-il donner ici une analyse d'un roman que tout le monde a lu en livraisons et qu'on va relire en volume ?

Il n'y a pas grand'chose à ajouter à ce qui fut dit devant chaque apparition d'un des tomes annuels qui ont précédé ce nouveau venu dans la longue série des Rougon-Macquart.

Tout ce que publie Zola se tient, se complète, s'enchaîne avec une implacable ténacité, une force nourrie de patience et de volonté.

Il fait à chaque nouvel exercice preuve des mêmes qualités artistiques. Il n'y a pas d'autre opinion à formuler sur lui.

Cela dit, si vous tenez absolument à savoir ce qu'en pensent les critiques qui ont pour métier de toujours penser quelque chose de quelqu'un, ce qu'en écrit par exemple M. Jules Lemaître, dans le *Figaro*, voici :

> *...Il n'y a aucun lien nécessaire, absolument aucun*, entre le monde des chemins de fer et le drame qui se déroule dans la *Bête humaine*.
>
> Un mari assassine, dans un accès de jalousie, un vieillard débauché par qui sa femme a été souillée avant le mariage.
>
> Il la force à être la complice de cet assassinat.
>
> Le souvenir du sang pèse sur ce ménage et le désagrège.
>
> La femme prend un amant, veut qu'il tue son mari. L'amant consent : mais, à l'heure même où il attend le mari pour l'égorger, c'est sa maîtresse qu'il tue, malgré lui. Car j'ai oublié de vous dire que cet amant est un malade, qui est pris, à certaines heures, du besoin mystérieux et irrésistible de tuer une femme . . . .
>
> . . . .
>
> Ce n'est pas tout. Un vieil homme empoisonne sa femme pour avoir son magot. Une fille jalouse cherche à tuer l'homme qu'elle aime et sa maîtresse, etc.

Je sais bien que ces différents meurtres s'accomplissent soit en wagon, soit le long d'une ligne ferrée. Mais il ne vous échappera point *qu'ils pourraient se perpétrer ailleurs et autrement, et que tous ces gens-là, pour sentir ce qu'ils sentent et faire ce qu'ils font, pouvaient être épiciers, ou journalistes aussi bien qu'employés du chemin de fer. La preuve, c'est que Fenayrou était pharmacien.*

C'est-à-dire que si Zola n'avait pas fait ce livre tel qu'il l'a fait, il l'aurait fait autrement.

Exquise ingéniosité !...

A « Bête Humaine », bête critique.

———

25 mars.

GACHIS

Il faut dire merci à notre confrère Gustave Isambert pour l'article très digne qu'il a écrit sur le fastidieux débat des questions de propriété en art et en littérature.

Jamais peut-être la littérature n'a été aussi salement un métier qu'aujourd'hui.

Les fondateurs de la Société des gens de lettres ont paradoxalement visé à cela et, franchement, le résultat obtenu ne fait pas honneur à ceux qui ont ainsi organisé une petite famille écriveuse.

Les peintres et leurs deux salons, les hommes de

lettres et leurs syndicats multiples, tout cela tourne au parfait grotesque et devient tout à fait signe des temps.

Passe encore pour les peintres qui ont une part de travail manuel et d'applications industrielles leur permettant de jouer aux artisans.

Mais la littérature? un métier, cela?... Un métier pour lequel on puisse fixer des tarifs et qu'on puisse enserrer dans une réglementation quelconque? ô la belle folie!

A force d'avoir gagné de l'argent avec le concours de leurs éditeurs, nos gros hommes de plume ont cru que c'était arrivé et en sont venus à perdre toute notion, tout sens.

Les voilà tout à fait imbus de l'idée que ce qu'ils font est un produit réellement négociable! Et Zola qui affirme avoir mis en circulation un million de tomes à 2 fr. 75, Zola en est à se considérer comme un fabricant de produits dont la consommation s'impose; Zola, qui n'est pourtant pas le contraire d'un homme de génie et qui pourrait se permettre, malgré sa fortune faite, de ne pas penser comme d'Ennery.

La littérature a et aura toujours une valeur relative. La part foncièrement négociable d'un livre revient à l'imprimeur, au brocheur, au relieur, au libraire. Ils sont des ouvriers intelligents auxquels il faut faire largement gagner leur vie puisqu'ils sont les intermédiaires laborieux, habiles et indispensables entre le penseur et son public.

Vous avez écrit un beau livre et cela a eu du succès. Vous vous êtes bien compris avec votre éditeur qui vous a fait gagner beaucoup d'argent ? Tant mieux ! cela prouve que vous n'êtes pas engourdi par vos rêves et que vous savez tirer parti des amateurs.

Mais un autre avec des livres ineptes gagne les mêmes sommes ! Voudrez-vous être son égal ? Les fortunes de Zola et d'Ohnet sont pareilles : Pourtant, sont-ils hommes de même trempe ?

Et, d'autre part, voici Verlaine, dont il faut soutenir l'existence par des souscriptions !... M. Zola, parce qu'il s'est gagné des terres à Médan, voudra-t-il qu'on dise de lui qu'il est, dans l'ordre intellectuel, plus près d'Ohnet, dont les livres se vendent bien, que de Verlaine sans le sou ?

On a décoré un très pur poète, Maurice Bouchor, après un succès de théâtre original et au moment où on lui refusait une pièce aux Français. Etait-ce pour le mettre au niveau d'Émile Richebourg décoré ?

Puis, si vous pouvez me dire quelle différence il y a entre un tailleur d'habits et un serrurier, je vous mets au défi de me dire ce qui distingue un monsieur qui est écrivain d'un monsieur qui ne l'est pas ?

Dès qu'une vraie pensée vous vient, ô monsieur, vous qui passez et ne vous doutez de rien, dès que cette pensée est née bien nette, bien constituée, bien fraîche dans votre cerveau, dès qu'une émotion bien réelle vous étreint, dès que vous subissez profondément une impulsion bien personnelle, eh ! prenez la plume et les mots s'arrangeront tout seuls et vos phrases se rythmeront aux battements de votre cœur.

Et vous serez bien plus vraiment un écrivain qu'Albert Delpit, qui est bête comme une oie et ne s'arrête d'écrire, et que tant d'autres qui vivent stupidement, en mollusques, n'ont ni rêve ni sentiment, en un mot, n'ont rien à dire, mais n'en font pas moins des volumes qui se vendent ou ne se vendent pas, suivant que la réclame des journaux, bien payée ou mal payée, les lance ou ne les lance pas !

Un amoureux disant vraiment et simplement sa peine, un sage formulant sa maxime, un héros contant ses batailles seront toujours des écrivains. Les gens à grandes émotions sont de grands écrivains ; les gens à petites passions sont de petits écrivains et les gens vides ne sont pas des écrivains. C'est tout simple.

Quant aux questions de propriété littéraire, il est convenu et prouvé que la *littérature-métier* roule toujours sur les mêmes situations et ne vit que de plagiats réciproques. Les gens qui font métier d'écrire des lignes sur commande n'ont le temps ni de penser ni de sentir.

Ils soudent des situations toutes faites, les accommodent à la hâte et les servent bâclées.

Où est la propriété littéraire là-dedans ? Ils se

lèsent les uns les autres ; laissez-les se léser et se chamailler à coups de bec, de canne ou d'épée. Qu'importe qu'une pièce de M. Y... imite un roman de M. X... ou une nouvelle de M. Z...? Dans deux ans, il n'y paraîtra plus !

Donc, ne leur faites pas de lois. Un chef-d'œuvre n'est jamais plagié sur un autre chef-d'œuvre.

Quant aux Mercadets de la copie, si vous leur faites des lois, vous allez tout simplement les voir s'assigner à l'infini au lieu de se manger entre eux, ce qui était bien mieux.

---

27 mars.

PONTMARTIN

La mort d'Armand de Pontmartin est chose encore toute fraîche.

Sa vie aura été remplie par beaucoup de copie, car il s'est éteint à quatre-vingts ans, sans avoir cessé une minute d'écrire ; et, au moment où il rendait l'âme, hier, la *Gazette de France* paraissait avec son feuilleton habituel. C'était un vieil esprit faible, étroit, pédant et méchant. Nulle originalité littéraire n'a percé en ce siècle qui n'ait été saluée à son début par quelque aigre boutade de ce grincheux qui n'était fait que d'un peu de la poussière de La Harpe. Il fut l'ennemi souvent dédaigné de Sainte-Beuve, de Planche, de G. Sand, de Zola. Il a conté maintes anecdotes indiscrètes sur Musset... Il harcela sans grand succès Barbey d'Aurevilly, Méry, Gautier et jusqu'à... Vivier ! Son seul éreintement un peu spirituel fut celui de D. Nisard et de ses deux morales.

Grand, maigre, voûté, très moustachu, très barbu, très sourcilleux, il était de l'aspect le plus désagréable. Avec cela, une petite voix de fillette sonnant faux dans cette face grognonne, hérissée, féroce, qui bêlait.

— « J'espère bien mourir avant de voir Zola à l'Académie. »

Il était temps !

29 mars

EMMA KOSILIS

« On m'a si fort lapidé, il y a un an ou deux, pour avoir, en ce bon pays de France, parlé de l'amour comme de quelque chose de sacré, de religieux, de mystique, que je m'imposerai cette fois d'être bref. »

Et, dans cette pensée, Ernest Renan emplit huit colonnes du *Figaro*, d'un conte d'amour où il s'exerce à peindre comme un des traits d'idéalisme du caractère breton, la capacité de vivre et de mourir d'une seule idée : l'amour inexprimé, toujours égal à lui-même, persistant jusqu'à la mort.

Oh ! oui... C'est une bien simple histoire.

Emma Kosilis, petite Bretonne toute modeste, aime un petit Breton, Emilien, sans l'avoir dit à lui, ni à personne, et surtout sans se l'être dit à elle-même. — Emilien se marie — Emma navrée garde son secret et entre aux Ursulines.

— Elle y reste cinq ans, mais sans jamais vouloir prononcer ses vœux. — Au même couvent se trouve précisément la sœur d'Anna M..., la femme d'Emilien. — Or, on apprend un jour qu'il faut dire des prières pour la parente d'une des religieuses qui vient de mourir. — Cette parente, c'est Anna M... qui laisse deux petites filles. — Emilien est veuf. — Emma, au milieu de ses prières, sent une joie involontaire qui déroute et trouble son âme simple. — Elle va s'en accuser, et son confesseur croit bien faire en ordonnant que l'on prenne au couvent les enfants de la morte et que ce soit Emma Kosilis qui les élève. — Cela se fait. — Ignorant tout, Emilien vient voir ses filles au couvent et se fait présenter à la sœur qui les élève. — Il reconnaît Emma. — Devant lui, elle pleure et se trahit.— A la façon dont elle le regarde, bien qu'il ne soit pas extrêmement perspicace, il s'émeut et comprend. — Et un amour respectueux s'empare de cet homme à l'esprit ordinaire mais foncièrement bon, pour cette fille au corps émacié. — Ils se marient.

Ils eurent huit enfants dont ils ne se séparèrent jamais. Le reste de leur vie s'écoula dans un étroit amour, au fond d'un manoir retiré, à même la côte, isolés et se suffisant à eux-mêmes.— Emma mourut à cinquante ans, « sans maladie », termine Ernest Renan.— Et voilà.

*
* *

Il faut dire que cela est admirablement écrit, avec une sobriété digne, dans une harmonie sûre et tranquille, et que ce récit, grâce au conteur, dégage une réelle émotion. Mais lorsque Ernest Renan en fait un exemple pour ses théories de *Morale en action* et d'*Amour vertueux*, lorsqu'il déclare que les œuvres littéraires gagneraient à être conçues toujours dans un tel esprit, on peut lui répondre que l'humanité ne roule pas que sur des choses si simples, et que si Barbey d'Aurevilly a écrit les *Diaboliques* ; Baudelaire les *Fleurs du Mal*, et Flaubert l'*Education sentimentale*, c'est que, tout aussi sincères, et tout aussi pleins de bonne volonté que M. Renan, ils se sont heurtés à d'autres passions avec lesquelles M. Renan ne s'est jamais mesuré.

1ᵉʳ avril.

POLÉMISTES

> ... J'ai été fort surpris en lisant dans la *Revue indépendante* des articles de critique intitulés, je crois, *Mémoires d'un homme de lettres* et signés Georges Moore.
> Ces articles contenaient des attaques assez violentes contre Edmond de Goncourt et contre moi-même...
>
> Emile ZOLA.
> (Interview du 29 mars).

Certes, la littérature vit d'action autant que de rêve, et les écrivains ne font pas qu'observer, imaginer, déduire et rédiger.

Ils sont des hommes complets et même plus absolument des hommes que nul autre, puisque leurs fonctions n'exigent pas qu'ils sortent de leur humanité, ni qu'ils l'altèrent, puisque même les meilleurs sont ceux qui ont su garder intacte et pure l'essence de leur tempérament. Ils ont donc aussi des passions, des intérêts, des caprices qui les peuvent mener aux folies et aux crimes, en tout cas aux extrêmes jouissances et aux extrêmes souffrances.

On leur lâche la bride. On leur dit :

« Allez ! Faites !... Puis racontez et intéressez ! » Il serait donc déraisonnable de leur refuser le droit à la rivalité et à la haine. Mais ce qu'on ne peut leur accorder, c'est le droit à l'indignité et à la sottise. Or, depuis que la grande presse ouvre ses colonnes aux polémiques littéraires, toute carrière est donnée aux écrivains pour s'y montrer imbéciles et misérables.

Il y a quelques années encore, les petites revues à trois abonnés,— nos éphémères recueils du quartier Latin, les enfantines publications où l'on s'essayait au seuil du lycée,— gardaient la spécialité de ces chroniques bossues, boiteuses, hargneuses où des Frérons puceaux déchiquetaient des La Harpe imberbes.

C'était de la polémique.

Maintenant, c'est encore de la polémique lorsque quelqu'un, sous prétexte de critique littéraire, dans un journal célèbre, révèle les misères sentimentales, les déboires d'orgueil et les manques pécuniaires d'autrui.

Je veux largement admettre que par le fait de ses tendances instinctives, un écrivain s'exaspère de la plus franche haine contre certains dont le succès l'obsède ; j'admets que cela monte en lui comme un ferment et que, un beau jour, il y ait éclatement. Ce sont des mouvements dont on n'est pas maître et je connais trop la souffrance d'étouffer une telle colère pour n'être pas indulgent à ceux qui lui cèdent.

Mais, de grâce, que cela n'ait pas de suites ! Que l'auteur de quelque chroniques ardentes et qui auront amusé la galerie par leur éloquence d'indigestion ait garde de se croire, par ce fait, armé pour la défense de tout ce qui existe, hommes et œuvres ! Qu'il ne fasse pas *série !* Qu'il n'entreprenne pas d'anéantir sans omissions toutes les notices des Vapereaux.

Il se peut encore que certaines natures écriveuses se sentent le don d'une verve spéciale, incapables d'agir sans une pointe de méchanceté. Alors, soit ! Qu'ils obéissent à ce mouvement, parce qu'un écrivain doit tout écrire de ce qu'il éprouve. Mais que, au moins, nous en soyons prévenus et que, si nous voyons au bas d'un article la signature de : UN TEL, *polémiste,* nous puissions nous régaler à l'avance de l'espoir de quelque bonne farce.

Car un polémiste littéraire qui n'est que polémiste ne peut compter qu'à la condition d'être un polémiste pour rire.

8 avril.

UN VIEUX FIN DE SIÈCLE

La *Revue des Deux-Mondes* s'est payé un nouveau roman de M. Octave Feuillet.

L'a-t-on lu ?...

Qui l'aurait lu ?... Les abonnés de la Revue ?

Est-ce qu'ils lisent, les abonnés de la Revue ?

Ils apprennent le sommaire, ils regardent le quantième, ils coupent les pages puis il font relier et ajoutent le dernier tome reçu aux précédents, sur des rayons, derrière les vitrines...

Alors, qui donc lit encore des romans d'Octave Feuillet?

Un groupe de vieilles dames... par souvenance?

Paul Bourget... par dandysme?

Philippe Gille... par consigne?

Dumas fils... par émulation, et quelques autres par... hasard?

Certes, le fait est indéniable, il y eut un moment précis de notre ère où beaucoup de gens à la fois lisaient Octave Feuillet.

Un éditeur, naguère, ne s'est-il pas, registres ouverts, vanté d'avoir écoulé à peu près trois cent mille *Roman d'un jeune homme pauvre*?... chiffre majestueux! Et *Julia de Trécœur* ? Et ce coquin de *Monsieur de Camors* ?... Quel succès! Quel glorieux passé vous avez, monsieur Feuillet!

En ce bon temps, des critiques zélés louèrent cet homme de lettres heureux.

On le félicitait de rouler sur un fond d'*idées saines* et de posséder *la langue* qui convenait le mieux à les exprimer.

Des idées saines?

C'est pourtant un bien vilain bonhomme que M. Feuillet, tout compte fait.

On sait ce que valent ses *idées saines* de pervers prudent et sachant, sans risque, chatouiller au bon endroit les catins bourgeoises, tandis que Flaubert les giflait avec *Madame Bovary*.

Et Flaubert était traduit en cours d'assises !

Et M. Feuillet remplaçait Scribe à l'Institut !

Ah ! les vilaines mœurs de pelotages dans les confessionnaux, la vilaine littérature et le vilain auteur.

Je ne sais qui disait de lui :

— Il y a du Léo Taxil chez Feuillet... Ses lectrices se décatissent et il les suit à l'église !

C'est vrai !

Dans sa clientèle de dindes adultères, de femmes à chass'd'Af', on est — depuis le second empire — devenu diantrement douairières.

Celles qui ne sont encore que très mûres avaient déjà pris pour coiffeurs l'agile Delpit et l'émouvant Maizeroy.

Les petites modernes vont tout bêtement à un certain Léon de Tinseau, bien distingué et celles de demain, s'informent déjà d'autre chose.

Peu importe donc que la *Revue des Deux-Mondes* s'attarde à ce Monsieur faussement sérieux qui n'a jamais écrit que pour fausses femmes.

Ce qu'il importe de rappeler à toute occasion, c'est que les passions dont Musset souffrait, Feuillet en augmentait ses rentes ; et surtout c'est que Feuillet, voleur de sympathies, fut un de ces odieux sires au profit desquels les Pontmartins et autres réclamiers cagouillards ont subtilisé par de basses manœuvres l'attention d'un très nombreux public, le détournant depuis 1840 de la vraie production littéraire et laissant crever de faim, méconnus, dédaignés ou insultés ceux-là dont plusieurs sont morts laissant des œuvres brouillées, inachevées, insuffisantes, ayant eu le découragement pour inflexible bourreau et pour éternel empêcheur.

Le dernier roman de ce monsieur Feuillet s'appelle *Honneur d'artiste*... N'insistons pas !

---

15 avril.

LES LECTURES DE M. RENAN

Le cas d'Edmond Haraucourt, le poète de grand talent dont la tentative dramatique a mal réussi l'autre vendredi, est à étudier.

Il est certain que cet écrivain — un fier et farouche rimeur, personnel, hautain, insupportable (tel nous le dépeint l'ami Jean Lorrain) — il est certain qu'Edmond Haraucourt a mis à styler son drame de la *Passion* une conviction analogue à celle que Mme Sarah Bernhardt a mise à le jouer, — pure conviction artistique, pur emballement de dillettante, une sorte de *foi*, qui, selon un mot de chroniqueur, est plutôt un acte de *volonté*.

Or, précisément, Edouard Rod nous parle très

ingénieusement de l'intention qu'aurait M. Renan d'extraire de divers écrits un certain nombre de passages susceptibles d'édifier et de consoler ses lectrices de manière à former un recueil de *Lectures pieuses*.

« Si toute son ambition se réalisait, ce petit livre supplanterait le livre de messe, lequel renferme sans doute de fort belles choses, mais aussi « des faiblesses, des erreurs, des choses qui entretiennent la femme dans la fâcheuse habitude de trop pactiser avec l'absurde. » Mélangé à des extraits des Evangiles et des Pères de la vie spirituelle, réduit en cinquante-deux méditations pour les cinquante-deux dimanches de l'année, M. Renan entrerait donc à l'église « sous la forme d'un petit volume in-18, relié en maroquin noir, tenu entre les longs doigts effilés d'une main gantée. »

« Cette « ambition » a paru singulière et on l'a fort plaisantée quand M. Renan, qui la caressait depuis longtemps, depuis toujours peut-être, l'a exprimée pour la première fois, il y a cinq ou six ans, dans une préface qui fit grand bruit.

« En réalité, M. Renan ne devançait que d'une année ou deux son époque. Son « ambition » allait devenir celle de tout le monde : chacun, après lui, peut rêver de se transformer en livre de messe, et il ne se publie plus aujourd'hui de livre impie ou subversif d'où l'on ne pourrait extraire bon nombre de maximes d'édification et de piété.

Et M. Edouard Rod donne un nom à cette manie. Il l'appelle le *dilettantisme religieux*.

— Une religion n'est souvent, à son origine, qu'un genre nouveau de littérature, dit encore Renan.

Bien, très bien, amusez-vous, mes maîtres ! Seulement, voyez nos factions politiques et dites-vous que traiter le paradoxe religieux et la morale sociale en dilettante, c'est le moyen de devenir la dupe de l'un et le contempteur de l'autre.

---

22 avril.

LA SCIE DES ENTR'ACTES

Quelle rage de publier encore, toujours et malgré tout, tient donc l'écrivain pourtant bien fatigué, bien à bout de forces que certains acceptent comme un maître et que d'autres repoussent dédaigneusement comme le plus adroit fabricant de vaines sentences que le succès ait perversement favorisé depuis quarante ans ?

Alexandre Dumas fils laisse éditer un suprême et prétentieux recueil où, avarement, il a ressaisi et mis en paquets les miettes d'esprit qu'il croyait avoir gâchées en les semant chez des camarades ou des disciples d'autrefois.

Oui, ce dernier volume, *Nouveaux entr'actes*, est presque entièrement fait de lettres écrites à des compagnons de fortune ou à des amis littéraires.

Publier, vivant, un choix de sa correspondance privée, c'est d'un bel aplomb ! Il faut assurément, pour se permettre cette bravade, se sentir puissamment soutenu par les réclames intrépides et les courtisaneries d'une presse bien dévouée.

Qui se serait permis de conserver des brouillons de toute sa correspondance pour en faire un livre de morceaux choisis qui ne fût pas un livre posthume ? — Oui, qui, sinon Dumas fils ?

Dumas fils aura exploité l'éternité : le passé, en apprenant par cœur la biographie de l'abbé Prévost, — le présent, en suivant servilement les modes, en se pliant à tous les mouvements d'humeur du public quotidien et payant, — l'avenir, en ne publiant ses pièces que parées de méticuleuses préfaces et, ô comble ! en ne laissant pas à ses héritiers le soin de livrer sa correspondance aux librairies futures.

Voilà un homme qui se sera consciencieusement aimé !

Des lignes sincères ? Il en a écrit, comme tout le monde en écrit, cet égoïste, étroit, prudent, réservé, soigneux, et il n'a pu échapper au sort commun. S'il a résolu tous les problèmes de la science du succès, il n'aura pas réalisé l'éternel problème de l'impersonnalité littéraire qu'il semblait pourtant plus apte à résoudre que nul autre, par tempérament et par volonté. Aussi naïvement que l'eût fait un poète sensitif, il est tombé dans le piège commun. Et si elles sont rares, les pages où il s'est confessé, elles existent pourtant en divers passages de ses œuvres les plus revues et les mieux corrigées ?

On en pince une par ci par là au tournant d'un chapitre, au bon coin d'une péroraison.

« Les œuvres de théâtre ne sont pas écrites seulement pour ceux qui viennent au théâtre. . . . .
. . . .
« ... Tout en faisant de mon mieux pour attirer ceux qui ne lisent pas, je ne néglige rien pour m'attirer ceux qui lisent..... »

(Préface de la *Princesse Georges*).

Et encore ceci, un peu plus loin :

En face de toute situation dramatique qu'il crée, l'auteur doit se dire trois choses : dans cette situation, qu'est-ce que je ferais ? que feraient les autres ? que faut-il faire ? Tout auteur qui ne se sent pas disposé à cet examen peut renoncer au théâtre, il ne sera jamais auteur dramatique.

Au premier degré, on est déjà dans la vérité ; au second, dans la philosophie ; au troisième, dans la conscience. Ce troisième degré est difficile à atteindre dans un art que l'opinion commune s'est toujours plu à rabaisser au simple rang des amusements de l'esprit, parce qu'on y procède, en apparence, par fictions. Ce n'est cependant que lorsqu'on a atteint au troisième degré que le lecteur vous réunit, vous, auteurs dramatiques, aux *grands philosophes*, aux *grands moralistes*, aux *grands politiques*, aux *grands religieux*, et qu'il reconnaît votre action sur le développement et le progrès de l'esprit humain.

Et comme le faux écrivain qu'est Dumas fils apparaît bien là, clairement !

Ce désir inférieur de conquérir, de capter ! Souci de la perfection ? disent ses défenseurs. — Non certes, laissez cela à d'autres, s'il vous plaît ; mais souci bourgeois de la sympathie souriante et de la bonne renommée.

Cela, monsieur Alexandre, sert assurément à faire de la vie une chose agréable et facile ; mais c'est tout.

Et c'est insuffisant pour que Philippe Gille puisse vous appeler, sans rire : *éloquent polémiste, prêt à défendre les belles causes et à vaincre par la force de la logique et de la raison dans la langue même de Diderot !*

* *

En fait de belles causes, vous n'aurez guère voulu défendre que celle de vos moralités courantes et cette constante préoccupation ne vous vaut d'autre individualité que celle d'être un homme follement peureux et toujours prêt à s'excuser d'avoir dit de trop grosses choses, alors qu'il n'a rien dit qui ne fût très banal et tout à fait permis.

Vous voilà loin de Diderot !

29 avril.

MANGEONS DU PEINTRE!

Tous tremblaient et maigrissaient comme de simples logistes. Le sculpteur de *Biblis* et le peintre du *Drapeau* se sentaient de persistantes transes. *Il* était parti! Reviendrait-*il? Il* est revenu. Qui? — Albert Wolff... Oui, c'est du joli... Au moment du Salon... pstt!.. envolé!... et pour où? — Pour l'Italie!

Oui! Tandis que les jurys du Champ-de-Mars et des Champs-Elysées se jetaient des navets dans les jambes, M. le critique faisait une cure d'art transalpine... Et tranquillement, il envoyait des notes de voyage au *Figaro*, réduction Taine et simili-Stendhal : Gênes, Rome, Naples et Florence... M. Wolff était allé brouter du Michel-Ange!

Vrai!... à quoi s'amusait-il? Confier au perfide P.-L.-M. une vie si chère à tous les syndicats d'exposants?

Vous me direz que M. Gérôme voyageait bien, lui aussi! et dans le même sleeping! et avec le duc d'Aumale! Mais M. Gérôme n'est pas M. Wolff.

Chaque fois que M. Gérôme n'a pas besoin d'une médaille d'honneur, pour des raisons personnelles, M. Gérôme n'expose pas... et le Salon de cette fois-là se passe très bien de M. Gérôme !... Un Salon peut se passer de M. Gérôme. Se passerait-il de M. Wolff?

On a beau être un tas de salonniers très experts et très vibrants ; on n'est pas M. Wolff! On a beau être le docte Mantz, l'intelligent Burty, le pénétrant Huysmans, le gai Ponchon, l'élégant Dayot; on n'est pas M. Wolff.

M. Wolff, c'est la cote... C'est une âme de critique faite de toutes les consciences de marchands de tableaux. C'est le cours de la Halle aux toiles peintes. Les autres critiques, Müntz?... Burty?... Ponchon?... Sylvestre?... Des poignées de mains?... Oui ! Mais voilà tout!

Tandis que M. Wolff! Ah! dame! celui-là, s'il a la plume lourde et le flair gros, du moins s'est-il mis dans la bonne voie en apprenant l'art de cicéroner. Il fut tour à tour l'antigone des Van der Bilt, le fauteuil roulant des Rothschild, le pousse-pousse de Mme Mackay.

Alors vous comprenez s'il y a eu quelques agitations dans la coterie, l'autre mois, quand on l'a su à cheval sur les Apennins ou faisant ses farces à une portée de Vésuve!

Puis, ce n'est pas tout : on a craint un moment pour sa raison — cette raison si droite et si sûre, qui, en peinture, sert de monocle à ce que l'on appelle l'*œil américain !*

Parmi les petites notes de voyage qu'il communiquait à son rédacteur en chef, ne trouvait-on pas des choses comme ceci :

4

« Une visite au palais Farnèse est indiquée : j'y arrive vingt-quatre heures avant le nouvel ambassadeur.

« M. Marchand me fait les honneurs du palais Farnèse, où je regrette de ne plus rencontrer le comte de Moüy, ce diplomate lettré à *qui j'avais bien promis de venir le voir*. Dans mon esprit, je lui envoie un cordial souvenir vers Passy.

« *Représenter la France au palais Farnèse*, sous ces voûtes embellies par les fresques du Carrache, *c'est le rêve*. Je commence à croire que *j'ai manqué ma vocation.* »

<center> *</center>

Mais il est revenu. Il s'est annoncé lui-même.

« Soudain le peintre Gabriel Ferrier se dresse devant moi et me dit : — Quelle heureuse rencontre ! Venez-vous à Capri ? Vous savez que Guillaume Dubufe y a acheté une maison ?

« — Oui, cher monsieur Ferrier, je le savais : l'aimable Dubufe m'a même donné un mot pour son jardinier. Mais je n'ai pas le temps. Il faut que je retourne à Paris pour le Salon.

« — Je vous plains, me dit Ferrier saisi de commisération.

« Trente minutes après, je descends du wagon à la gare de Lyon. »

Oui ; revenu ! Et on le voit au palais de l'Industrie les 27 et 28, jours de la critique ; — on l'y verra le 29, jour du président de la République ; — le 30, jour du vernissage. Après quoi, la peinture de l'année sera cotée et les banquiers d'art auront fait des coupures dans le compte rendu du grand critique et les auront collées avec des pains à cacheter sur leurs grands-livres et en regard de gros chiffres.

Et, le 1er mai, jour de l'ouverture, M. Albert Wolf comptera de nouveaux amis parmi les *très jeunes*.

Ils iront, les petits malheureux, vers ce M. Wolff qu'ils n'aiment cependant pas beaucoup.

Et c'est navrant cet annuel tribut d'éphèbes que la peinture paye à son Minotaure !

Ils savent bien que l'art, pour le moment, sans M. Wolff, c'est risquer la mort par la famine, la soif ou le froid — et que l'art avec M. Wolff, c'est : *Première année*, dettes de brasserie payées ; — *Deuxième année*, présentations dans le monde où l'on achète, installation sérieuse, médaille ; — *Troisième année*, grands portraits, grande médaille, petit hôtel, etc., etc.

* *

Et dire que j'en connais — pas beaucoup, mais j'en connais — qui se fichent quand même de ce que dira M. Wolff !

1ᵉʳ mai.

FANNY BORA

Georges Bonnamour a déjà publié, en collaboration et sous le pseudonyme de Jules Couturat, un poème *A Winter Night's Dream* qui l'a révélé.

Il publie aujourd'hui un roman de mœurs parisiennes, *Fanny Bora*, qui, pour comporter certains développements psychologiques très étendus, ne s'en recommande pas moins à l'attention du public féminin par plus d'une peinture troublante de certains étranges milieux du monde parisien.

Fanny Bora est la fille d'un brocanteur juif du passage des Panoramas.

Le père faisait de mauvaises affaires.

Fanny, s'ennuyant, part toute jeune encore, enlevée par un homme de lettres, Desgenet, avec lequel elle demeure un certain temps dans la situation désagréable d'un ménage où l'on ne s'aime pas, mais où l'on se trouve englué sans issue.

Un ami, peintre et riche, Donnaulière, fait le portrait de Fanny et devient amoureux.

Elle part avec lui, simplement, après une séance de portrait.

Il vont en Italie ; amour de trois mois ; fatigue ; retour.

Desgenet redemande Fanny.

Donnaulière la lui rend avec quelque soulagement. Quelques mois assez heureux. Mais la passion d'écrire finit par dominer entièrement Desgenet qui se détache définitivement de la femme.

Troisième échange. Fanny revient à Donnaulière. Celui-ci hérite de quelques millions.

Fanny se fait acheter un hôtel superbe. Là, elle s'ennuie, donne des fêtes, se lance dans une société de « mondes » où l'on « s'amuse » très spéciaux.

Elle y fait la connaissance d'une fille entretenue par un vieux général, Blanche Jouany, Donnaulière les surprend, entre en fureur, vend l'hôtel, chasse Fanny.

Celle-ci tombe en pleine misère. Suicide de Donnaulière. Fanny entre au théâtre.

Un succès de beauté dans une féerie la lance et le roman finit sur cette mort de son cœur et ce commencement de fortune.

Tous nos compliments pour les types finement étudiés et solidement établis de Desgenet et de Donnaulière, pour l'intérêt de certaines études de mœurs très piquantes et pour de jolis morceaux de paysages.

14 mai.

UN FEUILLETON

Le *Figaro* commence un feuilleton de Paul Bourget : *Un cœur de femme.* Dans le premier numéro, coupons ce léger croquis :

Tout en se tenant ce discours intérieur, elle allait, portant haut sa petite tête coiffée d'une délicieuse capote de couleur mauve, sa souple taille dessinée dans un long manteau gris presque ajusté avec une bordure de plumes de la même nuance. Elle allait, regardée par les passants, de ce regard où une femme peut lire, dans sa jeunesse le triomphe, dans sa vieillesse la défaite de sa beauté. Quand la promeneuse a cet air « grande dame » qu'avait Gabrielle de Candale et qui, même aujourd'hui, ne s'imite pas, c'est toute une comédie de la part de celui qui croise cette femme. Il la croise, et vous diriez qu'il ne l'a pas vue.

Mais attendez qu'elle soit à deux pas et observez le geste rapide par lequel il se retourne, une fois, deux fois, trois fois, pour la suivre des yeux.

Que les physionomistes expliquent ce mystère !

Elle n'a pas eu besoin, elle, de se retourner, pour être sûre de l'effet produit, et que les moralistes expliquent cet autre mystère, elle est toujours flattée de cet effet, le passant fût-il bossu, bancroche ou manchot, et quand bien même elle porterait, comme Mme de Candale, un des grands noms historiques de France !

A citer aussi cet aperçu de sentiments mondains

dans l'exposé desquels le pessimisme de Bourget met définitivement bas les armes devant ses lectrices.

Mᵐᵉ de Tillières était une de ces mondaines à côté du monde, réservées et modestes jusqu'à l'effacement, qui déploient à passer inaperçues autant de diplomatie que leurs rivales à éblouir et à régner. D'ailleurs, n'y avait-il pas comme un symbole de ce caractère et une preuve de ce goût pour une demi-retraite dans le simple choix de cette habitation, sur l'étroit perron de laquelle se dessinait à cette minute l'aristocratique silhouette de Gabrielle ? Une atmosphère de solitude flottait autour de cette maison séparée du corps principal de bâtiments par une cour, et enveloppée de jardins.

. . . .

Le marquis Roger de Tillières, un des plus brillants capitaines de l'état-major, avait été tué en juillet 1870, à côté du général Douay, et par une des premières balles tirées dans cette déplorable guerre. Cette nouvelle, annoncée sans ménagements à la marquise, alors enceinte de sept mois, avait provoqué chez elle une crise affreuse et elle s'était réveillée mère avant le terme d'un enfant qui n'avait pas vécu trois semaines.
C'était, n'est-ce pas ? de quoi rester à jamais brisée. Mais si terribles ou si étranges qu'ils soient, les évènements de notre vie ne créent rien en nous. Tout au plus exaltent-ils ou dépriment-ils nos facultés innées. Même heureuse et comblée, Mᵐᵉ de Tillières eût toujours été cette créature d'effacement, de demi-teinte, d'étroit foyer, presque de réclusion. Quand ce goût de se tenir à l'écart n'est pas joué, il suppose une délicatesse un peu souffrante du cœur chez des femmes aussi bien nées que Juliette, aussi belles, aussi riches — elle et sa mère avaient plus de 120 mille francs de rente — et par conséquent aussi vite emportées dans le tourbillon. Ces

femmes-là ont dû sentir, dès leurs premiers pas, ce que la grande vie mondaine comporte de banalités, de mensonges et aussi de brutalités voilés. Un instinct a été froissé en elles, tout de suite, qui les a fait se replier ; elles réfléchissent, elles s'affinent, et elles deviennent par réaction de véritables artistes en intimité.

Ce leur est un besoin que toutes les choses dans leur existence, depuis leur ameublement et leur toilette jusqu'à leurs amitiés et leurs amours, soient distinguées, rares, spéciales, individuelles. Elles s'efforcent de se soustraire à la mode ou de ne s'y soumettre qu'en l'interprétant. Elles vivent beaucoup chez elles et s'arrangent pour que ce soit comme une faveur d'y être reçu. Comment s'y prennent-elles ? C'est leur secret. Mais elles arrivent aussi, en se faisant désirer, à ce que leur présence dans un salon soit une autre faveur.

Ce gentil manège ne va pas pour elles sans quelque danger, celui d'abord d'attacher une importance excessive à leur personne, et celui, en pensant trop à leurs sentiments, de développer dans leur âme des maladies d'artifice et de complication. Mais le commerce de ces femmes offre des attraits infinis. Ne suppose-t-il pas un choix qui, par lui seul, est une constante flatterie pour l'amour-propre de leurs amis ?

Puis il abonde en menues attentions, en gâteries quotidiennes. Connaissant par le détail le caractère de tous ceux qui les approchent, leur tact vous épargne le froissement même le plus léger. Elles sont, quand on a vécu dans leur sphère d'affection, indispensables et irremplaçables. Elles laissent derrière elles, quand elles ont disparu, un souvenir aussi profond qu'il est peu étendu, et c'est ce qui est arrivé à Juliette.

. . . .

Charmante, en vérité, Madame de Tillières !

Hé bien ! mais... il en existe donc de ces figures reposantes sur lesquelles peut se fixer avec quelque mansuétude l'œil du lakiste attendri ?

Le monde n'est donc pas tout à se noyer dans la baie de la Spezzia ?

Ou bien, avec son talent très souple, Paul Bourget, voulant s'arracher aux importunités d'un système despotique, aurait-il biaisé en créant très diplomatiquement *le pessimisme... consolant !*

---

20 mai.

GABRIEL VICAIRE

Il serait temps que le grand public comptât sérieusement avec Gabriel Vicaire, qui est assurément l'un des quatre ou cinq premiers parmi les poètes français vivants.

Les premiers vers que j'ai lus de Gabriel Vicaire datent de la *République des Lettres*. C'étaient d'admirables et légères chansons rustiques, des poèmes à boire et à aimer. Ce n'est que plus tard que Gabriel Vicaire songea à en faire un volume. « Les Emaux bressans, » que publia Charpentier au temps où il publiait au moins un poète par an et dans la collection qui comprenait déjà *La Chanson des Heures* d'Armand Silvestre ; *Les Névroses* de

M. Rollinat ; *L'Aurore* de Maurice Bouchor ; *L'Ame Nue* d'Edmond Harancourt.

Ce volume fut un étonnement et tous les délicats en savourèrent l'exquise fraîcheur avec d'autant plus de délices qu'ils avaient la langue un peu brûlée par l'âcreté d'autres productions se succédant devant les consommateurs de littérature moderne avec une irritante monotonie.

Des buveurs sous des treilles, des amours de lurons, des baisers au clair de lune, des rondes dans l'herbe, des sous-bois, des plein-air et des coups de printemps, voilà ce que chantait Gabriel Vicaire, en véritable ami des ripailles rustiques et surtout en maître artiste.

Puis il eut une fantaisie. Avec H. Beauclair, sous le pseudonyme d'Adoré Floupette, il publia une ravissante petite plaquette, *Les Déliquescences*, qui parodiait adorablement la littérature symboliste, comme le parnassiculet de Paul Arène, et Daudet avait précédemment parodié la *Poésie parnassienne*.

De grands confrères furent pris à la mystification, et Mermeix, avec son flair habituel, crut se poser en critique en écrivant un long article à la gloire d'Adoré Floupette, ne soupçonnant même pas que ce pût être une mystification.

Après quoi, Gabriel Vicaire donna *le Miracle de saint Nicolas* et *Marie-Madeleine*. Pour paraître prochainement : *Au Bois Joli* et des études sur la poésie populaire de Bresse et du Bugey.

C'est que Gabriel Vicaire est un des amoureux de la chanson populaire, de la vraie, de celle qui est faite aux champs par de vrais hommes des champs, — et pour eux. Tout son œuvre est plein de ce culte.

Le volume qu'il vient de publier chez Lemerre, *l'Heure enchantée*, est un retour aux *Emaux bres sans* que nous aimions tant, avec, cette fois, une note plus grave et qui souvent sonne bien triste, comme dans *Jeunesse*, où nous trouvons ces vers, qui sont de purs sanglots :

Mais qu'une fois encor je tombe à tes genoux,
Comme l'amant qui pleure au nom de sa maîtresse
Et dont le triste amour ne fait pas de jaloux,

Permets qu'à travers bois, ô nymphe chasseresse,
Je suive de bien loin le chœur de tes élus ;
Laisse-moi te bénir du fond de ma détresse,

Jeunesse aux cheveux blonds, qui ne me connais plus ?

Le volume de Gabriel Vicaire, j'y insiste, arrive bien et au moment où ses vers peuvent le mieux plaire. Après certains modernes abus littéraires, il ne peut qu'être très doux à des gens d'à présent d'ouvrir un volume et d'y trouver des vers perlés comme ceux-ci :

Relevant de sa main blanche
Ses cheveux couleur de miel,
La Vierge, un instant se penche
Au balcon doré du ciel,

> Elle regarde le monde
> Qui s'éveille à l'Orient,
> Les Etoiles dont la ronde
> Passe, passe en tournoyant,
>
> Aucun bruit dans l'étendue,
> A peine le cri lointain
> D'une alouette éperdue
> Appelant le gai matin
>
> Et cette voix, qui s'élance
> Vers l'azur et les clartés,
> Se fond dans le grand silence
> Des espaces enchantés.

Lisez d'ailleurs l'*Heure enchantée*, d'un bout à l'autre, et quand vous fermerez le livre, vous aurez la sensation d'avoir entendu la pénétrante harmonie d'une poésie

> Pareille à l'azur, quand le jour se lève
> Avec ses doux yeux, tout fleuris de rêve.

---

22 mai.

AMANTS

Paul Margueritte est aujourd'hui un homme de trente ans et je le vois prendre enfin place à la tête de notre génération après s'être fortifié de luttes intimes, nourri d'études fines, après avoir habitué sa pensée aux beaux décors de rêve que son imagination créait à l'avance selon les aspirations d'une volonté saine, délicate et pure, dépensant ainsi, noblement, les années que d'autres parmi nous ont dissipées dans les bêtes et amoindrissantes aventures de la vie quotidienne, stérilement.

Des deux êtres parallèles qui étaient en Margueritte, chacun aura eu sa part dans sa vie d'artiste. Le premier, l'artiste nerveux et fantasque qui créait et jouait des pantomimes avec tant d'humour, d'enthousiasme, et une frénésie si impressionnante, celui-là a fait sa part de la prime jeunesse; — mais l'autre, celui qui a survécu, l'écrivain solide, le vrai penseur, le romancier, s'est gardé la part de l'âge mur.

Si l'on considère que les études de pantomime ont déjà pris une grosse portion de ce temps de jeunesse, on reste émerveillé que Margueritte ait déjà écrit six romans, — dont l'un, *Tous Quatre*, en contenait cinq ou six en germe, — dont les deux suivants, *Confession posthume* et *Maison ouverte*, attestaient une précoce faculté de variations dans la manière, — dont le quatrième, *Pascal Gifosse*, comptait comme un remarquable travail de transition, — et dont l'avant-dernier, *Jours d'Epreuves*, fut un chef-d'œuvre presque absolu de style juste, d'émotion communicative, d'observation ingénieuse et poétique, — mais surtout de haute et large raison.

Celui qui paraîtra demain, *Amants*, et dont la

Nouvelle Revue eut la primeur, monte plus haut dans la conception et va plus loin encore dans l'analyse que ses devanciers.

C'est un roman en cinq parties (Frédérique, la Crise, l'Ombre du Bonheur, les Affres, Rêve et Réveil), dont voici la donnée :

Un ancien ministre danois, M. Ylsée, a renoncé aux affaires sur un déboire. Après une existence de dur travail, une détente se fait en lui et il se lâche en pleines mœurs de viveur ; il voyage, traînant derrière lui ses trois filles : Mitka (trente ans, bossue, méchante, folle) ; Frédérique (vingt ans, souffrant du cœur, poitrinaire, névrosée, très fine, très belle) ; Wilkie (quinze ans, blonde, mignonne, au caractère adorable de grâce et de naturel). Elles sont sous la conduite de leur tante Zabeth, vieille fille modeste, bonne, effacée. Se trouvant à Paris, les Ylsée sont invités à aller passer quelques jours à Hers-en-Forêt, chez la maréchale de Saint-André. Celle-ci a un filleul célèbre, le prince Daniel d'Ancise, marié à la princesse Clotilde, « l'air d'une vierge, maigre, de beaux yeux, la bouche un peu grande, une expression particulière, bonne et douce, un peu simple », comme la dépeint la maréchale. Le prince a eu un passé bruyant. Une de ses dernières frasques avec une actrice a beaucoup fait souffrir la princesse, qui s'est réfugiée dans l'amour de son enfant, la petite Alliette.

Dans une chasse, Daniel et Frédérique se trouvent isolés ; ils se parlent à peine ; mais cela suffit pour que Frédérique soit touchée d'un coup de passion qui lui prendra sa vie. Le lendemain, le prince part, rappelé par une dépêche. Deux années passent dont la notation presque quotidienne se trouve dans un *memento* tenu au jour le jour par Frédérique. Son amour la consume... Son père et ses sœurs le devinent. On l'emmène à Alger.

Un jour, par dépêche de l'Agence Havas, on apprend que le prince Daniel d'Ancise est tombé à la mer et qu'il a péri. Un premier coup mortel est porté à Frédérique dont la maladie s'aggrave. Mais une de ses sœurs, en allant chercher un médecin, s'informe plus exactement et apprend que ce n'est pas le prince, mais un de ses amis qui a succombé dans l'accident : Au sortir de sa crise, Frédérique écrit spontanément une lettre hardie et touchante au prince Daniel, ne trouvant que ce moyen de lui ouvrir son cœur. On la voit peu à peu revenir à la santé. Ils sont à Alger.

Un Arabe aborde un jour Frédérique et lui dit que quelqu'un l'attend à l'hôtel d'Orient. Frédérique pense à sa lettre, croit à une réponse et court. La personne qui l'attendait était simplement une vieille Danoise amie de sa famille. Léa Karlsen. Mais à peine Frédérique est-elle là, qu'on annonce la princesse d'Ancise. Celle-ci est une amie de Mme Karlsen et vient lui faire visite. Les d'Ancise sont à Alger... Le prince n'est pas monté; il attend sa femme en bas, dans la voiture. Frédérique n'y tient plus. Elle s'élance et trouve en effet Daniel devant le vestibule. Il la salue. Ils échangent quelques mots rapides, émus. L'échange de sentiment est chose faite.

Le caractère de Daniel d'Ancise est tout dans une lettre que le prince écrit à son ami, le sculpteur Reynolds. Mais l'intrigue se poursuit; les d'Ancise louent une villa voisine de celle des Ylsée. Les relations s'établissent entre les deux familles. Tandis que la princesse soigne sa petite Alliette malade, le prince accompagne les demoiselles Ylsée dans leurs promenades à cheval. Il fait venir Reynolds, lui installe un atelier dans sa villa; l'artiste ébauche aussitôt un buste de Frédérique. Premiers soupçons de la princesse. Reynolds, qui prévoit de grands malheurs et qui est homme de cœur et d'esprit, tâche de détourner son ami de cette passion qui ne peut que devenir funeste. Le prince lui déclare qu'il aime Frédérique et qu'il l'aura, dût-il divorcer. Cachée derrière une porte, la princesse a entendu ces mots imprudents et sent une vive douleur, prête à quelque éclat. Mais elle songe à Alliette. Elle se contentera de souffrir. Elle fermera les yeux.

Suivent des scènes d'amour que personne n'entrave plus. Frédérique se donne.

Mais Mitka l'aînée, la bossue, la haineuse et folle fille, surprend les *Amants*.

La princesse Clotilde et M. Ylsée sont prévenus, l'une de la trahison de son mari, l'autre du déhonneur de sa fille cadette. — Scène d'affolement et de honte tragique. Frédérique s'épouvante, se sent mourir, s'évanouit.

Le prince court à la villa. Il ne sait qui implorer pour sa bien-aimée qui se meurt. C'est la princesse qu'il trouve!... Qu'importe... Elle ou une autre. Il faut du secours, il faut qu'on sauve Frédérique.

— Clotilde, dit-il humblement, Mlle Ylsée vient d'être effrayée par sa sœur Mitka, qui est dans un état de surexcitation dangereuse. Leur père n'est pas à la maison. Elle ne peut donc y entrer. Un malheur est à craindre. Voulez-vous autoriser cette jeune fille à passer la nuit dans votre maison?

La pricesse regarde son mari bien au fond des yeux et comprenant qu'elle touche au point culminant du drame, devinant son angoisse et frappée de son air d'émotion contrite, dit simplement :

— Vous n'aviez pas besoin de me consulter pour cela, Daniel.

— Si... dit le prince... Si... *j'en avais besoin!*

Sentant que sa voix s'altère, s'inclinant profondément, il saisit la main de la princesse, la baise ; puis, avec un effort :

— *Elle* est là! Reynolds l'amène!

La princesse, précédant le prince, sort sur la terrasse; et sans qu'un muscle de son visage bouge, descend à la rencontre de Frédérique, qui chancelle.

Alors, arrêtés par le même sentiment de gêne et de pudeur, Reynolds et Daniel laissent aller la princesse qui, de son bras, soutient la jeune fille.

... Je ne connais guère parmi les romans récents de scène dont la psychologie vaille ce tableau en quinze lignes.

Paul Margueritte a mis une suite à cette situation capitale. C'est parce qu'il l'a bien voulu. Il n'en était plus besoin et le dessin de tous ces hauts caractères était achevé. — Mais voici cette suite : Le pardon de la princesse.— La scène entre M. Ylsée et Daniel, la reprise de passion entre Daniel et Frédérique, enfin Frédérique enceinte. Elle supplie Daniel de l'enlever. Il y consent ; mais pendant une courte absence de son amant, elle songe à la princesse Clotilde, à ce que cette femme si noble a souffert et va souffrir encore. Frédérique ne veut pas de son bonheur à ce prix. Elle force un tiroir, prend un revolver, l'arme, pose la main sur la place où son cœur bat le plus fort...

« ... A ce moment, la porte du pavillon s'ouvre. Frédérique presse la détente... C'est comme un coup de poing en pleine poitrine... Elle n'entend que la détonation, ne voit qu'un peu de fumée et se trouve étendue sur le dos. Elle ne souffre presque pas ; mais des ombres descendent sur elle. Une voix lui arrive lointaine, désespérée, qui se lamente.

« Elle devine le prince ; mais ses yeux ne peuvent percer le brouillard et, comme il la soulève de terre, dans ce mouvement, elle renverse la tête et meurt. »

Et le plus poignant du livre est peut-être dans les lignes de la fin, où les uns et les autres trouvent une issue à leurs destinées.

Leurs existences se renouent sur la tombe de Frédérique comme pour la mieux fermer, la tombe de la morte d'amour !

Daniel et Clotilde se raccordent pour leur petite Alliette. Ylsée part pour le Caire. Mitka, guérie de sa folie mais non de ses excentricités, va se marier en Allemagne. Wilkie et tante Zabeth retournent en Danemark.

Je n'ai fait ici que donner les situations sèches. Je n'ai rien dit des traits de physionomie, des détails, des encadrements de scènes, des digressions, de tout ce qui enguirlande cette intrigue farouche d'une grâce de songe.

C'est un plaisir qu'il faut laisser savourer entièrement à ceux qui liront *Amants*.

27 mai.

HENOR

Permettez-moi de vous présenter aujourd'hui une belle vision de poète, pure et sévère.

C'est un œuvre de grand tempérament que vient de publier M. Mathias Morhardt, sous la forme d'une fiction en cinq mille vers et cinq parties.

Le héros en est Hénor « dont le palais, au seuil des Mers éternelles, est bien le seul séjour d'une âme mystique et forte, que tente la possession de l'Absolu, ce palais désert et vaste, profond et silencieux, où il faut parler bas, afin de ne pas susciter le retentissement des échos qui font mourir. »

La première partie tient toute dans un monologue de Hénor, au seuil de son palais, dans la solennité d'un crépuscule, tandis que ses deux sœurs, Marguerite et Madeleine, les contemplatrices, sont assises, leur visage appuyé sur leur main, lui prêtant leurs âmes attentives :

Mon âme, dit-il...
Sent s'animer soudain la multiple existence
D'êtres divers qui sont en elle un peuple immense.
O mon âme ! voici l'heure de l'Infini !
Et les vœux importuns et vains étant bannis.
Nous n'ajouterons pas à l'indistincte plainte,
Qui s'éloigne en chantant, parmi la gloire éteinte
Du jour — le pâle accent d'une langueur en deuil,

Dans la seconde partie, nous trouvons ce diptyque des deux sœurs auxquelles Hénor sourit :

O Madeleine et Marguerite, je dirai
De quelle mission je vous investirai,
Et pour quel glorieux triomphe des idées,
Vous êtes, près de moi, chèrement accoudées,
. . . .
. . . . Vous êtes
La double étoile où vont les grands yeux des prophètes.
Vous êtes le séjour des âmes orgueilleuses

Et le refuge — loin des époques railleuses —
Où mon front fatigué reposera ses peines.

Elles sont, l'une Madeleine, le *désir de savoir* — et l'autre, Marguerite, l'amitié et la consolation qui guérissent les défaillances. Puis c'est l'apparition d'une créature inconnue, Liliane, qui offre aux yeux d'Hénor la vision d'un imparfait corps de femme, d'un être inachevé, comme la révélation de la beauté future entrevue dans son ébauche. Et cette apparition suffit à détourner le poète de ses volontés. Les jours se succèdent tristement. Hanté de Liliane, Hénor s'est réfugié seul dans une salle sans fenêtres et tout de noir tendue. La vision l'y poursuit.

Elle rit doucement et sans savoir qu'elle rit !
. . . .
Et dans l'éclat de sa douce volonté même,
Elle s'est révélée à moi pour que je l'aime !

Le choc se fait et le premier duo entre le poète et sa vision a lieu dans le merveilleux jardin du palais d'Hénor, qui « déroule jusqu'à l'horizon le tapis de ses fleurs, leurs odeurs et leurs couleurs. »

Liliane se confesse :

> L'haleine subtile et lointaine
> D'une corbeille de jasmins

> Semblerait m'avoir mise en peine
> De je ne sais quels lendemains.
> Une chanson délicieuse
> Et qui me parle avec douceur
> De ses tristesses spécieuses
> Rêve tout autour de mon cœur.

C'est ensuite une salle du palais d'Hénor, une salle nuptiale qui semble attendre la fiancée promise. Les deux sœurs restent les témoins pensifs et muets des fiançailles. Il faudrait citer les noces qui s'y déroulent en beaux vers languissants, où sont décrites tour à tour les premières joies et les premières déceptions.

Les jours se succèdent. La beauté de Liliane n'est plus une beauté de songe. Elle s'est réalisée. L'enfant incertaine est devenue femme. Hénor souffre aussi de sentiments plus humains à mesure que la vie se précise.

Puis tout s'est rassombri. Les deux sœurs ont abandonné Hénor, qui reste seul devant la femme possédée. Hénor se fait terrible. Il sent vraiment ce qu'est pour lui Liliane :

> O femme, meurtrière, inconsciente et douce,
> Songe enfin que tu n'es que d'écume et de mousse.
> Qu'un peu de mousse autour de la tombe où repose
> L'Être qui fut — et qui n'est plus que quelque chose!

Et c'est enfin la mort de Liliane.
Debout, près d'elle, Hénor la considère :

Réel comme un beau rêve et subtil comme lui,
J'adore ton visage où tes grands yeux ont lui !

Sur la pelouse verte, au milieu des fleurs et des clématites odorantes, Hénor s'agenouille auprès de Liliane, plus belle encore :

J'aimais ta beauté seule, et ta beauté persiste !

---

29 mai.

LE ROUSSET

Jacques Le Lorrain est un jeune, déjà connu. Il y a près de deux ans, son premier livre, *Nu*, obtenait un succès de nouveauté qui lui marquait sa place parmi les romanciers d'avenir.

Le volume qu'il publie aujourd'hui, *Le Rousset*, est une étude de paysans périgourdins, très poussée et très soignée. On y trouvera des types amusants, bien observés et bien peints. Deux oppositions de caractères : Landry, brave garçon, violent, brutal, solide et bon, et le Rousset, malingre, matois, sans scrupules, fournissent des scènes amusantes.

Il y en a aussi de très vigoureusement traitées.

Celle, par exemple, où le héros fait ses premières armes amoureuses avec la servante Pauline.

L'intrigue du roman est fort simple. Elle n'en maintient pas moins l'intérêt avec habileté. Tout le mérite est d'ailleurs dans les détails dont le réalisme est souvent plus que piquant. Le style de M. Le Lorrain gagnerait peut-être à se montrer un peu moins travaillé dans certaines pages où il n'aurait certainement qu'à laisser couler sa plume très verveuse pour obtenir des effets sûrs.

Nu promettait, *Le Roussei* ne réalise pas complètement. Mais du moins n'est-il pas inférieur à son aîné, ce qui est beaucoup pour un second livre.

---

10 juin.

« LE PETIT MARGEMONT »

Robert de Bonnières a le désavantage, selon certains, de compter dans le monde comme un monsieur qui écrit pour se distraire. Je parle ici, au nom de quelques-uns de nos confrères en critique, dont c'est le critérium que quiconque n'a pas besoin d'écrire pour vivre n'est pas un écrivain. Ces confrères se trompent. Il serait beaucoup plus juste de dire que l'on ne peut être écrivain qu'à la condition de traiter son style en amateur. Mais n'insistons pas. Robert de Bonnières est relativement riche ; de plus, il est « *du monde* ». Pour la gent écriveuse qui grossoye des romans sur traités, R. de Bonnières ne pourra donc jamais se faire attribuer sérieusement cette patente de confrère que les négociants et les courtiers de lettres se montrent si formalistes à délivrer. On pourra leur objecter que celui-ci a peiné de la plume comme aucun nègre de la copie ; qu'il a mené durant trois ans une campagne de journaliste très informée et très laborieuse ; qu'il édite aujourd'hui son cinquième roman ; qu'il est l'auteur d'un délicat recueil de contes et qu'il n'en a pas moins publié deux études historiques importantes. Loisirs de gentilhomme ! murmure-t-on. Hé bien ! des gentilshommes comme celui-là, je nous en souhaite !

Dites qu'il a le préjugé de son milieu, qu'il est borné dans sa sphère d'admiration, et je vous laisserai dire et je le répéterai avec vous. Mais ne lui refusez pas d'être un travailleur et un homme d'esprit. Ou bien, allez demander vos écrivains au diable ; ce n'est pas moi qui vous les garantirai.

Le « monde » où circule Robert de Bonnières, celui qu'il observe et qu'il décrit, est un étroit petit monde, chaque jour plus resserré, qui vit sur son propre fonds, s'épuise et s'étouffe à tout instant davantage, à mesure que la société se dilate autour de lui et refoule ses limites. Il se repaît maigrement de préjugés mesquins, d'idéal saugrenu, de croyances falotes et ne compte guère plus que pour les écrivains fureteurs, chercheurs de coins oubliés, épris de mœurs rococo et de physionomies ingénues. Il y a longtemps que les économistes en ont fait bon marché, haussant les épaules devant ses réclamations inutiles et n'écoutant même plus les discours en cinq points de ses orateurs encroûtés. Les femmes parfois y sont charmantes, d'un charme vain ; et les hommes y ont, pour le psychologue seul, l'intérêt de bizarres sires confits dans un bien-être abrutissant, éperdus d'orgueils naïfs, fermés, inintelligents et n'en croyant pas moins à la réalité de leur poussière, tandis qu'autour d'eux tout verdoie et s'épanouit en cultures neuves, saines, abondantes et jeunes.

Le nouveau roman de M. de Bonnières a pour titre « *le Petit Margemont* ». La scène, il va sans dire, est au faubourg Saint-Germain. — Le duc de Margemont marie sa fille, Claire, au comte de Turdis. Le père Margemont ! aussi terrible sur le chapitre de la naissance que sur celui de l'argent. Et tout de suite nous sommes présentés aux figures principales du livre : Jacques (le petit Margemont), mince et pâlot, mal nourri chez son père, le duc avare et millionnaire, puis son camarade Philippe de Novarey, grand et beau garçon, violent, étourdi : tous deux épris de Louise d'Haudicourt ; celle-ci, d'ailleurs, pleine de promesses : « Toute sa petite
« personne annonçait la fermeté ; mais, si elle se
« tenait droite et raide en parlant, on la sentait

« souple et flexible en même temps, *très femme*,
« inquiète et gracieuse, l'extrême mobilité de ses
« traits en dérangeant à tout moment la régularité,
« ayant de grands yeux noirs, très ouverts. » Elle
est la fille du bel Haudicourt, lequel étant fort occupé de faire sa cour à Blanche de Novarey, princesse de Neubourg, s'est déchargé du soin d'élever
Louise sur sa sœur et son beau-frère, la marquise
et le marquis de Nointel.

L'intrigue est simple. Dès les premières lignes,
il apparaît que Louise préfère « l'étourdi et violent » Philippe au « faible et mélancolique »
Jacques. Or, c'est à celui-ci qu'on la fiance. Il est si
bon et si charmant, et d'autre part, la conduite de
Philippe lui est présentée de façon si désavanta-
geuse que Louise a cédé. Cependant elle souffre.
Il faut, pour qu'ils sortent de cette situation, que
Jacques meure. Et précisément, Jacques meurt à
point. Le pauvre enfant, sentant que l'amour a été
plus fort que lui, s'est résigné. A son chevet d'agonie, il fait venir Philippe et Louise et les fiance
lui-même. En fermant les yeux, il murmure à son
rival : « Aime-la plus que toi-même. »

Et il a, à part lui, une étrange pensée consola-
trice.

— Un peu plus tôt, un peu plus tard, et ils
auront cessé d'être, eux aussi.

De tels dénouements sont-ils dans la nature ou
dans la littérature ?

N'importe ! Ce roman est émouvant et proprement écrit : puis, encore une fois, les peintures de ce monde mesquin et sec du faubourg Saint-Germain y sont vivantes, et les types y semblent, à tous les plans, finement portraiturés.

Les types ? Voici le bel Haudicourt, le père de Louise, qui n'a d'autres prétentions que celle d'être un grand metteur en scène et qui, tandis que se déroule ce drame d'amour, pense :

— Le jour où Louise se mariera, on verra ce que je saurai faire de ma galerie.

Puis, voici le duc de Margemont, le vieil avare, le père de Jacques, qui se demande si oui ou non il fera part du mariage au comte de Paris, lequel lui a fait l'affront de ne pas le compter parmi les deux ducs témoins au mariage de la princesse Amélie. D'autre part, il brûle de se rappeler au prince ; et il conclut : « D'ailleurs, on a toujours été embarrassé avec les d'Orléans. » Son portrait physique est pris sur le vif : une moustache coupée ras au-dessus des lèvres et des lèvres rentrées, comme pour ne rien perdre de sa salive, la tête crépue et grisonnante, disproportionnée au reste du corps, la peau sèche et les joues roses.

Et M. de Nointel, l'oncle de Louise, qui l'a élevée et qui l'aime assez pour être jaloux du père de cet enfant, lorsque celui-ci — le bel Haudicourt — lance dans la conversation quelques mots que la jeune fille trouve charmants. Elle est obligée de deviner cette jalousie et, pour le calmer, de dire : « Mon bon oncle, je n'oublierai jamais que vous m'avez appris le dessin, la musique, l'anglais et la danse ! »

Philippe toutefois est le plus humain avec ses saisissantes contradictions.

C'est très hardi, plus qu'on ne le croit, pour un romancier, de représenter un gaillard au fond excellent, capable des dévouements les plus exquis, des sentiments les plus délicats et capable aussi de mouvements comme celui-ci : au moment où il s'est une première fois effacé devant Jacques avec élégance et générosité, il lui vient aussitôt la pensée qu'une fois Louise mariée, il lui restera la ressource de troubler son repos, de l'entourer, de la surprendre et peut-être de la ressaisir.

« Ceci, ajoute l'auteur, n'allait pas mal avec
« l'espèce d'idéal de rouerie mondaine que se
« font les oisifs à prétentions et que Philippe avait
« prise en leur compagnie. »

Et c'est aussi très *faubourg Saint-Germain* n'est-ce pas, monsieur de Bonnières?

12 juin.

EN GUISE D'AMANT

Marcel Luguet a déjà publié *Elève Martyr*. Il nous donne aujourd'hui, pour la continuation de ses débuts, un roman qui promet à ses lectrices de les effaroucher par des peintures spéciales de sentiments. Je vois déjà les censeurs de la maison Hachette froncer le sourcil sur le vu du titre. Mais qu'ils se rassurent ; le fonds de l'intrigue n'a rien à voir avec les pudeurs de leur monopole. Ils seront, d'ailleurs, bientôt rassurés par le style aux allures douces de ce roman, qui s'ouvre très fraîchement par de jolies pages descriptives sur l'île d'Oléron « avec ses ciels tantôt gris, tantôt très bleus, avec sa platitude, son impression donnée de région vieille et aussi toute neuve ».

Pour l'intrigue, la voici : Joseph Azeline, notaire au Château (Ile d'Oléron), a épousé Mlle Etiane Saintives qui est une personne vive, intelligente, jolie, friande de plaisir, élevée dans une ville. Elle souffre bientôt de la médiocrité de leur condition : tout y est médiocre, ce mari notaire de campagne, leur fortune, le pays qu'ils habitent, les gens qu'ils voient.

Pourtant, Azeline est très bon ; elle le trouve commun, mais lui reste attachée. Elle aussi est bonne... et honnête... Autrement faite qu'une Madame Bovary, elle a ceci de très particulier : la peur de succomber... — Un jour, le bateau qui fait le service entre Oléron et le continent débarque dans l'île un nouveau lieutenant d'infanterie de marine, Dotrern, *un grand blond, la figure un peu maigre, avec, sur la bouche, de longues moustaches fines, avec une parfaite élégance d'homme simple.* Azeline se fait l'ami de Dotrern et l'amène chez lui. On se lie. Dotrern aime bientôt Eliane, et celle-ci se dit en principe : « Je ne veux pas l'aimer! » Dotrern, qui n'est pas un officier comme les autres, lit Stendhal. Et Stendhal lui enseigne « que le plus grand bonheur que puisse donner l'amour, c'est le serrement de mains d'une femme qu'on aime. De son côté M⁽ᵐᵉ⁾ Azeline lit Swift, et celui-ci lui parle « des charmes que le mariage a toujours eus et aura pour mission de faire cesser subitement ».

Pourtant, avec l'amitié du lieutenant, tout lui paraît se transformer autour d'elle. Elle sent le pittoresque de l'île qui lui avait échappé jusqu'alors. Toutefois, elle ne peut encore nettement définir ce qu'elle éprouve, car ce n'est assurément pas le besoin d'un amant. La conservation d'une vieille amie vient à point pour l'éclairer à peu près.

— J'avais de l'argent, lui dit M⁽ᵐᵉ⁾ de Hautefaille ; j'avais un nom, j'étais assez jolie, toute neuve à tout. Mon mari, qui avait le triple de mon âge, était un fantasque, mais non un jaloux. J'aurais pu avoir des amants, me procurer de nombreuses distractions... Ecoutez-moi, si je n'ai pas eu d'amants c'est que je me suis aperçue combien tous ces messieurs me feraient regretter de n'avoir pas auprès de moi *quelqu'un qui me dispensât de me donner à eux.*

Voilà le titre du livre expliqué : avoir quelqu'un *en guise d'amant.* Sera-ce le rôle qu'elle voudrait que Dotrern jouât auprès d'elle. De ce moment, Dotrern et Eliane semblent s'être compris tout à fait. Ils voient ce qu'il y aurait à faire et s'y essaient.

Mais, il y a le mari !

Un soir, chez lui, Dotrern lisait, comme on mange quand on a pas faim, sans voir et sans comprendre... On frappe : « Entrez. » Azeline lui-même parut. Le notaire avait cet excès de froideur qu'essayent de prendre les gens très vivement émus... Après deux secondes d'hésitation, il dit à Dotrern en le fixant franchement comme il ne l'avait jamais fait : — « Vous aimez ma femme ? »

Que penser d'un pareil début ? Mais Louis, gagné malgré lui par cet accent de loyauté, ne s'y trompe pas. Il n'est pas grotesque en ce moment, M. Azeline !

Et il faut ici complimenter Marcel Luguet, de la délicatesse de touche apportée par lui dans le rendu de cette scène inimitable.

Il finit par deviner en ce moment chez Azeline non pas une timidité sortie de ses gonds, ni un accès de jalousie aveugle, mais un noble besoin de montrer ce qu'il vaut, de prendre à temps sa place entre ces deux êtres qui vont faillir, l'un à son devoir d'ami — l'autre à son devoir d'épouse. Azeline et Dotrern s'expriment et s'expliquent en toute hauteur d'âme ; si bien qu'après cette étrange conversation, l'officier pense que plutôt il quittera l'île et mieux cela vaudra.

Eliane ignore la visite de M. Azeline au lieutenant, *sans quoi elle eût probablement détesté son mari*, ne voulant, comme beaucoup d'autres femmes, ne devoir qu'à elle de rester honnête... Mais elle a l'instinct, ignorant, d'avoir été sauvée par là.

Dotrern et Eliane se revoient une dernière fois et elle lui fait elle-même le tableau de leurs sensations :

— D'abord, elle lui avait plu, et lui à elle ; ils s'ennuyaient tous deux, lui avec son éternelle solitude de colonies ou de garnison ; elle, avec son mari qui n'avait pas ses goûts. Elle l'eût aimé si elle eût pu ; elle n'avait jamais aimé avant. Elle ne pouvait pas parce qu'il faut rester honnête, et elle le regrettait, mais c'était comme cela ; à cette heure même, si elle voulait lui tomber dans les bras, elle le ferait... eh bien ! non ! il faut rester honnête, et, puisque pas ce soir... alors, jamais !

Dotrern lui donne la réplique en camarade. Ils échangent une alliance. Ils se tutoient et, durant cet instant, elle l'a eu... en guise d'amant. Trois jours après, Dotrern part pour le Sénégal.

Lui parti, Azeline dit à sa femme, hardiment :

— Tu as aimé Dotrern, oui, et tu en es moins responsable que moi !... Mais que n'ai-je souffert en sentant mon infériorité devant cet homme... Crois-moi, tâchons de nous mettre au-dessus de tout cela. Ne faisons pas du mariage et de l'amitié de vains mots. Et lui a souffert aussi, le pauvre garçon ! Je lui ai pardonné... Il reviendra... Et nous nous reverrons tous trois avec mieux que de l'indifférence, tu verras !

Eliane admire. Elle aime son mari parce qu'il a été le confident bon de sa détresse. Ce serait très beau, en effet ; mais les choses se passent autrement. Le temps s'écoule. Un jour, Eliane voit Azéline rentrer effaré, la figure décomposée et qui lui crie : « — Dotrern ! Dotrern est mort ! » C'est dans un journal qu'il tient à la main. Sa femme le regarde, pousse un cri et tombe raide.

Je regrette d'avoir sauté dans le compte-rendu de ce livre, si vivant, les meilleures pages que l'on ne peut citer qu'en les détachant du fond de l'œuvre, ce qui serait les déformer, car elles tiennent toutes par de solides attaches à la trame même de l'intrigue.

Mais je tiens à rappeler qu'au cours même de son roman, M. Luguet a cité les noms aimés de Stendhal et de Swift. Or, Stendhal eût très volontiers signé le portrait de Dotrern ; et certainement Swift n'eût pas repoussé le parrainage d'Eliane, ni celui de quelques figures de second plan, Mme de Hautefaille ou Rodolphauss, par exemple.

Mais c'est faire le meilleur éloge au jeune romancier que de reconnaître qu'il a mis dans la création d'Azeline beaucoup d'observation précieuse, de pensée et de sentiment ; et là, il est allé très grandement, de sa propre dépense.

Les descriptions oléronaises si justes et si jolies

lui appartiennent aussi tout à fait, non moins que certain tour très personnel dans la façon brève et spirituelle dont il fait dialoguer ses personnages.

Cette fin de roman laisse une impression profonde ; et quiconque l'aura lu le rouvrira souvent pour revenir sur certains petits coins bizarres et séduisants.

Bref, un de ces livres qui font vibrer certaines cordes, un livre qui frappe et qu'on garde.

---

15 juin.

LA COUVERTURE DE « MONSIEUR VÉNUS »

Il y a quelques quinzaines, lorsque j'eus à rendre compte du procès intenté à Maurice de Souilhac, procès bizarre où l'on vit cet écrivain traduit en cour d'assises, non pour une œuvre que le Parquet n'avait pas jugée offensante d'abord, mais pour la couverture licencieuse qui lui avait été postérieurement imposée par l'éditeur — lors, dis-je, que sur un caprice du jury on vit le romancier condamné à une forte peine tandis que l'éditeur en récoltait une, moitié moindre, — j'écrivis quelques lignes où j'épanchai un peu de mon indignation. On m'avait prévenu que je risquais gros en discutant ainsi par le menu les baroques détails d'un procès jugé à huis-clos et le long duquel défense était faite de rien déposer.

A la *Bataille*, nous mettons très volontiers ce genre de prudence de côté, et nous ne nous trouvons jamais plus dispos, ni mieux portant que lorsque nous nous sommes ainsi déchargés de ce que nous ne pouvons digérer. Et nous ne saurions faire comme tels qui préfèrent garder ça en se serrant, jusqu'à ce que les agents aient le dos tourné.

Au lendemain du procès, je fus accosté en pleine salle des Pas-Perdus par les éditeurs, le dessinateur et quelques libraires qui me reprochèrent, poliment d'ailleurs, d'avoir trop défendu Maurice de Souilhac et de m'être laissé conter trop volontiers cette histoire de couverture imposée. L'affaire était jugée et les suites n'étaient pas assez importantes pour que j'en obsédasse davantage nos lecteurs. Je me bornai à blâmer à nouveau la peine sévère qui frappait un jeune écrivain et celle plus sévère encore qui, dans ce même verdict, flétrissait barbarement un homme d'un âge et d'un talent respectables, Jean Laroque. Puis il n'en fut plus question chez nous.

Aujourd'hui, l'occasion m'est donnée d'y revenir. La maison d'éditions à couvertures scabreuses s'appelait à ce moment, je crois, la maison Brossier. Les noms des gérants sont changés; mais le *papier* est resté le même... comme les procédés. Cette fois, c'est d'un volume de Rachilde qu'il s'agit... Un nouveau roman, dira-t-on ? Ah bien, oui !

Le volume en question s'appelle « *Monsieur Vénus* » et ne compte pas moins de quinze éditions. Donc, c'est un ouvrage qui n'a pas été jugé immoral depuis sa mise en vente, déjà ancienne, et durant le tirage de ses quatorze éditions successives. C'est un fait à constater.

S'il advient quelque mésaventure judiciaire à l'ouvrage en question, ce ne pourra donc être par la faute de l'auteur.

Il n'en a pas moins lieu de trembler un peu... et, pour vous en convaincre, il vous suffira de regarder aux vitrines : vous y verrez une image entre cent qui vous sollicitera, malgré ses nuances amorties de terne chromo. C'est, au-dessus d'une potiche et soulignée par une branche de chrysanthèmes, dans un encadrement de miroir, une figure inquiétante, au peignoir ouvert sur une poitrine impudente ; c'est un croisement ingénieux de lignes molles ou dures qui expriment brutalement ce qui dans le livre est conté avec une délicatesse autrement perverse, mais mieux enveloppée. Cette couverture a pour but évident d'arrêter les badauds au passage, tandis que la littérature du livre ne s'adresse qu'aux raffinés de lettres.

Je reprends ici la thèse soutenue par le ministère public lui-même dans une audience de la neuvième chambre à propos de ces fameuses couvertures. Un substitut très avisé déclara qu'un livre, si immoral fût-il, n'était pas un outrage public à la pudeur, si *ce livre était édité discrètement et vendu à des amateurs*. Un livre licencieux n'est, en effet, dangereux que lorsqu'il peut tomber entre les mains de jeunes garçons ou de fillettes à l'imagination vite inflammable, ou bien encore de gens ignorants qui ne seront atteints que par quelque luxurieuse description sans saisir ce rien de pudique pourtant si réel dont peut la revêtir aussitôt, pour quiconque sait lire et comprendre, la moindre petite touche d'art appliquée par la main légère d'un écrivain délicat. Ce dernier cas est tout à fait celui de Rachilde. Pour le public ignorant, ses livres sont tachés de vices monstrueux et presque entièrement sadiques.

Pour les fins liseurs, ce ne sont que des complications romanesques extrêmement curieuses et attachantes.

Ces livres, leur auteur a donc raison de les écrire, puisqu'il les sent ; l'éditeur fait bien de les éditer, puisqu'ils se vendent ; et l'on a raison de les lire, puisqu'ils sont pleins d'intérêt.

Mais où commence le tort de l'éditeur, c'est quand il flaire la possibilité d'une grosse vente et ne songe plus qu'à son chiffre d'affaires.

Il trouve dans le livre des coins descriptifs qui, mis en relief, amorceraient des clients de toutes espèces, alléchés par le seul appât pornographique.

Quoi de mieux pour obtenir ce relief qu'une habile couverture illustrée, montrant quelque scène, quelque personnage allumeurs.

Et le pauvre livre, écrit en des instants de fièvre poétique, et qui eût pu être un bijou de bibliothèque galante, devient le crasseux bouquin qui roule sous les bancs des lycées, traîne dans les cantines de régiment, se cache dans le tutu des frêles apprenties et se froisse sous le traversin dans les chambres de petites bonnes. Ainsi se fait l'œuvre de démoralisation. Ainsi le livre est dangereux.

L'éditeur, lui, vend, vend, vend !... et il ne voit que cela, incapable de se contenter du gain régulier, rêvant les cent éditions qui supposent les soixante mille volumes vendus et les 200 mille francs encaissés.

Voilà ce qui ne doit pas être et voilà ce qu'il faut prévenir. Un livre comme « *Monsieur Vénus* » paraît avec une couverture obscène ; vous en blâmez l'auteur ; il vous répond :

-- Mais c'est mon éditeur qui me l'a imposée. Puis-je me rebiffer contre ce commerçant qui me dit : « Vous m'avez vendu votre livre, il est à moi ; j'ai déboursé mon argent. Ne suis-je pas libre de chercher par tous les moyens à en tirer le meilleur parti possible ? Il faut que je rentre dans mes frais et que je récolte mes bénéfices ! » « Croyez-vous que je ne suis pas en chagrin de voir mon livre, écrit avec tant de recherche, relégué parmi les pornographies ? mon éditeur est pourtant un homme intelligent et je ne sais comment il s'est laissé entraîner ; mais toujours est-il qu'avec cette couverture de mauvais goût, je vois s'éloigner de moi le public délicat, le seul qu'il m'importât de conquérir. »

Que répliquer ? Ceci tout simplement : en achetant un manuscrit, l'éditeur n'achète pas la réputation de l'écrivain, — c'est là une chose dont il ne lui appartient pas de disposer.

---

20 juin.

EN AMOUR

Jean Ajalbert n'est plus un débutant. Il a tenu sa place dans le mouvement *symboliste* qui fit son bruit il y a trois ans. Il a publié déjà trois volumes de vers : *Sur le Vif*, — *Paysages de femmes* — et *Sur les Talus*, puis un roman *Le P'tit*, qui ont établi sa manière parisienne et moderniste. Nous avons donné de lui quelques extraits de ses souvenirs de voyages publiés par *Le Figaro*.

En Amour, le volume récemment édité par Tresse et Stock, est dédié à Edmond de Goncourt. C'est l'histoire d'une fillette des environs de Paris, demeurant chez ses parents, qui vient tous les matins travailler rue de la Paix, dans une maison de couture. Naturellement, elle fait connaissance d'un jeune homme avec lequel elle file le parfait amour. Elle devient enceinte. Son amant la fait avorter et l'abandonne. La jeune fille rentre chez ses parents et reprend tranquillement son petit train-train.

La donnée est simple, on le voit. Mais le livre est lestement troussé et la note parisienne s'y retrouve, toujours par petites touches très justes et très heureuses.

---

22 juin.

NOTRE CŒUR

Il faudra bien qu'un jour ou l'autre M. de Maupassant consente à s'entendre dire doucement quelques vérités, sans faire : « Peuh ! » Disons-lui au moins celle-ci : qu'il s'est laissé trop complaisamment, non pas surfaire, car il est fort à la hauteur personnellement de ce que les réclames écrivent chaque jour sur lui, — mais trop encourager par lesdites réclames. Il a fini par croire en elles et a un peu perdu la tête, ce nous semble. Il s'est surmené pour tenir sa place en un rang où des critiques lourdauds l'avaient mis d'abord et qui n'était pas le sien. Des bouts de nouvelles, des fragments de lettres, des chroniques, des boutades d'amour, des impressions de voyage, des croquis extrêmement précis dans leur extrême simplicité, bref, tout ce qui constitue le meilleur d'un génie irrégulier était dans le sien. Il valait surtout par des observations rapides et originales, par des aperçus de sensations adroitement découvertes, et il était certes fait pour compter parmi les plus fins diseurs de mots, faiseurs de portraits et railleurs de mœurs, parmi les plus intermittents aussi.

Au lieu de quoi, il s'est lié par des traités à des administrateurs de journaux, à des éditeurs, et le voilà pris pour la vie, condamné à diriger sa fantaisie, à tourmenter son indolence d'ancien canotier. Nous avons vu en ce siècle grand nombre de gens très joliment doués, tourner stupidement en lourdauds de plume par amour du gain et asservissement aux uniques besognes lucratives.

S'il ne s'était laissé prendre et mettre en formes par les entraîneurs de la librairie, s'il s'était toujours gardé l'esprit libre, il n'eût peut-être produit que deux ou trois *Boule de Suif,* au lieu d'une centaine ; — quatre ou cinq *Monsieur Parent* au lieu d'un millier, et c'eût été suffisant. Par revanche, au lieu de ses petits volumes de voyages, trop maigres dans leur joliesse, *Au soleil, La Vie errante,* on eût vu les pages d'impressions routières, les croquis de paysages, les croquades de types et toutes ces jolies choses qui sont de son ressort abonder en ses cartons, en ses albums, d'où sa réputation eût tiré un bien autre bénéfice.

Il a fait « *Une Vie* » ; – il a fait « *Bel ami* » ; « *Fort comme la mort* » et aucun de ces romans ne témoigne que Maupassant fût spécialement doué pour l'écrire.

C'est toujours du travail et comme un travail embêtant, brûlé... C'est une très bonne preuve que nul artiste ne peut forcer la nature, Qu'il ait beaucoup ou peu travaillé, il ne comptera dans la postérité que pour l'œuvre qu'il était fait pour écrire. Cet œuvre de Maupassant devait être de quelques exquises pages d'observation rêveuse et maligne, de correspondances, de contes venus au hasard de la verve, de carnets de voyage ; il devait être cela et ne sera pas autre chose, la sélection se faisant avec le temps malgré les centaines de milliers de lignes publiées et l'accumulation des tomes inégaux.

**

Le dernier volume publié s'appelle : *Notre Cœur*. Il va sans dire avant tout que c'est un volume à lire, supérieur à la moyenne de ce qui se publie quotidiennement. Il s'en dégage même une figure de femme moderne faite pour piquer les curiosités mondaines.

Voici l'argument en deux mots... Mme Michèle de Burne, grande coquette, a sept intimes, sept amoureux qui lui font un cercle de sigisbées et qu'elle promène dans la vie en leur demandant tout leur cœur sans leur rien donner du sien. Survient un huitième, André Mariolle, qui tente l'épreuve. Il réussit, et tandis que les sept autres se morfondent, Mariolle devient l'amant de Mme de

Burne. Ils ont quelque temps d'intimité heureuse. Mais cela ne peut durer. Elle est mondaine, avant tout. Il sent qu'elle ne l'aimera pas comme il l'aime et il prend peur. Cela menace de tourner très mal. Alors il fuit... Dans une promenade à Marlotte il trouve une fille d'auberge appétissante et l'emmène chez lui comme bonne à tout faire... C'est à peu près tout.

Et comme toujours, on trouve dans ce roman des insuffisances à la Maupassant, des caractères communs pleins de lacunes. Le personnage de Michèle de Burne est plus vulgaire encore que l'auteur ne semble le croire. Celui de Mariolle a des naïvetés qui étonnent chez un homme de trente-huit ans, dans les scènes de Marlotte, surtout.

Mais c'est pourtant un livre coulant, avec de ci, de là, de la vraie ironie, où l'on sent que Maupassant se retrempe après le harassement d'un millier de lignes écrites sans y croire.

Et, rachetant les lacunes, des aperçus qui en disent plus long en sept lignes que trente autres pages du volume : ce coin, par exemple, où Mariolle se fait lire *Manon Lescaut* par sa petite bonne.

« ... Il était bercé par la voix, séduit par la fable tant connue et toujours neuve, et il rêvait d'une maîtresse volage et séduisante comme celle de des Grieux, infidèle et constante, humaine et tentante jusqu'en ses infâmes défauts, créée pour faire sortir de l'homme tout ce qu'il a en lui de tendresse et de colère, d'attachement et de haine passionnée, de jalousie et de désir.

« Ah ! si celle qu'il venait de quitter avait eu seulement dans les veines la perfidie énamourée et sensuelle de cette irritante courtisane, peut-être ne serait-il jamais parti ! Manon trompait, mais elle aimait ; elle mentait, mais elle se donnait ! »

Voilà notre cœur !

***

1er juillet.

MAUVAIS FUMISTE

— Avouez qu'il n'est pas digne d'un homme d'admettre niaisement la vérité d'une proposition s'il ne peut produire l'évidence qui justifie pleinement sa certitude...

Quel est le saint Thomas en délire qui s'avise d'énoncer cette... ?

Mon Dieu ! c'est tout simplement le joyeux Harden, le joli Hickey, le coquet baron, l'ex-beau Saint-Patrice, l'ancien rigoleur du *Triboulet*.

— Tiens ! nous dit-on... Qu'est-ce qui lui est arrivé ? Qu'est-ce qu'il a ?

— Il a qu'il fait de la Thé-o-so-phie !

— S'il vous plaît ?

— Hé oui !... je viens de recevoir un volume décoré sur sa couverture d'un pantacle très soigné, portant ce titre : *Théosophie* (ouvrage orné de nombreuses gravures) par Saint-Patrice (baron Harlen-Hickey). — Sauvaitre, éditeur.

— Je cours me payer ça !

Nul n'ignore qu'il existe un poète inspiré et savant, Albert Jhouney, qui s'est associé à un révolté de l'église, l'abbé Rocca, dans un ardent et pur amour de la vérité pour la chercher où ils veulent la trouver. Laissons ces esprits droits et sincères poursuivre la mission qu'ils se sont librement donnée.

Leur courage, leur bonne foi sûre et leur haute intelligence leur ont conquis tout respect. De ceux-là, nul ne rira.

Cependant je vois déjà dans leurs environs bien des Péladan falots. Bah ! souffrons encore Péladan; il a de l'esprit et n'est pas le premier venu. Mais, de grâce, ô Théosophie, ne laisse pas venir à toi les petits Saint-Patrice !

Ce Saint-Patrice, qui dirigea *Le Triboulet*, de ridicule mémoire, est l'auteur illisible d'un certain nombre de romans baroques qui, malgré de forts frais de réclame, ne purent vaincre l'indifférence de ce siècle affairé. Ohnet aussi a payé cher ses premières réclames; mais il est au moins rentré dans ses déboursés. Si cela ne l'honore pas plus comme écrivain, cela le sauve au moins du ridicule, comme capitaliste. Saint-Patrice n'a pas eu la même veine. Je vous étonnerai en vous rappelant quelques titres de ses œuvres : *Les Métamorphoses de Fierpépin,* — *Mémoires d'un Gommeux,* — *Facéties de Trogneville*..... etc... Il y en a une ribambelle, qui n'ont duré que ce que dure une affiche à Paris.

* *

Maintenant, je crois percevoir le travail de raisonnement qui s'est fait dans cette curieuse tête de cocodès en mal d'épate.

— Lire quelques traités ; en tirer quelque chose de clairet et de facile à suivre ; la théosophie étant à la mode, en composer le manuel pour gens du monde.

Désormais, quand Madame prendra son bain, elle aura beau être entrée ignorante dans sa baignoire, si elle lit ce volume le temps d'une immersion ordinaire, elle sortira de là en état de causer cabale avec M. Papus lui-même quand elle voudra l'avoir à déjeuner.

Hé bien! cher baron, souffrez qu'on vous le dise: de la théosophie pour gens du monde, on n'en fait pas ; et c'est la seule voie où les perroquets vulgarisateurs n'aient pas à s'engager, — même au nom de la mode.

La théosophie qui est (on vous l'a pourtant bien seriné), l'étude incessante des pouvoirs spirituels cachés en tout homme, exige un approfondissement personnel d'un grand nombre de littératures vivantes et mortes, une connaissance subtile de l'histoire des philosophies et des religions et une assimilation complète aux langues orientales.

Il ne suffit nullement pour y participer d'avoir publié un manuel de 250 pages et de pouvoir, adossé à la cheminée, dans le salon de Mme de Trente-six-Vertus, donner une explication du Karna (prononcez *Keurna*, doctrine de la justice parfaite, inflexible).

Savoir la théorie du Karna, ce n'est rien, en théorie. C'est la pratique qui en fait le mérite. Et pour pratiquer le Karna il faut être né avec un certain nombre de qualités supérieures ou s'être volontairement fait très savant, très fort, très clairvoyant et très patient.

* *

Quant au livre de Saint-Patrice, en lui-même... voici la *Prière d'insérer*, telle que nous la recevons; nous nous reprocherions d'y rien changer. Elle est un bijou:

On dit qu'il y a 30,000 Bouddhistes à Paris; dans ce cas, le volume intitulé *La Théosophie*, que Saint-Patrice vient de publier chez Sauvaître, aura un nombre respectable d'éditions.

Sans compter que la Théosophie est un sujet qui inéresse tout le monde, les disciples de toutes les croyances, ceux du Christ aussi bien que ceux de Çakya-Mouni.

Après avoir abandonné la direction du *Triboulet* et

dit adieu à la politique, Saint-Patrice — de son vrai nom Harden Hickey — est allé faire le tour du monde, et c'est pendant un séjour de six mois dans l'Inde qu'il a recueilli les éléments de son très intéressant volume : *La Théosophie.*

*

Et voulez-vous savoir quelques aperçus donnés aux gens du monde, par M. le baron ?

Selon lui, Darwin est un *homme éminent* dont la science *a fait faux bond* juste au moment où l'on *commençait à s'intéresser à ses travaux* où l'on comptait apprendre par lui le *redoutable secret de la vie.*

Voyons, baron, il ne faut pas être si exigeant !

Mais poursuivons. Saint-Patrice n'est pas davantage satisfait par Claude Bernard qui bronche devant la philosophie en déclarant que l'*indéterminé seul lui appartient.*

Vraiment ? Il a dit cela, Claude Bernard ? On croyait qu'une chose si simple avait pu être trouvée par le premier venu. Hé bien ! non. C'est du Claude Bernard ! du Claude Bernard imprimé !

Et Renan ? pas concluant pour un sou, ce Renan !

Alors, quoi ? Cruelle énigme ! A qui se fier ? Partout le néant ? O mon cœur ! *To be or not to be ?*

Mais soudain, voici le salut : c'est la théosophie ! Et Saint-Patrice s'est trempé délicieusement dans ce bain salutaire.

7

Et Saint-Patrice, en ses voyages, a fait connaissance de la puissante Mme Blavatsky et du colonel Olcott qui préside aux destinées de la Société de Théosophie dont il a établi le quartier général à Adyar, près de Madras, *dans l'Inde,* croit devoir ajouter Saint-Patrice pour les lecteurs qu'il compte avoir.

**

Ainsi, baron, vous voilà théosophe ! Et vous avez, vous aussi, maintenant pour devise que « nulle religion n'est plus élevée que la vérité ?... » vous, l'auteur des *Métamorphoses de Fierpépin* et des *Facéties de Trogneville ?*

O Saint-Baron-Harden-Patrice-Hickey, c'est beau !

Mais franchement, si vous nous donnez cela comme sérieux et si vous croyez épater ces petites dames, je dois vous prévenir que vous revenez trop du bout du monde. Depuis que Papus et Ely Star ont tenu campagne au *Gil Blas* et à *L'Echo de Paris,* il n'est pas une grue du Pavillon Chinois qui ait besoin de se faire expliquer le symbole du serpent qui s'embrasse la queue en mâchant une figure crucéole : — l'humain dans le divin, expliquent-elles toutes, couramment.

2 juillet.

EUG. VERMERSCH

Le dessinateur Pilotell nous a permis de disposer d'un manuscrit inédit de ce poète qui fut un des ardents partisans de la Commune et l'un des journalistes qui réussirent le mieux à impressionner la population parisienne, à lui commmniquer sa haine pour les gens de Versailles.

Eugène Vermersch avait débuté par un petit volume de vers, imprimé en caractères elzéviriens, introuvables aujourd'hui et qui fut publié sous ce titre :

LES PRINTEMPS DU CŒUR

PAR

Eugene Vermersch

Etudiant en Médecine

D'autres devaient suivre. Mais bientôt Vermersch n'eut plus guère le temps d'y songer.

Les évènements de 1870-71 détournèrent son talent de sa vocation purement lyrique.

Il avait également collaboré au *Paris-Caprice*. Il dut oublier tout cela, lorsqu'il s'agit de fonder le *Père Duchesne*. Cette reprise du pamphlet d'Hébert eut le succès que l'on sait.

Peu de journaux se vendent aujourd'hui à Paris, comme s'y vendaient pendant l'année terrible le *Cri du Peuple* de Vallès et le *Père Duchesne* de Vermersch.

* * *

Le droit de monopoliser la *grrrande colère* fut d'ailleurs contesté à Vermersch par G. Maroteau, précisément auteur d'une autre plaquette de vers lamartiniens, les *Flocons*, éditée en 1867.

Maroteau, qui avait deux ans auparavant rédigé déjà un *Père Duchesne*, en fit paraître alors un nouveau : le *Vrai Père Duchesne*, qui tint concurrence à l'organe de Vermersch.

L'editeur Lemerre a réuni en recueil quelques fragments de Vermersch pour lesquels Paul Verlaine a écrit une préface précieuse.

* * *

De Vermesch encore, on peut recommander une « *Lanterne en vers de Bohême* » où Prévost-Paradol est arrangé de la belle manière. J'en conseille la lecture à Barrès.

Cette dernière plaquette offre d'ailleurs grande analogie avec une plaquette d'Albert Glatigny, le « *Fer rouge* ». Moins doux et moins complaisant que l'ami de Mendès, Vermersch est assurément plus intéressant, plus piquant.

Il est au moins tout à fait de son temps et a mieux connu Baudelaire.

*
* *

Il existe un certain nombre d'œuvres inédites, prose ou vers, de Vermersch qui, demeurées aux mains de quelques amis, seront, sans nul doute, publiées tôt ou tard.

Le manuscrit que nous avons montre très joliment que le nom de Vermersch n'est pas fait pour l'unique exécration des académiciens et des bourgeois et qu'il peut trouver de sûres sympathies en dépit des appréciations de tel ou tel Claretie.

M. Claretie a écrit de Vermesch :

« Sous le masque du forcené, il y avait un poète de ruelles. Poète, non ! S'il l'eût été, il fût demeuré poète, c'est-à-dire fidèle à tout ce qui est noble et beau, rayonnant, pur, superbe et sain. Les poètes ne prennent point, pour étrangler les gens, la corde de leur lyre. »

A ce moment, M. Claretie s'est souvenu qu'un admirateur de Boileau répétait volontiers :

— Ne dites pas de mal de Nicolas ! Ça porte malheur !

Et fidèle au bon sens de cette devise qui est presque la sienne, M. Claretie s'est convaincu que dire du mal de Vermersch, cela devait porter extraordinairement bonheur.

Vermersch est mort jeune et détraqué ; M. Claretie mourra tard et secrétaire de l'Académie.

Evidemment, ce n'étaient pas là des gens faits pour s'entendre.

***

Je ne donne pas ces vers de Vermersch pour des merveilles poétiques.

Mais tels qu'ils sont dans le convenu de leur forme et le primitif de leur harmonie, ils me plaisent fort pour diverses raisons. D'abord, ils émanent de sentiments francs et personnels. Puis ils sont d'accord avec l'âge et le tempérament de Vermersch, et non moins d'accord avec la date où il les a signés — ce qui, en 1870, était une qualité (1).

---

15 juillet.

LE JOURNAL LIBRE (2)

Une première réunion préparatoire des directeurs, rédacteurs en chef et secrétaires de la rédaction de la presse littéraire hebdomadaire a été tenue samedi de l'autre semaine, 21, rue des Martyrs, en vue de la constitution d'un journal quotidien qui serait rédigé à tour de rôle par sept revues participantes.

(1) J'ai donné de nombreux extraits du manuscrit en question dans *La Bataille* du 8 janvier.
(2) Ce projet a été sur le point de se réaliser. Mais de petites querelles l'ont fait malheureusement avorter. C'est à reprendre.

Lorsque notre confrère Léo Trezenik fit part de cette idée de la création d'un « *Journal libre* » je fus le premier dans la presse quotidienne à en parler et à y applaudir. Au premier abord, cette création semblait devoir s'opérer d'emblée, la conception en étant extrêmement ingénieuse. Qu'on me permette d'en rappeler le programme ébauché.

On pourrait prendre comme type le format du *Petit Journal* : cinq colonnes en un texte qui varierait suivant le budget et les besoins de chacun. Tel imprimerait en corps « dix » alors que son voisin du lendemain, plus fortuné, prendrait le « huit » comme caractère moyen. Il y aurait en plus l'économie de la quatrième page, dont la composition — annonces factices d'abord et purement amicales, annonces sérieuses et d'affaires par la suite — serait commune et identique.

La fédération pourrait se faire sur cette base :

7 revues littéraires hebdomadaires.

4 revues littéraires mensuelles (supplément).

7 revues artistiques hebdomadaires.

7 revues spéciales (archéologie, philosophie, science, économie politique, histoire, géographie, revue des bibliophiles et des amateurs d'objets d'art).

4 journaux hebdomadaires prenant chacun un des quatre courriers : finance, bulletin militaire, mode, sport.

1 journal quotidien complètement transformé servant de base à la combinaison.

Un conseil de rédaction composé des rédacteurs en chef répartirait entre chacun la besogne quotidienne. Les rédacteurs en chef des revues littéraires seraient, à tour de rôle, de jour pour faire le journal, eux et la rédaction qu'ils ont actuellement, augmentée des rédactions artistiques et spéciales appartenant aux autres revues désignées pour ce jour-là. Un conseil composé des directeurs surveillerait le fonctionnement administratif et financier.

Un roulement serait établi entre les différents secrétaires.

Les intérêts de chacun sont donc bien respectés ; pas de combinaison financière, pas de commanditaire avec lequel il faut compter ; la mise de fonds est faite par les revues déjà existantes, avec apport proportionnel en : abonnés, annonces, vente ou valeurs. Un acte de société serait d'ailleurs régulièrement signé par devant notaire et les fonds disponibles déposés en banque.

Les abonnés aux différentes revues recevraient le quotidien jusqu'à la fin de leur abonnement sans augmentation de prix.

*
* *

Le plus difficile, le croirait-on, pour les garçons déterminés qui ont enfourché cette vraie bonne idée, ce sera de se faire présenter au public par certains confrères de la presse quotidienne.

Il est peu croyable que de telles petites jalousies, de telles craintes devant une concurrence possible travaillent si méchamment quelques fortes têtes.

— Pensez donc ! un journal littéraire dont quelque Weinschenk ne cadenassera pas l'administration, dont les feuilletons ne seront jamais signés Montépin, et où les jeunes gens ne seront pas forcés pour faire passer leur copie de la couler sous l'étiquette Maizeroy, commune à toute une génération, moins favorisée que celle qui se lève, décidée à s'affranchir des courtages malhonnêtes de ce père Toussaint.

*
* *

Nous ne voulons pas entrer dans toutes les petites questions de boutique où les promoteurs du *Journal libre* nous semblent s'égarer en ce moment. Qu'ils se hâtent de créer leur organe avec le peu de ressources dont ils disposent. Le public commence à les connaître malgré que les gros intermédiaires de la publicité quotidienne n'aient pas voulu s'y prêter. Et pour peu que nos jeunes confrères réussissent à servir leurs premiers numéros bien variés, bien nourris et bien pittoresques, ils auront tout de suite clientèle faite. Je prévois même un succès plus rapide qu'ils ne veulent l'espérer. Mais à la condition qu'ils fassent vite, car on leur mettra des bâtons dans les roues.

Le public est las des réclames, las des redites, las des reproductions, las des articles faits par les ciseaux et les pains à cacheter. Le public demande la copie fraîche et écrite. Le *Journal libre* en foisonnera. Le public ira à lui.

i.

18 juillet.

BYZANCE

Lorsque l'on se trouve en présence d'une œuvre telle que celle que M. Jean Lombard vient de publier chez l'éditeur Savine, il est difficile de traduire aussitôt le monde d'impressions que la lecture en une haleine de ces pages pleines et massives a fait surgir en tumulte; il faudrait pouvoir relire. Mais relire est un plaisir que le critique hebdomadaire ne peut se permettre que pour son propre compte et durant le temps qu'il vole à sa tâche.

Il faut d'abord que je me plaigne à l'écrivain, non point de la complication de son vocabulaire, riche et savant, qui donne de si flamboyantes couleurs à ses tableaux de reconstitution, mais bien de certains jeux de phrase qui n'ont d'autre byzantinisme que celui des erreurs littéraires contemporaines. Cela n'est d'ailleurs pas dans tout le volume; mais il est plus d'un morceau qui porte plutôt la date du moment où il fut composé que celle de l'époque décrite. Il faudrait que M. Lombard, en pur artiste qu'il est assurément, s'en rendît compte lui-même en relisant ses pages dans quelque temps; après les faciles retouches d'une nouvelle édition, il n'y paraîtrait plus. Entre les deux manières supérieures d'écrire, tout personnellement ou tout impersonnellement, c'est sans doute à la seconde qu'a visé le romancier de *Byzance*. Il serait donc plus conforme à son plan, et par conséquent meilleur pour son œuvre, qu'il la dégageât mieux des amusements où se perd l'ingéniosité de nos blasés. C'est dire que je suis très certain de l'avenir de ce livre. Il n'est pas de ceux qui ont trop peu de temps à vivre pour qu'on les torture par des greffes et des redressements inutiles. C'est une de ces belles pièces, capitales dans une existence d'artiste, et que l'amour de leur auteur peut faire souvent revenir à l'atelier.

Voici l'argument du livre :

Constantin V avait décidé la transplantation de force à Byzance, pour y remplacer sa population détruite, des gens vaquant sur les frontières de l'empire. Des hétairies de son armée poussèrent à coups de fouets de cuir sous le poitrail de leurs chevaux, des tribus entières de Sclavons éparses du Nord, et c'est ainsi que furent amenés dans la capitale de l'empire d'Orient deux enfants, Ompravda et Viglinitza, nés dans une possession territoriale donnée deux siècles auparavant par Justinien à sa favorite, une esclavonne qui les avait dérobés à la jalousie de Théodora, devenue impératrice d'Orient. Ils sont maintenant les uniques descendants de Justinien. Viglinitza, l'aînée, d'une dizaine d'années plus âgée que son frère, possède, pour tout bien, les insignes du pouvoir.

Ils ne sont connus que de quelques pauvres gens des faubourgs : un portefaix thrace, Haraïvi, un montreur d'ours, et un marchand d'ânes. Haraïvi fait part de la présence des seuls descendants de Justinien à Hybréas, prêtre de Jésus, qui veut le triomphe d'Ompravda, celui-ci étant de race esclavonne et ennemi de la race isaurienne, celle de Constantin. Hybréas est le conseiller de Solibas, le chef du parti des Verts et des Rouges. Son ennemi est le patriarche châtré, chef des Bleus et des Blancs. On instruit Ompravda dans le culte des Images. Solibas, Hybréas, Haraïvi et un chef des gardes de Constantin, Sépéos, conspirent pour lui. Pour réunir tous les Verts à sa cause on fiance Ompravda avec l'ambitieuse Eustokkia, descendante d'autres prétendants, issus de Théodose, cinq princes aveugles, très riches et qui entretiennent la faction des Verts.

A une course, il est décidé que l'on s'emparera de Constantin. La première conspiration échoue. L'éveil est donné. On emmène Ompravda et Viglinitra chez les cinq aveugles où Eustokkia les reçoit et les cache.

Une deuxième conspiration échoue encore. Sépéos est pris et mutilé. Tous les conjurés s'enfuient et Ompravda tombe aux mains des troupes de Constantin. Il a maintenant une quinzaine d'années. Constantin lui fait crever les yeux comme on fit jadis au grand-père et aux grands-oncles d'Eustokkia. On lui rend sa liberté. Il retourne près de sa sœur Viglinitza et de sa fiancée Eustokkia qui l'épouse. On les garde dans l'église d'Hybréas.

Constantin apprenant qu'Eustokkia va mettre un enfant au monde, fait prendre et détruire l'église.

« Enfin un craquement terrible eut lieu. La « voûte du narthex, seule debout de l'église monas- « tique, fendue sous les coups des béliers, le jet « des mangonneaux et des balistes, ébréchée par « les faux, les cordeaux et les crocs, s'était parta- « gée. Elle pencha, pendit et tomba, recouvrant et « tuant Ompravda et Eustokkia, Haraïvi et Soli- « bas; Hybréas dont la croix d'argent et le soleil « d'or projetèrent d'indécises lueurs, enfin Vigli- « nitza qui mourut en un entêtement de barbare. »

Le dessin des trois caractères d'Ompravda, Eustokkia et Viglinitza est superbe. Ompravda rêveur et doux, uniquement mystique. On le voit moins préoccupé de régner que pris d'amour pour l'art de ces Eikônes qui éveillent en lui de confuses idées, des tentations et des plaisirs tout cérébraux, visitant avec passion les églises, endormant sa puérilité devant leurs saints de mosaïque, leurs vitraux, leurs intérieurs rayonnants de lampes appendues.

Viglinitza, sa sœur, ressent au contraire et avant tout l'ambition de conquérir cet empire d'Orient. Lorsque Ompravda épouse Eustokkia, Viglinitza a un instant de révolte farouche à la pensée qu'Ompravda restera toujours un basileus occulte. Elle cherche alors à se faire faire des enfants, sollicitant Solibas, Haraïvi, Sepeos, offrant de s'unir à celui des trois qui fécondera avec elle l'héritage de Justinien.

L'amour d'Eustokkia pour son jeune époux aveugle offre à l'esprit un tableau sombre et charmant. Elle l'aime moins encore par affection charnelle que par ardente foi. Elle le guide, le prévient, les mains en les siennes. Mais elle ne lui cèle point son orgueil d'être avant tout une petite-fille de Théodose unie au petit-fils de Justinien. Une torpeur de défaite pèse autour d'eux. Et cependant elle ranime l'époux, lui dit qu'ils auront des fils et que ces fils régneront. A l'écouter, le mystique et infirme Ompravda se sent empli de mélancoliques joies.

*
* *

Ce roman, d'un si prodigieux travail, où tant de passions vivent et luttent, où l'art profond de l'écrivain revêt de couleurs exactes, éclatantes, durables, la résurrection de cette grouillante capitale de l'empire d'Orient que les Verts voulaient régénérer en y implantant la race sclavonne et la race helladique mérite tout respect. Les critiques pédantes que l'on y pourrait faire — rares ou puériles d'ailleurs — cèdent devant l'hommage dû à une si généreuse dépense de sentiment, de science et de force.

20 juillet.

DÉCORATIONS. — UN PARVENU ET UN POÈTE

Pourquoi faut-il que, presque toujours, l'hommage officiel couronne celui qui n'est pas à couronner? Si la foule trompée par les réclames se laisse subjuguer par d'habiles manœuvres et ne donne pas toujours le succès à qui le mérite, c'est assez explicable. Mais les gens de gouvernement devraient être sinon des aigles, au moins des personnages d'une culture moyenne, suffisamment éclairés et teintés de tout ce qui constitue la physionomie artistique, scientifique et littéraire de leur époque. Il semble à voir comment ils agissent que tout leur échappe de ce qui se passe dans la vie intellectuelle qu'ils côtoient prudemment, avec l'effroi de trop s'y engager.

En janvier, c'était Pailleron, officier de la Légion d'honneur ; aujourd'hui, c'est Ludovic Halévy. Entre tous les écrivains à distinguer spécialement, on a choisi ces deux-là comme les plus dignes. On n'a rien trouvé de mieux pour représenter la littérature dans cette distribution de récompenses supérieures en six mois!

Ce sont d'ailleurs deux noms que le public connaît. Les échotiers de théâtre et les chroniqueurs de la presse mondaine ont bâti leur gloire sur un échafaudage de réclames impudentes, vingt ans durant. Et il a bien fallu que le public les retint, ces noms-là.

Mais s'il savait, ce facile public, de quoi sont faites de telles réputations, comment on les construit, comment on les asseoit, comment on les impose, il n'aurait, au lieu de leur donner son approbation et sa bienveillance, que du mépris et des haussements d'épaule devant ces favoris de la claque boulevardière.

Encore une fois la foule est excusable. Elle ne sait pas. Elle commet inconsciemment des fautes d'applaudissements. Elle se laisse guider par quelques critiques et ceux-ci, les Vitu, les Wolff, dont la sincérité est d'autant plus contestable qu'ils sont plus influents et qu'ils en vivent mieux, ceux-ci n'ont d'autre métier que d'aveugler, d'égarer le jugement populaire et de l'amener, conquis, aux exploiteurs malins qui ont mis le plus de capitaux dans les affaires de publicité.

Avec une grosse fortune habilement dépensée en réclames, lors de ses débuts, un écrivain sans talent peut violer la renommée et se faire lire couramment. C'est misérable, mais c'est ainsi.

Et ces juges vénaux, contre la perfidie desquels se brise l'effort du premier écrivain dramatique que nous possédions, ces critiques sans honneur et sans foi prennent d'autant plus de plaisir à cette tâche douteuse qu'elle apparaît plus impossible d'abord. C'est le jeu de leur talent que prendre un

Georges Ohnet imbécile et creux, un Pailleron veule et plat et de faire que leurs pièces se jouent cinq cents fois, que leurs livres s'écoulent par centaines de mille.

*　*
*

Mais que les hommes chargés de dresser des listes de décorations fassent de même, c'est impardonnable. Faut-il croire qu'ils comptent parmi les badauds ou parmi les dupeurs? Veulent-ils donc tant faire plaisir au triste Albert Wolff puisqu'ils lui permettent d'écrire :

« Un bonne nouvelle m'arrive sur le galet d'Etretat. Ludovic Halévy est nommé officier de la Légion d'honneur. Cette promotion, venant six mois après celle de Pailleron, donne une sorte de satisfaction à la littérature. »

Assurément, Albert Wolff peut se montrer triomphant, car il aura été l'un des gros entrepreneurs du succès Halévy, mais le gouvernement a une autre tâche que de consacrer une telle entreprise et de proclamer que la meilleure réclame est la réclame Wolff. Que M. Carnot signe un décret par lequel l'ancien collaborateur de Morny monte encore en grade, nous ne comprenons guère!

M. Halévy est assurément un peu plus réel qu'Ohnet et un peu plus spirituel que Pailleron, mais c'est surtout un habile homme d'affaires. Sa réussite en tout en est la meilleure preuve, car il faut en même temps constater que, intelligence moyenne et valeur sans relief, il n'avait rien qui justifiât ses extraordinaires fortunes. Sa carrière administrative? Il fut chef de division à vingt-cinq ans par népotisme. Sa carrière littéraire? Il a écrit *Les Petites Cardinal* et *L'Abbé Constantin*, et il a trouvé les mêmes lecteurs pour goûter l'un et l'autre. Sa carrière dramatique? Il a collaboré en sourdine à *Orphée aux Enfers* et on l'asseoit à l'Académie auprès de Leconte de l'Isle!

Si vous voyez dans cette vie d'homme autre chose qu'une suite de petites rouerics, ô messieurs les arrangeurs de décrets, franchement, c'est que vous le voulez bien!

**

Par hasard, la même liste de récompenses comporte le nom d'un éminent poète, Léon Dierx, qui, dans sa pure et droite vie, ne se permit aucune compromission. Après avoir publié sans bruit une suite d'œuvres admirables, Léon Dierx est, à cinquante ans, employé à 2,000 francs dans un ministère.

Pour le public, Léon Dierx est un inconnu.

Ceux de ses camarades que la fortune a mieux favorisés le vénèrent profondément.

— Aucun, dit l'un d'eux, parmi les poètes de sa génération, n'est supérieur à Léon Dierx; il est, pour les poètes nouveaux, sans distinction d'école, un maître incontesté.

Ludovic Halévy et Léon Dierx sur une même liste de récompenses! C'est à se demander s'il n'y a pas parmi les attachés de cabinet quelque esprit malin et vengeur qui fait en sourdine œuvre de justice et prend sur lui de racheter les bévues de ses patrons en glissant sous les noms des Ohnet, des Pailleron, des Delpit et des Halévy des noms de poètes comme Hérédia, Bouchor et Dierx.

Nous nous sommes laissé conter que celui qui surprend l'innocence ministérielle en lui faisant ainsi commettre à chaque promotion un discret acte de justice, après quelque grosse bourde officielle, n'est autre qu'un lettré subtil et modeste qui s'est confiné dans un bureau de la rue de Grenelle, pour mettre tout son crédit et tout son esprit au service des vrais artistes et des vrais écrivains, qui, sans lui, seraient éternellement sacrifiés aux favoris du *Figaro*.

Si cela est, merci à lui!

22 juillet.

ÉDITIONS SPÉCIALES

Ernest Renan fait paraître un volume de *Pages Choisies* à l'usage des gens du monde.

« On y trouvera, dit la prière d'insérer, la fleur de l'œuvre de l'illustre écrivain, dégagée de toute polémique, de tout appareil d'érudition trop spéciale ».

Est-ce que M. Renan va ainsi s'amuser à préparer des éditions de ses œuvres au goût de toutes les classes de la société ?

Après l'édition des gens du monde, aurons-nous l'éditions des financiers ? celle des demoiselles de magasin ? celle des touristes anglais ? celles des bonnes d'enfants ?

---

29 juillet.

PRENEZ DES NOTES !

M. Guyot-Daubès publie, dans la Bibliothèque d'éducation attrayante, une série de petits volumes dont les titres en apparence naïfs font d'abord sourire, mais qui n'en comportent pas moins leur intérêt. On y trouve : *L'Art d'aider la mémoire pour apprendre et retenir sans efforts ; — L'Art d'étudier et de lire avec profit ;* comment on prépare un examen ; — *Physiologie et hygiène du cerveau et des fonctions intellectuelles ; — L'Art de classer les* NOTES *et de garder le fruit de ses lectures, de ses travaux ;* comment on organise son bureau, sa bibliothèque.

Ce dernier traité semble le plus curieux. Il peut être défini, dit l'auteur : « l'art de garder en vue d'une utilisation plus ou moins prochaine le fruit de nos lectures et de nos travaux ».

La *note* précise le souvenir; et son utilité est incontestable pour quiconque étudie. Or, la vie de l'écrivain est, quoi qu'on en dise, une vie d'étude constante. Les plus dandys, les plus détachés, les plus *inspirés* d'entre nous ne sauraient nier qu'il n'est pas une minute où ils soient lâchés par l'idée de noter, de conserver, de préparer et de s'assimiler tout fait nouveau, tout ce qui les frappe, les émeut ou les renseigne. Tous les savants ont été des collectionneurs de notes, et, selon la théorie de M. Guyot-Daubès, l'érudition consiste tout au moins pour une large part à pouvoir retrouver au besoin la note antérieurement recueillie, le passage d'un livre lu autrefois, la pensée, la remarque consignées à la hâte.

Et ceci déjà semble résoudre le problème de certaines hérédités littéraires : un père léguant à son fils une bibliothèque nombreuse à laquelle est jointe une collection de notes, de réflexions formant la table des matières contenues dans ces volumes, lui lègue en réalité son savoir et comme con capital intellectuel. Voici déjà une ingénieuse explication de ces fréquentes transmissions héréditaires d'aptitudes, de goûts et souvent de professions artistiques.

Le manque d'ordre est souvent considéré comme une sorte de cachet artistique. C'est là une erreur. Les jeunes gens se choisissent généralement un modèle à suivre parmi les anciens qui ont laissé un nom célèbre, ou parmi leurs contemporains les plus en vue dans le monde des lettres ou des sciences. Or, on peut poser en principe que, quel que soit le modèle choisi, si celui-ci a fait œuvre de valeur, c'est que cet homme a eu, à un degré prononcé, l'esprit d'ordre.

Le recueil de notes sur un cahier a été de tout temps un système employé par les écrivains.

Les maximes de La Rochefoucauld ne sont que des extraits d'un cahier de notes de ce genre. Voltaire prenait ordinairement ses notes et écrivait ses pensées, ses réflexions, « *toutes les sottises*, disait-il, *qui lui passaient par la tête* », sur un gros cahier qu'il appelait pour cette raison un *sottisier*. Un grand nombre d'extraits inédits de ce cahier ont été publiés il y a quelques années sous le titre : Le *Sottisier de Voltaire*.

Et Pascal ?

Le manuscrit des *Pensées*, de Pascal, se trouve actuellement à la Bibliothèque nationale.

C'est un grand registre sur les pages duquel sont collées de petites notes écrites au hasard sur des morceaux de papiers de toutes dimensions.

— Sur cet in-folio, dit Victor Cousin, la main défaillante de Pascal a tracé pendant l'agonie de ses quatre dernières années les pensées qui se présentèrent à son esprit et qu'il croyait pouvoir lui servir un jour dans la composition du grand ouvrage qu'il méditait. Il les jetait à la hâte sur le premier morceau de papier venu, en peu de mots, et souvent même à demi-mots ; quelquefois il les dictait à des personnes se trouvant auprès de lui.

Ce sont ces petits papiers qui, recueillis et collés sur de grandes feuilles, composent le manuscrit autographe des *Pensées*.

Le but que s'est proposé M. Guyot-Daubès est donc de simplifier les recherches de tout écrivain en réglementant l'art de documenter. Son traité indique tout un agencement de répertoires, de registres et de casiers ; et il ne néglige de prescrire ni les dimensions des cahiers, ni la qualité du bristol des fiches, ni la forme préférable des boîtes à documents et des cartons classeurs.

D'autres trouveront exagérément minutieuses ces prescriptions et cette rigoureuse mise en théorie d'une bonne organisation dans un intérieur d'écrivain. Nous avons été longtemps des premiers à rire de ces arrangements goûtant voluptueusement les charmes de l'imprévu dans la confusion des lectures, des souvenirs et des idées. Mais franchement il faut convenir que l'imagination évolue plus librement dans la saine aération des bibliothèques bien rangées, des répertoires précis et des catalogues sûrs.

Je renvoie quiconque pense ainsi aux très ingénieux conseils qu'on peut trouver dans les traités bibliophilanthropiques de M. Guyot-Daubès.

5 août.

LE MACHIAVÉLISME DES PAPES

Le Vatican est plein de rumeurs. Les journaux officieux annoncent que le pape se fait prêter l'intention de convoquer à Rome tous les évêques du monde catholique en vue de régler quelques questions concernant l'élection de celui qui le remplacera.

L'*Etoile*, revue de spiritualisme expérimental fondée par Alber Jhouney et dirigée par René Caillié, d'Avignon, publie en son dernier numéro un article de l'abbé Rocca : *le Machiavélisme des papes*.

Selon l'expression de l'abbé Rocca, les *bévues colossales* du Vatican, dont tout le monde se rend compte et dont les prêtres semblent être seuls à ne pas s'apercevoir, cachent une politique dont il faut dévoiler le mystère. Pour travailler efficacement au triomphe de la civilisation qui s'élabore progressivement de nos jours, en se fondant sur les découvertes positives de la science expérimentale en même temps que sur les principes d'égalité, de liberté et de fraternité, il a été *nécessaire* que les papes se missent en travers de ces principes, en travers des progrès de la science, en travers des plus ardentes aspirations des peuples.

« Dans ce monde, a dit Donoso Cortès, rien ne s'accrédite comme ce qui déplaît aux représentants de Dieu, qu'ils soient rois, empereurs ou papes. »

Si, à partir de la Renaissance où commencèrent à se manifester les finalités économiques et sociales, le pape se fût mis ouvertement à la tête du mouvement rénovateur, les hommes ne l'eussent pas suivi. Mais, comme il eut la bonne idée de s'acharner contre le Re-Nouveau, et de tenir pour l'ancien état de choses au point d'excommunier quiconque s'en écartait, vite les peuples s'ébranlèrent.

Si, quand parut l'aube du jour nouveau, le pape avait dit :

« Mes enfants, cette aube est celle du règne de la Justice et de la Vérité, » les peuples n'eussent rien eu de plus pressé que de tourner le dos à ce lever resplendissant.

Mais du moment que Rome, sans perdre une minute, s'écria par la voix du *Dictatus*, comme elle a fait plus tard par celle du *Syllabus* : « Peuples, défiez-vous de cette brillante aurore, dans les siècles de lumière, c'est toujours le diable qui tient la chandelle ! » les peuples se hâtèrent de saluer l'astre nouveau et de s'ébaudir à son rayonnement, avec un enthousiasme qui ne se refroidira que si Rome cesse de protester.

Et ainsi pour tous les progrès accomplis depuis lors, pour toutes les découvertes et les transformations économiques, industrielles, politiques et sociales qui finiront par renouveler la face de la terre.

Pour cela faire, ajoute encore l'abbé Rocca, les papes n'ont qu'à persévérer dans leurs singulières bourdes,— feintes ou réelles, Dieu seul le sait.

On dirait que leurs canons tirent à blanc ou en l'air depuis le pontificat de cet Urbain IV, qui fut le premier à s'apercevoir de l'innocuité de son artillerie.

— Lorsque ce pape, assiégé dans le château de Nocera, par son ancien protégé, Charles de Durazzo, qu'il avait créé roi de Naples par décret pontifical, voulut faire usage de ses foudres contre l'ingrat, il constata que *quelqu'un* avait mouillé ses poudres et dérangé son tir. Ses canons ne portaient plus. Trois fois par jour, au son de l'*Ave Maria*, il répondait aux attaques de l'ennemi en lui lançant son excommunication du haut d'une tour où il se montrait muni de ses armes spirituelles, agitant d'une main la clochette sacrée et portant de l'autre le cierge symbolique qu'il éteignait sous son pied, à chaque répétition de l'anathème; mais cette magie restait sans effet.

Depuis lors le souffle du Vatican, sous lequel se courbaient autrefois les cèdres des montagnes, n'a plus même la force d'incliner les brins d'herbe de la vallée.

Si les inquisiteurs du Saint-Office, au lieu de condamner Copernic, Galilée, Newton, Descartes, Malebranche, Bacon, Leibnitz, Christophe Colomb, avaient acclamé leurs découvertes en astronomie, en cosmologie, en physique, en chimie, en ontologie, en physiologie, croyez que la planète Terre serait encore pour nous une surface plane, immobile, au centre de l'Univers, comme l'enseignait l'ange même de l'Ecole, saint Thomas. Le soleil continuerait à tourner autour de notre petit globe créé en six fois vingt-quatre heures, il y a six mille ans à peine, ainsi que le prétendent, non pas Moïse, mais les interprètes de la Vulgate.

Il y a là un jeu de la part des politiciens qui ont converti le *temple de prières* en *caverne de voleurs*.

Quoi qu'il en soit, l'Eglise ultramontaine ne pouvait pas adopter de système plus favorable au triomphe de la civilisation que celui qu'elle a suivi depuis la Renaissance. Si Rome n'en était pas où elle en est de ses prévarications, de ses égarements, les peuples n'en seraient pas où ils en sont. Les peuples ne proclameraient pas si haut les principes sacrés de *Liberté*, d'*Égalité* et de *Fraternité*, si ces idées, ces essences et ces principes leur étaient servis par Rome. Ils auraient dit d'elle ce que le poète latin fait dire des Grecs par les Troyens :

Timeo Danaos et dona ferentes

Telle est en substance la thèse que développe l'abbé Rocca en mettant à jour « l'ésotérisme le plus profond du dogme catholique ».

La conclusion qu'en tire l'abbé Rocca, on la devine.

Ce qu'on devine moins, c'est ce qu'y pourrait répondre d'intéressant la rédaction du « *Monde* ».

***

9 août.

NON GARANTI

On nous conte ceci, qui est vraisemblable, étant donné l'individu héros de l'aventure.

Un *jeune* auteur va trouver au mois d'avril dernier le beau Maizeroy (trop beau pour rien faire) et lui tient ce langage :

— Père Toussaint, j'ai en carton, toute écrite, une comédie dont voici le scénario. Je suis certain du succès. Malheureusement mon nom n'est pas encore connu et il me faudrait attendre longtemps avant d'être joué... tandis que vous...

(Charmante jeunesse !)

— Donc, voici ce que je viens vous proposer : prenez connaissance de mon manuscrit et si la chose vous convient, portez-là à un théâtre du boulevard. Vous seul signerez et nous partagerons.

Maizeroy parcourt le manuscrit, trouve la pièce tout à fait bien, réussit à obtenir du jeune auteur qu'il se contente non de la *moitié*, mais du *quart* des bénéfices et file chez Koning.

Le directeur qui a joué Ohnet trouve que du « Maizeroy » c'est encore une aubaine. Il accepte après avoir négligemment parcouru le scénario. Maizeroy revient jubilant à la brasserie Pilsen où il offre à son jeune auteur, en échange de sa bonne nouvelle... la permission de lui offrir le vermouth.

Deux ou trois jours passent. Au Gymnase on a eu la curiosité d'examiner plus attentivement le manuscrit. Un lettré de la troupe fait alors une découverte à la suite de laquelle Maizeroy reçoit un sec avertissement.

— Vous vous êtes moqué de nous. La pièce que vous nous avez apportée comme étant de vous est textuellement découpée dans une nouvelle de Balzac, le *Colonel Chabert*.

Que faire? perdre son temps à courir après le jeune homme qui l'a ainsi fumisté? Maizeroy n'en a ni le courage, ni la patience. Puis, cela ferait encore du bruit. Mieux vaut un expédient.

Il retourne au théâtre et après de longs pourparlers il envoie à tous les journaux la note suivante que quelques-uns ont reproduite :

« Le théâtre du Gymnase jouera cet hiver une pièce tirée par M. Maizeroy de la célèbre nouvelle de Balzac, le *Colonel Chabert* (1).

---

(1) Il va sans dire que cet hiver n'a pas vu jouer le *Colonel Chabert*. Donc......

8.

LES LETTRES D'UNE OUVREUSE

Henri Gauthier-Villars publie chez Léon Vannier un volume sans signature, les *Lettres d'une ouvreuse*. C'est un recueil des amusants articles qu'il a donnés à la revue *Art et Critique* sur les concerts de l'année. Par le ton de ces lettres, par les malins sous-entendus dont elles sont émaillées, le recueil se place hors de la portée de quiconque n'est point familier des cénacles que ces huit ou dix dernières années ont vu éclore. Mais pour qui vit un peu la vie des coulisses de l'Art, c'est un pur régal de belle humeur et de bonne justice. Sous une forme railleuse, on perçoit, chez l'écrivain érudit qui a bâti ce pamphlet, un vrai respect de ce qui est à respecter, en même temps qu'une colère plus sérieuse qu'elle n'en a l'air contre les prétentions et les ridicules de certains.

Ce livre n'est pas tout à fait agréable au *Journal des Débats* qui lui a cherché lourdement chicane. Mais l'auteur peut s'en consoler en se disant qu'il a bravement atteint son but en amusant les gens d'esprit et en vexant les imbéciles.

15 août.

MAURICE BEAUBOURG

M. Maurice Beaubourg nous avertit personnellement que, selon lui, Eyraud et Gabrielle Bompard s'étant montrés absolument insuffisants à supprimer l'influence des huissiers, il serait temps d'inaugurer un petit système de suppression progressive.

A l'appui de cette théorie délicate, il a réuni en un volume cinq nouvelles : *Moi !* — *L'Intermédiaire,* — *Célestin Gardanne.* — *Vingt et un ans après.* — *Le drame de la route de Tremuth,* où il s'amuse à exécuter (en effigie) certaines personnes qui ont mérité son antipathie ou lui ont trop vivement manifesté la leur.

Le plus important de ces cinq contes, le premier, Moi ! nous expose le cas d'un professeur de langues orientales, qui, par raisonnement, conclut au droit de tuer son semblable. C'est un *assassinomane*. Il rencontre, au Luxembourg, un garçon boucher qui, lui, est atteint de *sergentdevillomanie*. Ils combinent un petit assassinat. Au faubourg Saint-Honoré demeure un officier de paix qui rentre toujours ivre chez lui et qui possède quelque argent.

Le boucher connaît l'appartement. Ils prennent

d'habiles dispositions. Mais cette première tentative échoue. D'autres essais sur le garçon boucher lui-même, sur un joueur d'orgue, sar une cabaretière restent également sans succès. Tout ce qui en résulte, c'est que le signalement de *l'assassinomane* est connu à la préfecture. Un mandat d'amener est lancé contre lui. Il sombre dans une crise de folie pure.

L'idée du livre est toute dans ce premier conte, mais je recommande plus particulièrement le troisième, *Célestin Gardanne*, comme le plus curieusement agencé.

Je ne sais si M. Beaubourg s'est déchargé là d'un fort lest d'ironie, et s'il s'en tiendra, dans ce genre, à ce premier essai. C'est en tout cas un début original et amusant qui le classe jusqu'à nouvel ordre parmi les ironistes de la belle manière.

---

17 août.

LA RECHERCHE DE LA PATERNITÉ... DES IDÉES

Un de mes bons amis qui avait promis à son tailleur et à sa blanchisseuse de se faire nommer député aux dernières élections générales, ayant eu la douleur de se voir blackbouler avec une proportion de 3 pour 100, a été abandonné par ces deux fournisseurs intransigeants. Il s'en est consolé en se promettant bien de forcer, dût-il employer les grands moyens, l'intrépide Francis Laur à présenter, dès la rentrée des Chambres, un projet de loi à peu près conçu en ces termes :

ARTICLE PREMIER

Une commission permanente d'érudits de l'Institut, parallèle à la fameuse commission du dictionnaire, choisie dans le sein de l'Institut et nommée par arrêté du ministre de l'instruction publique et des beaux-arts, sera instituée à l'effet de remonter à l'origine de toute idée d'apparence nouvelle, fraîchement lancée dans la circulation.

ART. 2.

Il devra être déposé au siège de ladite commission soit un exemplaire de toute œuvre littéraire, politique, dramatique, musicale ou scientifique, soit une photographie de toute œuvre d'art (peinture, sculpture, architecture), bref un spécimen de toute production intellectuelle pour y être soumis à l'examen des sous-commissions compétentes.

ART. 3.

La recherche de la paternité est admise, pourvu qu'il y ait preuves écrites, ou faits constants ou témoignages suffisants. Tout citoyen est invité à fournir tous les renseignements possibles à ladite commission sur toute œuvre nouvelle.

ART. 4.

Tous les spécimens et tous les exemplaires remis à la commission seront classés dans les bibliothèques spéciales. A chaque œuvre correspondra une fiche dressée par la sous-commission compétente, et contenant les listes des idées qui auront servi à la confection desdites œuvres. En face de chaque idée seront écrits les noms des écrivains, savants ou artistes qui les conçurent ou, tout au moins, qui les exploitèrent successivement au cours de l'histoire universelle des sciences, des lettres et des arts, depuis les temps connus.

ART. 5.

Chaque fiche aura dix mètres de long. Dans les cas où une fiche serait insuffisante, on en adjoindra deux, trois, vingt, s'il le faut, répétant le même numéro avec mention : *bis*, *ter*, etc., etc.

ART. 6.

L'écrivain moderne qui verra un confrère peu scrupuleux s'emparer d'une de ses idées n'aura de recours contre son larron que s'il peut établir que lui-même n'avait pas volé ladite idée à un autre, vivant ou mort.

ART. 7.

Toute œuvre reconnue purement originale par la commission recevra une prime de 5,000,000 de francs payables comptant à la caisse du ministère des finances (guichet I P et B A). La statue de l'auteur sera immédiatement érigée en bronze sur les places publiques de cinq arrondissements de Paris et de cinq chefs-lieux de département au choix de l'auteur.

ART. 8.

Toute œuvre contenant une moyenne de quatre-vingts plagiats seulement par cent idées sera punie d'une amende ruineuse, avec contrainte par corps.

La publication n'en sera autorisée qu'avec insertion du texte de la fiche relatant les plagiats, aux premières pages du volume, et portant le visa des membres de la sous-commission.

ART. 9.

Toute œuvre contenant une moyenne de 80 à 100 plagiats par 100 idées, sera immédiatement détruite. L'auteur ne sera exempté de l'amende que s'il consent à se consacrer dorénavant et exclusivement à quelque profession purement manuelle.

ART. 10.

Les revendications de paternité d'idées reconnues calomnieuses et de mauvaise foi seront poursuivies et punies des peines applicables en matière de diffamation.

ART. 11.

Les membres de la commission, dont le nombre n'est pas limité, seront élus au suffrage universel par les producteurs intellectuels de chaque génération et renouvelés tous les six mois. Ils recevront pour traitement leur part des amendes qu'ils auront fait infliger.

ART. 12.

Le préfet de police est chargé de faire rechercher, dans toutes les librairies, et chez tous les particuliers, les exemplaires existants du dictionnaire Larousse ; les saisir et les brûler.

EXPOSÉ DES MOTIFS

La société souffre d'un mal dont tout le monde s'inquiète La production intellectuelle, inutilisable, croît aux dépens des diverses productions dont s'alimente réellement l'humanité.

Ce qui cause ce mal, c'est la grande facilité de reproduction d'idées qui permet à un auteur moderne de n'être, sans qu'il y paraisse, que l'absolue et vaine synthèse de quelques milliers d'auteurs antérieurs.

Il n'y a qu'un remède pratique : arrêter par une digue

solide l'intarissable courant de cette vaine production de reproductions. Pour ce, l'on ne saurait trouver rien de mieux que la présente loi qui, sévèrement appliquée, suspendrait tout net la production dite intellectuelle en notre beau pays de France et durant un laps suffisant à sa complète rebarbarification.

Il est vrai qu'il y aurait encore la Belgique !

---

18 août.

FLOUPETTERIE

Henri Beauclair m'adresse un délicieux pendant aux « Déliquescences d'Adoré Floupette » qu'il écrivit en collaboration avec Gabriel Vicaire. Son dernier opuscule « *Une heure chez M. Barrès, par un faux Renan* », vaut son centuple pesant d'or. Maurice Barrès est, s'en souvient-on ? l'auteur d'un petit ouvrage de même format, également publié chez Tresse et Stock, « *Huit jours chez M. Renan* ».

En guise de préface, Beauclair, le rusé Lexovien, se demande si sa fantaisie sera favorablement accueillie par les délicats ?

— Cela est hors de doute !

Si elle sera comprise de tous, dans l'entourage de Maurice Barrès ?

— Pour cela... non !

Si elle plaira à ce dernier ?
— Un volume, répondrons-nous, portant sur sa couverture « *Une heure chez M. Barrès* » plaira toujours à *M. Barrès*.

---

19 août.

SIMPLE FORMULE

M. Jean Julien, pour faire préface à la publication de sa pièce, *L'Echéance*, vient d'écrire un très intéressant manifeste littéraire auquel il donne ce titre : *Le Théâtre Vivant*.

Il y traite de la belle manière la comédie-vaudeville, « genre à la portée des intelligences les plus médiocres, pièces qui parlent à la brute et non à l'esprit, qui réjouissent les intestins en mal de digestion, au détriment du cerveau. »

Cela tombe assez d'accord avec ce que vient précisément d'écrire M. Brunetière, dans la *Revue des Deux-Mondes* : — Quand le répertoire de Labiche disparaîtrait, on n'y perdrait que quelques occasions de rire.

Ce à quoi Sarcey répond naïvement :

M. Brunetière en parle bien à son aise. Est-ce qu'il en trouve déjà tant, dans notre littérature dramatique, des occasions de rire ?

Plaignons Sarcey qui ne comprend jamais. Et passons !

Ayons plutôt affaire à M. de Lapommeraye qui répond plus finement :

M. Jean Julien se fait l'apôtre du théâtre sérieux. Ce théâtre dont le but *principal* est *d'émouvoir* le spectateur.
Or, pour *émouvoir*, qu'est-ce que M. Jullien demande aux auteurs ? De créer des êtres humains *vrais*, non de *fantaisie*, et de les faire parler comme on parle dans la vie réelle, mais *en haussant toutefois un peu le ton*...
Le ton *haussé* ? Mais c'est ce que nous demandons, nous les idéalistes ! C'est ce que demandait M. Louis Germain en son programme du théâtre idéaliste, inséré dans *Art et Critique*.
La fantaisie n'a pas seule l'art de nous plaire, et la vérité ne nous déplaît point. Tant s'en faut ! Ce que nous répudions, c'est *la brutalité*, soit dans les mots, soit dans l'action ; ce que nous demandons, c'est que le théâtre ne soit pas seulement *la vie*, mais quelque chose de plus *haut*, et nous acceptons la définition suivante formulée par M. Jullien : « Une pièce est une tranche de la vie mise sur la scène *avec art*. »

Et dire qu'il a fallu traverser les généreuses demi-erreurs des *romantiques*, des *impassibles* et des *naturalistes* pour en dégager cette formule si simple et si juste ?

20 août.

UN AMI

Nous avons au moins, par delà les Alpes, un ami sûr, et cet ami n'est pas de ceux dont on fait fi ; c'est le jeune et alerte critique littéraire Vittorio Pica.

A peine convalescent d'un volume de cinq cents pages, publié en Italie et en italien, sur la littérature contemporaine, il nous annonce la naissance prochaine d'un autre ouvrage de mêmes dimensions : *I moderni Bizantini*.

Le fidèle attachement de Vittorio Pica à la littérature française ne se dément pas. Ce qu'il entend par études sur la littérature contemporaine, à part quatre très intéressants articles sur ses compatriotes Capuana, Carlo Dossi, Di Giacomo et F. Russo, à part quelques analyses de Tolstoï, Dostoiewski, Tourgueniew et Lemonnier, ce sont de larges et vivants portraits de nos modernes écrivains français.

Ils tiennent la place d'honneur, en tête, et plus des quatre cinquièmes dans la matière de son premier livre *All'Avanguardia*.

Ils tiendront toute la place dans celui qui suivra.

Mais ce qui nous charme le plus dans la gallophilie de Vittorio Pica, c'est que son goût passionné pour ce qui vient de France ne se laisse pas prendre aux amorces banales des courtiers.

Les noms qu'il a choisis ne sont pas ceux pour lesquels les éditeurs se ruinent en annonces, ni ceux auxquels les gros marchands de renommée parisienne servent une gloire d'autant mieux apprêtée que la réclame est mieux payée.

Le public français, trompé par les annonces de journaux parisiens, ne connaît rien du véritable mouvement intellectuel contemporain, ou presque rien.

Les choses qu'on lui fait avaler par centaines d'éditions sont précisément le contraire de ce que notre époque a produit de purement personnel, de noble, de substantiel et de précieux.

Il faudrait renvoyer notre foule de badauds mal renseignés à ce délicat Napolitain qui s'est fort peu enthousiasmé pour les lauriers de certains bonshommes faisant florès aux vitrines de Calmann Lévy ou dans le temple des héritiers Dentu.

Il serait à croire que son éducation s'est faite en compagnie d'une caste de lettrés absolus, dans les cénacles les plus fermés, ceux où l'on ne vit que pour entretenir toujours vivante la flamme de l'Idée.

Ce phénomène d'un étranger subtil connaissant la littérature française moderne dans son fin fonds, l'allant chercher où elle est uniquement, nous semble devoir être mis sous les yeux de nos gros marchands de volumes.

Ils peuvent en conclure que leurs attrapes n'attrapent pas tant!

Certes une réclame habilement agencée produit souvent un miraculeux effet immédiat.

Les liseurs d'affiches se précipitent volontiers sur le volume tapageusement annoncé, quel qu'il soit et pour lequel ont été engagés de puissants « frais de publicité ».

Mais ce n'est pas ainsi que se font les bonnes maisons.

Tous ces bouquins entonnés de force dans la gueule publique ne nourrissent pas et sont aussitôt déjetés comme bouchées inutiles.

Le mieux à faire pour ces charlatans de la librairie serait de se retirer dès le premier argent gagné.

Car peu d'entre eux ont su s'assurer ce qui constitue le vrai fonds de magasin, les œuvres pleines, substantielles, indestructibles, capables de survivre à leurs auteurs,

Que deviennent, une fois les cent éditions épuisées et les deux cent cinquante mille francs extorqués, que deviennent tous ces articles de Paris?

Quand y retournera-t-on ?

Nous avons eu déjà comme précédent le *Monsieur, Madame et Bébé*.

Cela s'est admirablement vendu..... et puis ?

Je ne donnerais pas, si j'étais commerçant, cinquante francs de la propriété de ce livre à l'heure qu'il est.

J'en donnerais davantage de certains qui n'ont pas même vu venir la deuxième édition quand ils parurent, négligemment lancés, mais qui feront assurément la fortune des maisons heureuses qui les acquirent par hasard, peut-être sans le savoir, et dont les exemplaires ficelés moisissent présentement dans les sous-sols ou les greniers.

Et sur ce, je conseille aux jeunes commis de librairie qui sont en ce moment amoureux de la fille de leur patron et qui seront un jour patrons libraires, je leur conseille de se faire envoyer les œuvres critiques de Vittorio Pica.

Ils pourront s'y renseigner utilement sur l'avenir de la vente et tirer grand profit des consultations de cet Italien qui aime la France et sa grandeur intellectuelle à l'encontre du Français Jules Lemaître, qui n'aime rien tant que les bonnes places et leurs profits.

---

22 août.

ÉCHANTILLON

N'étant pas assez méchant pour faire un compte-rendu complet du nouveau livre de M. Déroulède, *Histoire d'amour*, nous nous contenterons d'en donner ce court échantillon :

On était au dessert. Le dessert est un moment fantastique, où la plus vaste salle n'a pas assez d'air pour répercuter tous les bruits qui s'y croisent. Les assiettes se brisent, les verres se cassent, les cuillères tombent, les portes frappent, les petits chiens aboient, et *rien* de tout cela n'est *rien* auprès du merveilleux instrument de charivari que Dieu a donné aux hommes, la voix humaine.

23 août.

UNE DÉCOUVERTE

Notre voisin, Octave Mirbeau, fait œuvre de bonne justice en révélant au public du *Figaro*, qui n'est pas (comme le croit M. Magnard) le grand public, mais bien le gros public, un poète belge, Maurice Maeterlinck, auteur d'une série de poèmes, les *Serres Chaudes*, et d'un drame écrit pour un théâtre de fantoches.

Octave Mirbeau vient de lire ce drame, la *Princesse Maleine*, et il tient à nous déclarer :

Qu'aucun homme n'est plus inconnu que Maurice Maeterlinck, qu'il a fait un chef-d'œuvre, non pas un chef-d'œuvre étiqueté chef d'œuvre à l'avance, comme en publient tous les jours nos jeunes maîtres, chantés sur tous les tons de la glapissante lyre — ou plutôt de la glapissante flûte contemporaine, mais un admirable et pur et éternel chef-d'œuvre, un chef-d'œuvre qui suffit à immortaliser un nom et à faire bénir ce nom par tous les affamés du beau et du grand ; un chef-d'œuvre comme les artistes honnêtes et tourmentés, parfois, aux heures d'enthousiasme, ont rêvé d'en écrire un, et comme ils n'en ont écrit aucun jusqu'ici. Enfin, M. Maurice Maeterlinck nous a donné l'œuvre la plus géniale de ce temps, et la plus extraordinaire et la plus naïve aussi, comparable, supérieure en beauté à ce qu'il y a de plus beau dans Shakespeare.

Je n'aime guère ces enthousiasmes convenus encore qu'ici celui de Mirbeau soit justifié par la valeur incontestable de celui qui en est l'objet.

Mais où Mirbeau a tort, c'est lorsqu'il écrit :

Depuis plus de six mois que ce livre a paru, obscur, inconnu, délaissé, aucun critique ne s'est honoré en en parlant. Ils ne savent pas. Et comme dit un personnage de la *Princesse Maleine :* « Les pauvres ne savent jamais rien. »

A moins que Mirbeau compte pour « critiques » certains annonciers sans crédit, apprenons-lui que, dans le monde où on lit, les œuvres de Maurice Maeterlinck ne sont méconnues de personne.

A part Jules Lemaître qui les lira dans un an et Wolff qui ne les lira jamais, les « critiques » ont déjà trouvé que Maeterlinck fait du Shakespeare comme Mirbeau fait du Balzac..... agréablement.

25 août.

TOLSTOÏ A MÉDAN

Le rédacteur du *New-York Herald*, qui a eu la naïveté de faire un saut jusqu'à Médan pour arracher à Zola son opinion sur la *Sonate de Kreutzer*, la dernière œuvre de Tolstoï, peut se vanter de s'être fait fumister par le chef du naturalisme.

Zola lui a révélé les secrets de polichinelle de sa diplomatie, en tant que parfait libraire. Mais il ne lui a livré rien qui puisse compter comme opinion littéraire. Il lui a parlé des modernes engouements pour le roman russe, comme il lui eut parlé de la plus vulgaire petite question de boutique.

— M. de Voguë, a-t-il dit, en glorifiant Tolstoï, a usé de la même tactique qu'ont employée, sans réussir, M. Scherer et M. Brunetière pour Georges Elliot. Ni les romanciers anglais, ni les russes ne sont de taille à jouer le rôle qu'on voudrait leur donner.

Tolstoï a suivi nos traces; il est le disciple russe de l'école française qui a été à la mode en 1848. Le rêve de démocratie chrétienne a été le rêve des orateurs de cette époque, mais pour un jour seulement. Ce sont les mêmes idées qui sont entrées dans le cerveau de Tolstoï. Elles y sont entrées habillées à la française. Il leur a donné l'allure russe : voilà toute la différence. »

* * *

C'est égal ! Quand le bon reporter a eu tourné les talons, le père Zola a dû se payer une pinte de bon sang.

---

26 août.

« POURQUOI NE LE DIT-ELLE PAS ? »

Georges Montorgueil nous présente en quinze bonnes pages de préface le nouveau roman que Mme Cécile Cassot publie chez Dentu.

Titre : *Pourquoi ne le dit-elle pas ?*

Quelle idée, dit-il, éveille dans l'esprit le roman signé d'un nom féminin, si ce n'est celle d'un grand débat, toujours pendant, sur la capacité des femmes ? Depuis le fameux concile, après un méticuleux examen, on s'est à peu près mis d'accord sur ce point : qu'elles ont une âme, et même une âme très compliquée. Mais quelles aptitudes ont-elles, hors de vaquer aux œuvres de l'amour, qui est leur grande occupation (et la nôtre, car elles n'y vaquent pas toutes seules) ? A quoi sont-elles destinées ? A faire la soupe, dit Chrysale, puis encore la soupe, et toujours la soupe. C'est beaucoup de soupe. Des esprits moins exclusifs ont pensé que, le pot salé, il n'y avait pas d'inconvénient à ce que l'esprit réclamât aussi sa part. Les hommes sont enclins à vouloir se charger seuls de ce soin.

Quand une femme prétend à cet honneur, ils sont tout disposés à la raillerie. Ils ont tort. Il y a des femmes qui mènent de front leur double fonction de ménagère et d'écrivain ou d'artiste, et qui ont la coquetterie de tricoter elle-mêmes les bas bleus qu'on leur reproche. Ce sont des vaillantes, qui vivent de leurs rares facultés. Or, si elles ont ces facultés, pourquoi n'en jouiraient-elles point ? Et si même elles ne sont qu'artistes, nous aurions mauvaise grâce à les renvoyer au foyer : elles font à nos côtés leur tâche encore, puisqu'elles instruisent ou charment.

..... Il restera à l'honneur de ce siècle d'avoir su reconnaître aux femmes d'autres droits que les droits humiliants de la pitié. A l'honneur du siècle, entendez, et non à l'honneur des hommes. Le beau mérite, en vérité, de louer l'esprit de la femme et ses trésors d'imagination, quand on achève la lecture d'un livre comme celui qui donne prétexte à ces lignes ».

Montorgueil ne se trompe pas et ne nous a pas trompé. Dans les œuvres simples en leur dessin et vibrantes de Mme Cassot, on trouve un charme particulier fait peut-être de la rapidité du style, qui, par cela même, énonce faits et sentiments avec une netteté d'accents qui résonnent juste et comme les échos d'autant de cris du cœur.

La scène est à Biarritz. Un aventurier, Albéric de Puybrand, n'ayant d'autres ressources que la galanterie et le jeu, est introduit par sa « protectrice », la vieille madame de Labarderie, chez d'honnêtes bourgeois, les Valade. Le père et la mère jouent un rôle effacé. Mais leurs deux filles, Lucienne et Rafaëlle, ne manquent pas de s'éprendre du beau cavalier.

L'aînée, Lucienne, brune, aux formes ardentes, dont l'œil est assombri par on ne sait quelle langueur qui *arrête cette énergie de bons désirs et les francs élans dans la vie active;* nature solitaire qui eût rougi d'avouer une faiblesse qu'on pardonne avec tant de charme quand l'aveu est senti. Elle est depuis trois mois fiancée au fils d'un grand raffineur, M. de Fronsac, riche par vingt millions.

La cadette, Rafaëlle, semblant une fille du pays d'Ossian, frêle organisation à la carnation neigeuse, nature douce, espiègle, douée et toute en lumière, peignant en *artiste,* délicieuse fleur humaine qu'il faut toujours surveiller et soigner, *qu'on ne pouvait se lasser de regarder et qu'on revoyait toujours.*

Mme de Labarderie, la vieille coquette, est la propre tante d'Emilien de Fronsac, fiancé de Lucienne; lequel neveu elle voudrait déshériter au profit du beau Puybrand.

Dans une cavalcade où Albéric de Puybrand galope aux côtés de Lucienne Valade, tandis que Mme Valade, Mme de Laborderie et la petite Rafaëlle suivent en voiture, — un sentier se présente où la calèche ne peut s'engager, mais par où passent le cavalier et l'amazone; il en résulte un tête-à-tête que Puybrand avait prémédité et que Lucienne ne fuyait pas. Le cheval de la jeune fille s'emballe fort à propos et... une heure après, Albéric ramène l'aînée des sœurs Valade pâle, défaite, la jupe souillée, les cheveux dénoués.

De ce jour Lucienne, malade, est soignée pour une maladie nerveuse. Le docteur Grisay lui prescrit un traitement; personne ne soupçonne son véritable état. Toutes les nuits, elle reçoit Puybrand qui escalade la grille.

L'époque du mariage entre Lucienne Valade et Emilien de Fronsac approche, et la jeune fille n'a rien révélé de son secret d'amour.

Pourquoi ne le dit-elle pas ?

C'est qu'elle ne veut en faire confidents ni son père, ni sa mère, ni sa sœur. Il faut donc que le mariage se fasse. Elle épouse Emilien; elle peut maintenant mourir avec son secret. Marié, elle se refuse trois nuits de suite à son mari, et le quatrième jour de leur voyage de noce, en Suisse, pendant une ascension au mont Pilate, elle pique avec l'épingle de son chapeau l'oreille de sa mule : la bête prise de peur désarçonne la jeune femme qui roule dans le ravin.

Tout le roman tient dans cette féminine pudeur d'avouer. Et cet exquis sentiment est saisi et exprimé par Mme Cassot de façon à faire de son livre une œuvre originale, délicate et vivante.

27 août.

CRITIQUES

En un article, bien intentionné d'ailleurs, et paru dans la dernière « *Revue Bleue* », M. Augustin Filon fait un éloge solennel du savant M. Brunetière. Ils sont gens de *Revues* et se doivent des politesses.

M. Filon commence par défendre courageusement son confrère contre l'accusation d'être un revenant du XVIIIe siècle, un *fœtus* de Boileau, *conservé dans l'alcool, couvé et éclos*, de nos jours, par un de ces *procédés* dont les laboratoires gardent encore le *secret*.

Un fœtus issu de Boileau ?... Mais, monsieur Filon, vous ignorez donc que ce pauvre Boileau...? Enfin ! Passons.

Passons également sur ce procédé secret que les laboratoires ont vraiment tort de garder pour eux, car il doit être intéressant (faire *éclore* en le *couvant* un *fœtus* conservé dans l'*alcool*).

Ce sont là bagatelles normaliennes auxquelles nous ne pouvons nous attarder.

L'évènement qui donne à M. Filon l'occasion de féliciter si vivement le chroniqueur de la *Revue des Deux-Mondes*, c'est que celui-ci vient de publier la première partie du cours qu'il professe à l'Ecole normale. Sapristi ! que M. Filon est donc content d'avoir lu cela. A l'en croire, depuis longtemps, ceux qui ont le « plaisir » d'entendre M. Brunetière *donnaient des regrets* à ceux qui doivent se *contenter* de le lire. (Oh ! les madrigaux de la rue d'Ulm !) Ensemble, les lecteurs du critique et les auditeurs du conférencier jalousaient un peu les élèves de l'Ecole normale auxquels il est réservé de le connaître comme *professeur*... O la bonne aubaine, que cette jalousie n'ait plus de raison d'être et que les leçons du professeur, ces mystérieuses, ces convoitées, ces occultes leçons soient enfin livrées en volume au public !... quel régal !...

N'est-ce pas? vous vous attendez, si vous achetez le recueil en question, à trouver quelque fabuleux trésor littéraire dans ces pages si longtemps et si religieusement tenues secrètes et dont les attrayantes réclames de M. Filon vous ont donné violent appétit ? Une chose si pieusement prônée ne peut-être que quelque merveille de pensée vierge, parée d'une joaillerie de style inédit.

Eh bien ! soyez fixés avant d'acheter.

Dans le volume de M. Brunetière, vous trouverez une application « aux transformations du goût » des *lois darwiniennes*, une sorte d'*Histoire naturelle de la littérature où la classification sera tout ou presque tout et où l'étude des œuvres et des hommes tiendra la place des expériences et des démonstrations.*

Est-ce assez miraculeux, cela ? Et c'est M. Brunetière qui l'a trouvé tout seul ! Non, vraiment, c'est prodigieux. Ah ! le jour où la *Revue des Deux-Mondes* s'est payé M. Brunetière, elle a fait une rude affaire ; et voilà, diantre ! un écrivain qui n'aura pas gâché sa vie, ni son encre ! Oui, mesdames..., oui, messieurs, M. Brunetière a établi qu'il y avait des *genres littéraires* jouant, dans la nature des lettres, le rôle que Darwin fait jouer aux *espèces* dans la nature en général ! Assurément, personne ne s'en fût douté avant M. Brunetière. Il n'y avait que lui pour découvrir qu'en établissant cette classification, il faut tenir compte des influences religieuses, politiques, sociales, ethnographiques, familiales, individuelles et locales... Ce n'est pas M. Taine qui aurait trouvé cela ?

Et les opinions de M. Brunetière ?

Voilà encore des choses recommandables, saines et surtout neuves !

Le vaste ensemble qu'on entrevoit ne serait pas complet sans quelques illustrations particulières. Il y en aura trois. La tragédie française nous fournira l'exemple d'un genre qui naît, grandit, vit de sa vie propre, décline et meurt des remèdes qu'on lui applique en voulant faire pénétrer en lui, par je ne sais quelle transfusion maladroite, la sève empruntée aux autres genres. Tout au contraire, le roman — et ce sera le second exemple — se nourrit des autres genres qu'il absorbe et atteint, par ces annexions successives, le monstrueux développement que nous voyons. Le troisième exemple est encore plus curieux. L'éloquence religieuse du dix-septième siècle reparaît, à cent ans de distance, chez Rousseau et chez ses élèves. Or, comme nos poètes du dix-neuvième siècle sont les héritiers de Rousseau, il s'ensuit que Victor Hugo est un Bossuet transformé et Baudelaire un Massillon réincarné dans l'enfer de l'absinthe.

Est-ce assez fin cela ? Ce Brunetière, tout de même ! Il a donc lu ses auteurs, depuis Boileau qu'il vénère, depuis Diderot qu'il conspue ? Quelle condescendance, avoir une opinion sur Baudelaire ! lui... Brunetière... de la *Revue* et de la *Normale !*

Allez dire qu'il n'est pas moderne, après ce coup-là !

Et M. Filon, là-dessus, peut s'écrier :

— Bien différent de ces galopins qui, après quelques lectures hâtives et quelques discussions de brasseries, se précipitent dans la vie littéraire, en brandissant un système, il a attendu l'heure de la maturité complète et de la pleine possession de lui-même, pour se condenser en un *dogmatisme raisonné*.

Ce dogmatisme raisonné, qui n'est qu'une outre, me semble tout à fait odieux dans son ridicule épateur et gourmé.

O mes camarades ! restez des galopins pour M. Filon ; et si cela doit vous sauver du brunetiérisme, continuez à cultiver la lecture hâtive et les discussions de brasseries, faute de mieux !

---

2 septembre.

POLITESSE

Môssieur le vicomte de Saint-Geniès (en basse littérature, Richard O'Monroy), qui a l'habitude du plagiat, devrait bien avoir celle de la politesse.

Nous recevons de lui, sous enveloppe, la *prière d'insérer* ci-dessous :

L'Être ou ne pas l'Être...? par Richard O'Monroy, vient de paraître chez P. Arnould, éditeur, 17, faubourg Montmartre. Un vol. in-18.
Prix : 3 fr. 50.

L'Être ou ne pas l'Être? un nouveau volume de Richard O'Monroy, autant dire une *nouvelle petite merveille* d'observation fine, s'alliant à la fantaisie la plus amusante et à *la plus malicieuse gaieté.*

L'Être ou ne pas l'Être? Terrible question qui, depuis Shakespeare, intéressera toujours ceux qui s'occupent du mariage pour le défendre... et au besoin pour le combattre.

L'amusant livre de Richard O'Monroy s'adresse donc à une catégorie bien nombreuse de lecteurs, — à l'humanité tout entière !

Et cette note est accompagnée de ce post-scriptum singulier :

N. B. — Un exemplaire de l'ouvrage sera adressé *franco* par la poste, contre l'envoi justificatif du numéro du journal contenant l'insertion de la petite note ci-dessus.

Môssieur le... etc..., etc... a tous les défauts, même celui du boulangisme littéraire.

9 septembre.

AU GOUT DU JOUR

Un monsieur du *National* auquel, si j'étais rédacteur en chef, je ne confierais pas volontiers une interview, M. Olivier de Gourcuff, me semble être revenu un peu penaud d'une petite excursion à travers les labyrinthes stendhaliens. Entre dix ou douze articles qu'a suscités l'apparition en volume de *Henri Brulard,* cette infiniment précieuse autobiographie de Stendhal, je choisis la chronique du *National* parce qu'elle est typique et marque bien à quel point en est l'opinion du public actuel sur l'auteur de la *Chartreuse*.

Il y a plus d'un an, M. de Valori l'éreintait stupidement ; presque à la même date, M. Bourget commençait à marchander son enthousiasme ; c'était encore M. Magnard qui trouvait la philosophie stendhalienne « intéressante mais *agaçante* ». Aujourd'hui M. de Gourcuff nous révèle que Stendhal « n'est pas accessible au *vrai* public ». Mais ce monsieur pense-t-il avoir porté le grand coup à l'idole ? le coup qui déclasse un écrivain, fait qu'on ne donne son nom à aucun boulevard, force les dictionnaires à ne lui consacrer que des notices de huit lignes, le condamne à perpétuité aux éditions restreintes et le relègue dans la collection des petits maîtres qui ne comptent pas et restent appréciés des seuls bibliophiles maniaques ?

Stendhal en a vu bien d'autres ! Et Balzac, qui l'avait obligeamment soutenu, l'avait le premier lâché... Pourtant Balzac l'avait profondément pénétré, alors que Stendhal échappait à Gautier, à Sainte-Beuve, à tous les finauds.

Pour qui juge les choses à distance, il apparaît que ce bon et grand Balzac eut, pour une fois, un bas petit sentiment jaloux. Mais c'est un honneur pour Stendhal ; et pour Balzac, c'est une tache de rien sur son soleil de gloire. Balzac ne fut jaloux ni de Hugo, ni de Gautier ; c'est du seul Stendhal qu'il s'occupa sérieusement, avec cette infinie délicatesse diplomatique dont usent les gens de génie contre ceux de leurs pairs qu'ils adorent... mais qui les gênent.

Sentiment presque inexprimable, car on peut dire qu'il eût autant déplu à Balzac de voir Stendhal incompris que de le voir compris.

Que ne lui pardonnerait-on à celui-là, qui fut presque parfait ?

Mais ce qu'il ne faut pas pardonner, c'est l'insolence brutale et la facile rodomontade des messieurs quelconques qui affectent de garder devant la mémoire de Stendhal l'attitude des chroniqueurs de 1850.

Après les enthousiasmes maladroits et comiques d'il y a dix ans, c'est aujourd'hui la mode d'être « bien revenu » de Stendhal.

Et j'ai dit que la chronique de M. de Gourcuff était typique parce qu'elle répète ce qui se dit maintenant dans les salons littéraires.

« Aimer Stendhal, ce serait tourner le dos à Rabelais et à Molière. »

C'est bien plus leur tourner le dos, ô monsieur de Gourcuff, que de ne voir dans *Henri Brulard* que l'autobiographie d'un égoïste qui s'est peint « avec sa sécheresse, sa peur de paraître ému, sa lubricité précoce et sénile tout ensemble, et cette irreligion tournant à la monomanie dont il semble avoir transmis le secret à quelques radicaux de l'heure présente. »

Ah! belles et chères élégances stendhaliennes, voilà comme vous arrange un monsieur qui trouve — dix lignes plus loin — que :

..... La France s'accomoderait encore de « petits bourgeois » comme Béranger dans la chanson, et M. Thiers dans la politique.

Hein? voilà qui n'est pas tourner le dos à Molière, ni surtout à Rabelais?

16 septembre.

ET VOUS ?

Et vous, Barrès ?

Je pense que l'on vous a laissé bien tranquille et que vous n'avez pas eu trop d'ennuis, tandis que vos aînés en Boulange souffraient tant !

Rendrez-vous l'argent, mon ami ?

Je me souviens. Il y a déjà des années, j'étais avec deux poètes assis à la terrasse du café d'Harcourt, lorsque vous passâtes à grandes enjambées.

— Qui est-ce ? me demanda l'un d'eux, frappé de votre allure.

— Mais, c'est Barrès... un garçon entreprenant qui arrive d'une province quelconque... Nous verrons cela dans quelque temps... Laissons-le prendre ses ailes. Il se recommande de Renan, de Champsaur et de Bonnetain.

Vous vous étiez approché et assis parmi nous.

— Hé bien ! Sainte-Croix ? La littérature ?

— La littérature ?

— Moi, voyez-vous ! les livres ! Pfttt ! Je rêve le mouvement... la vie intense. Je veux des aventures... de l'argent... un nom qui ne soit pas connu que dans les revues... Je veux faire...

— Il veut faire de la m.....! me souffla l'un de mes camarades qui alluma sa cigarette, me serra la main, et s'éloigna sans nous saluer.

Et, dans le coup de feu de cette expression de vos désirs naissants, vous restiez devant nous, appuyant le menton sur votre pomme de canne, les yeux brillants, réellement très agité.

Mon autre ami vous questionna.

— De l'argent? Mais vous êtes, je crois, de famille aisée, et tandis que nos amis de votre âge ont grand mal à se débrouiller dans les premiers embarras de la vie, vous n'avez guère d'autres soucis que ceux de l'art et de l'amour...

L'art?... L'amour?... Nous étions loin encore de la trentaine, tous trois... Mon ami était décidément trop bête... Vous ne lui répondîtes pas !

Au fond, mon ami n'était pas bête. Il a fait ses preuves, depuis !

Et vous, l'ami du mouvement, vous, député à vingt-huit ans, auteur de deux livres très travaillés, vous en êtes encore à faire les vôtres !

On a depuis entendu dire :

— Barrès vient d'écrire une préface pour Rachilde.

— Barrès vient de publier un volume chez Lemerre.

— Barrès achève une brochure sur Renan.

— Barrès vient de rédiger une adresse « au général » dans la *Revue indépendante*... On parle de lui donner un siège de député.

Vous veniez toujours de « publier » quelque chose, vous qui vous déclariez homme d'action et jamais on n'entendait dire :

— Barrès a « fait » ceci. Barrès a « fait » cela.

C'est que, voyez-vous ? il est difficile de « faire » même ce qu'on peut, surtout lorsque ce que l'on veut n'est pas autre chose, comme disait mon ami, que de la m......!

Oui ! et de même que tous vos écrits témoignent de votre obstinée constipation, de même vos ambitions ne peuvent vous mener jusqu'à faire ce très peu de chose que vous ne pouvez.

Et tel autre insuffisant parvenu que je n'ai pas à nommer ici fut dans votre cas !

Celui-là aussi a entassé volumes sur volumes ; il sera académicien à quarante ans et un mois, comme vous fûtes député à vingt-huit ans... et, malgré le nombre considérable de ses ouvrages, il a eu beau écrire, écrire mal, écrire bien, écrire grand, écrire petit, c'est tout juste comme s'il n'avait rien écrit... Vous, de même !

Question d'alimentation. Pour faire, il faut d'abord manger... manger des choses qui rendent. Et ni lui, ni vous, Barrès, n'aviez de vrai appétit. Vous êtes de ceux qui grignotent des situations.

Les hommes de demain ne considèreront les hommes de la veille qu'en proportion de l'engrais que ceux-ci leur auront laissé. Or, ils ne trouveront nul engrais Barrès. Ils se soucieront peu que Barrès et tel autre aient été académiciens ou députés, ni que *Parisis* ait tour à tour salué en eux la fleur de leurs générations respectives.

Vous ne serez, à leurs yeux, qu'un fils de famille

qui a réussi à emprunter quelques dix mille francs à une maison de passes, — sans en avoir besoin. Insuffisante prouesse !

Ah ! que nous parliez-vous donc de « faire ? »

Mon ami le poète disait que vous « vouliez; » moi je disais que vous « pouviez » faire de la fine m....!

Et pas du tout ! Vous vous êtes contenté, pour tout effort, de regarder l'X... en faire de la très épaisse à pleines cuves !

---

17 septembre.

LE PORT-ROYAL DE M. THIERS

Un de nos confrères émettait récemment le vœu que l'on créât une sorte de Port-Royal, vague abbaye laïque destinée à recevoir les lettrés et les savants désireux de s'absorber, pour un temps donné, dans quelque étude spéciale, loin de toute distraction matérielle.

C'était (le croirait-on ?) le dada du père Thiers. En mémoire de celui que nous ne pleurons guère, la toujours survivante Mlle Dosne fait bâtir à Passy, au milieu d'un vaste parc et près l'avenue du Bois de Boulogne, une grande bicoque qui doit réaliser le projet conçu par son maniaque parent.

La « Fondation Thiers » sera destinée à recevoir

une douzaine de jeunes gens qui auront leurs chambres particulières et tout le confort désirable. Leur recrutement se fera au choix d'un conseil parmi les jeunes gars ayant terminé leurs études (s'ils les ont terminées pourquoi les leur faire recommencer?) et qui se seront montrés, avant vingt-sept ans, les plus aptes à devenir des *hommes distingués* (sic). Ils passeront trois ans dans ce phalanstère et pourront se livrer sans soucis à leurs travaux littéraires, artistiques ou scientifiques.

S'enfermer pour trois ans, quand on en a moins de vingt-sept, alors qu'on a tout à apprendre de la nature et de la vie? C'est ça qui vous arrangera des tempéraments de poètes et d'artistes...

...Et comme c'est bien une idée du père Thiers!

---

20 septembre.

GENS CHIC

On revient, l'un des eaux, l'autre de la mer, ou d'Afrique, ou d'Ecosse; la saison commence à peine et Paris, peu à peu, se repeuple. Quelques-uns ont déjà pris racine et c'est plaisir de les revoir aux postes familiers, déjà fournis de menus potins, qui sont encore de vertes primeurs, plaisir de les aborder et de les interroger.

Chaque section de la vie parisienne, avant de réintégrer, délègue ainsi ses avant-coureurs, ses fourriers qu'elle commet au soin de lui aménager un Paris réorganisé, classé, complet, prêt à la recevoir.

J'accoste le gros V..., qui tient spécialité d'informations meurtrières, une sorte de bureau de location amical où l'on trouve à toute heure épées de combat, code de Chateauvillard, témoins réguliers et formules de conciliation.

Il est affairé, grave et poli.

Je le harponne.

— Tu vas quelque part?

— Mais oui, tu sais bien... cette affaire...

— Laquelle? j'arrive de Suisse... Je n'ai rien lu depuis dix semaines.

— Hé, parbleu!... Le duel de Jacques Morin avec de N...

— Qui ça, Jacques Morin?

— Ah! tu ne connais pas?... Eh bien! je n'ai pas le temps... mais demande à n'importe qui... on te dira... mais, adieu... Vraiment, je n'ai pas le temps de causer...

Et il me lâche si brusque que je n'ose insister.

Je passe chez mon éditeur. Il me reçoit bien, mais sans chaleur.

— Eh bien! monsieur G... voici la rentrée; que devient mon roman?

— Mais, il va toujours très bien. Il est là; vous désirez le voir?

— Mon manuscrit? Merci bien! Ah ça! pour quand l'impression?

— Hé diable! Nous sommes en plein octobre! Du train dont vous allez, je ne paraîtrai pas avant juin.

— Je vous avoue que c'est fort probable.

— Comment? vous m'aviez promis?

— Dame! il est arrivé des événements.

— C'est trop fort! Je sais de bonne source que, depuis l'ouverture de la saison, vous n'avez accepté aucun volume nouveau.

— Demande bien pardon, mossieur!

Et il se campe pour ajouter :

— J'ai quelque chose de M. Jacques Morin!

Peu soucieux de me montrer mal informé devant mon éditeur, je m'évade en ayant l'air d'admettre parfaitement qu'il n'y a rien à répliquer.

Et durant huit jours, c'est ainsi.

Je vais à mon cercle : jeu d'enfer. C'est d'ordinaire un club placide où l'on cause beaucoup, où la partie honnête et modérée n'est maintenue que pour la forme.

Je demande quelle est la cause de cette animation.

— Mais, cher, vous n'étiez donc pas là, hier soir? La partie était féroce. Presque tous nos malins sont décavés. On cherche à se rattraper.

— Diable! et qui donc a bouleversé nos habitudes?

— Mais c'est ce grand fou de Jacques Morin! Il était d'un *entrain!*

— Ah! oui... parfaitement.

J'ai déjà quelques documents. Jacques Morin

joue, se bat, fait des romans, et c'est un grand fou.

— Vous savez, cette pauvre Emma, elle est bien triste !

— Bah ! est-ce qu'André...?

— Abominablement lâchée !

Je cours chez la bonne fille, armé des meilleures intentions et résolu à lui donner quelques marques de ma vieille amitié qui adouciront sa peine.

Je la trouve riante, en son salon plein de fleurs gaies.

— Vous me voyez bien heureuse, fait-elle avec un shakehands frissonnant.

Sur le coin de sa table, je vois une carte de visite cornée et percée des deux petits trous révélateurs, vestiges de l'épingle qui la fixait à quelque galant bouquet. La carte s'appelle Jacques Morin.

On me pousse à l'Exposition Volney devant un coin de cimaise vide.

— Quel dommage ! On vient de l'enlever. Un riche Américain vient de l'acheter 10,000 francs au profit de l'œuvre des petits Savoyards.

— Quoi donc?

— Une cocasserie de Jacques Morin, la « Dame aux mascottes »... C'était le clou de l'Exposition.

Partout, partout, Jacques Morin... Il rend des points à Mérignac chez lui, rosse la « Tête de veau » chez Marseille, défie M. Cartier chez Gastine Reinette, encombre les librairies, les salons de peinture, promène la fille célèbre. Tout ce qu'il faut faire il le fait.

Du moins, j'apprends qu'il le fait, par d'autres qui l'ont entendu raconter.

Je n'ai jamais vu Jacques Morin. Quelqu'un me l'a montré de dos, une fois, et encore il n'était pas bien sûr.

Pourtant je vais partout où l'on dit qu'il va, et partout, quand je le demande, on m'apprend qu'il vient de sortir.

Je finis par raconter moi-même les aventures de Jacques Morin, entraîné par l'universel enthousiasme, aventures imaginées avec bonne foi.

Tantôt je le dépeins grand, blond, svelte; tantôt sanguin, brun, trapu; nul ne me contredit.

Quinze jours après, Jacques Morin est depuis huit jours oublié. Son roman n'est point paru. Mérignac demeure l'invaincu; la « Tête de veau » est plus que jamais en vogue; M. Cartier reste le premier tireur de France, l'illustre Emma habite l'hôtel du baronnet W... Les choses littéraires et parisiennes ont repris leur cours normal.

J'entre l'autre soir au café de la Presse, en quête d'un reporter. Un monsieur timide m'aborde.

— Pardon, monsieur, vous êtes, je crois, rédacteur en chef du *Monde Moderne?*

— Parfaitement, mais je n'ai pas l'honneur...

— Je suis Jacques Morin, j'ai eu le plaisir de vous rencontrer chez notre éditeur, M. G...

— Ah! très bien!

— Je désirerais vous soumettre quelques articles. J'ai une femme... des enfants...

— Voici ma carte, monsieur, à l'avantage...

Pauvres Jacques Morin! bibelot, article — Paris fabriqué pour l'amusement des boulevardiers au retour de la villégiature!

———

25 septembre.

DROLE DE MÉTIER

J'espère que la saison qui vient nous amènera quelques réformes urgentes dans l'économie du régime littéraire que nous nous sommes donné bêtement et que nous subissons plus bêtement encore. J'espère que cet hiver sera moins fécond en informations et en interviews artistiques. Nous sortons de la crise des camelots qui n'était qu'un très petit accident dans l'ensemble de nos maux intellectuels; tâchons de faire le déblayage en grand — et affranchissons-nous du même coup de certains fastidieux reportages.

Une interview ne peut être ni documentaire, ni sincère, ni suggestive. Je ne vois donc pas où résiderait son intérêt.

Le reporter qui va trouver une célébrité quelconque et s'offre à servir d'intermédiaire entre elle et le public par la voie de son journal, doit fatalement se heurter à des impossibilités qui lui ôtent toute licence d'écrire un article intéressant.

D'abord les messieurs qui font ce métier sont

rarement des phénix d'intuition ; alors que vont-ils faire près des maîtres de la pensée, quel secret espèrent-ils leur arracher? Jusqu'où pourront-ils pénétrer dans ce labyrinthe de sentes qui se croisent, se recoupent et s'enchevêtrent indéfiniment dans une cervelle rompue au métier d'amalgamer les subtilités.

L'interviewer artistique ou littéraire est le plus souvent un aide de cuisine qui est monté à ce grade, au sortir des « faits divers », le plus souvent par hasard. Et il fait dès lors cette copie comme il ferait celle du bulletin météorologique.

Ecoutez ce qu'en dit un écrivain d'il y a trente ans, qui l'avait miraculeusement pressenti.

— Pour unique mise de fonds, il apporte l'aplomb, qui est l'audace des sots, et le memento qui est la science des ignorants ; non pas qu'il remarque ce qu'il voit ou ce qu'il entend, ce serait de l'observation.

Placé entre un artiste et le public avec mission de confesser l'un et d'intéresser l'autre, lequel servira-t-il des deux ?

L'artiste ? en ne disant dans son article que ce qu'il plaît à l'homme célèbre qu'on dise de lui.

Le public? En se faisant l'esclave de sa curiosité, en volant des secrets de tiroir et d'alcôve.

Les plus habiles s'en tirent en ne servant ni l'un ni l'autre et en ayant l'air de les servir tous les deux.

Pour cela, ils apportent à celui qu'ils viennent interroger une feuille de papier blanc, en disant:

— Mon cher maître, on me prie de venir vous questionner sur vous-même. Mon respect pour vous ne me permet pas de me livrer à cette impertinente inquisition. Veuillez vous-même consigner ici questions et réponses telles qu'il vous plaira de les voir reproduire dans notre journal.

Le maître, s'il est friand de réclame, s'exécute. Sinon, il ferme sa porte et renvoie l'homme au petit papier. Mais ce dernier cas est tellement rare, qu'à peine l'a-t-on noté deux ou trois fois dans les annales du reportage artistique, encore, était-ce tout à fait au commencement.

Quand ce refus se produit, le reporter songe bien à s'en venger en écrivant un article de son invention équivalent à un loyal éreintement. Mais est-ce qu'on a le temps de se venger dans la presse domestique ? On se contente de mettre la chose au nombre des affaires ratées et l'on court chez quelque autre interviewable plus complaisant.

Une fois le petit papier rempli et la part de l'artiste ainsi faite, le reporter songe au public. Comme il a le sens de toutes les vulgarités, il voit par quoi l'on séduit bassement la masse des lecteurs et rien ne lui est plus aisé que d'entrer dans un café, d'y demander un madère et de quoi écrire, puis de se livrer aussitôt à un petit travail d'adaptation, de suppression, de condensation ou d'amplification qui mettra les notes de l'interviewé au niveau du commun des gens.

Craint-il les réclamations du personnage qui lit

le lendemain en *dada* de journal sa pensée altérée et ses renseignements dénaturés ?

Que non !

Toute réclamation, toute rectification constitue de la bonne copie pour le lendemain et chacune est cotée comme un brevet de consciencieuse interview.

Une autre tristesse de l'interview est le choix des interviewés.

Le reporter ne connaît que certains noms clichés dans les pages de réclames, rengaines de librairies, vétérans de catalogues.

Les oseurs, les penseurs tout crus, les subtils, les discrets, les distingués et les forts ne sont jamais interviewés. Est-ce qu'un reporter connaît cela? Je comprendrais qu'un reporter usât ses jambes à courir après les inconnus à produire, les méconnus à expliquer, les modestes à célébrer ; qu'il se souciât d'élargir le cercle des connaissances du public, qu'il prit en mains les intérêts et la défense des faibles, des insouciants, de ceux qui ne savent vraiment qu'être artistes et ciseler et créer et se heurtent à des obstacles dont deux sous d'intrigue auraient raison. Il intéresserait mille fois mieux le public en l'instruisant sincèrement de ce qui existe réellement, qu'en l'entretenant indéfiniment des cache-nez de M. Sardou, du grand cœur de M. Dumas ou de la bosse que roule M. Ohnet.

Ce serait un rôle à prendre par un garçon d'esprit, peu doué pour critiquer ou produire, mais armé d'un flair supérieur, que de se vouer à cette âche. A défaut d'autre mérite, je reconnaîtrais au moins au reportage celui de renseigner.

Mais tel que je les vois se mouvoir à travers le monde, tournant autour des manuscrits de M. Pailleron, comme autour du chapeau rond d'Eyraud, l'existence des interviewers artistiques ne m'apparaît pas très justifiée par la réalité de leurs fonctions.

27 septembre.

BISBILLE

Il est certain qu'il y a un compte à régler entre M. Sardou et M. Shakespeare.

Cette bisbille n'est pas d'hier et nous ne sommes guère près d'en voir la fin. M. Sardou a quelque courage à soutenir une campagne dont il supporte les frais. Car, si Shakespeare a toute l'Angleterre pour lui, M. Sardou ne trouve pas dans sa patrie de concours équivalent. Il est vrai que par compensation Shakespeare est mort, tandis que M. Sardou subsiste, grouillant de vie.

N'importe, il faut que l'œuvre de l'un ou de l'autre succombe.

La mémoire de Shakespeare n'a plus de raison d'être, si l'auteur de *Rabagas* et du *Roi Carotte* tri omphe ; de même que M. Sardou ne saurait demeurer debout si l'on continue d'honorer l'auteur d'*Hamlet*.

La dernière escarmouche entre les deux célèbres dramaturges porte ceci que le « *Daily News* » aurait réédité une phrase de Sardou affirmant que « *Shakespeare n'avait pas* « *le moindre talent!* » Sardou, qui s'est souvent évertué à repousser la paternité de cette parole imprudente, réplique, cette fois encore, et en mettant, non sans roublardise, dans son jeu ce pauvre Corneille, dont la situation va devenir embarrassante :

« Je ne suis pas, il est vrai, des idolâtres qui admirent Shakespeare sans réserve, et je me permets de trouver que sa statue usurpe, en plein Paris, la place qui conviendrait mieux à celle de notre Corneille ; mais de là au jugement qu'on me prête, il y a loin, et je mets votre rédacteur au défi de citer un écrit de moi, quel qu'il soit, où figure cette énormité. »

Allons, c'est entendu ; M. Sardou n'a jamais dit que Shakespeare n'avait « *pas de talent !* »

Seulement... il le pense !

28 septembre.

KARR

Sarcey trouve que l'on a bien fait de comparer Alphonse Karr à Sterne.

— Souvent, en effet, dit-il, on le voit mêler, comme l'humoriste anglais, à des accès de sensibilité attendrie un ton de spirituelle ironie et d'enjouement moqueur.

Non, Sarcey ; Alphonse Karr ne mêlait rien à rien. C'était un sentimental, uniquement sentimental et si vous sentiez ce que ce sentimental veut dire, si même on vous l'avait appris, vous comprendriez que le propre d'un caractère ainsi fait est de ne supporter aucun mélange.

On ne pourrait être un sentimental et un humoriste en même temps. Citerez-vous Henri Heine aussi ? Ce serait bon à vous faire rire au nez. Henri Heine, lui, fut un humouriste pur, comme Sterne, d'ailleurs.

Dans sa *Lettre sur l'enthousiasme*, Shafterbur a nettement caractérisé le *sentimentalisme*.

C'est une théorie qui consiste à donner pour origine à toute idée morale un instinct de la sensibilité. Et c'est tout à fait d'accord avec la littérature d'Alphonse Karr, instinctive et passionnée.

Quant à son humorisme... c'est son côté Pierre Véron.

30 septembre.

ALBERT

Je citais dans mon dernier lundi un fort joli morceau trouvé dans le *Mercure de France*, ayant pour titre « *Deux Empereurs* », et signé « Princesse Nadejda ». C'est le pseudonyme d'un écrivain connu, habitant Saint-Pétersbourg autant que Paris, Louis Dumur.

Cette semaine, la *Bibliothèque artistique et littéraire* vient d'éditer son premier roman : *Albert*, en un exquis petit volume, et c'est un plaisir d'avoir à revenir encore sur cet élégant et sceptique jeune homme.

Albert présente une synthèse du *héros* contemporain, et tend à personnifier une époque, comme avant lui, les *Rolla*, les *Adolphe* et les *Werther*.

« En une minime cité de province, plus malsaine qu'immorale, plus stérilisante que perverse, où l'existence avait des longueurs particulières, de spéciales somnolences que ne soupçonnent point les vraies villes, point la pure campagne ; en une sous-préfecture maussade, flasque, incolore, gluante, solitaire et sceptique en sol, prétentieuse et banale, chaste jusqu'à l'espionnage, inconsciente, naïve, burlesque, ignorée des humains et les ignorant ; en un de ces marécages de la sottise végétaient, monotones et bouffis, son père et sa mère. Ils l'eurent, lui, troisième, quatrième ou cinquième enfant d'une nombreuse famille, procréé à son heure, en son jour, dans son numéro d'ordre, tranquillement, béatement et suivant les laisser-aller passifs de la bourgeoise providence. »

Ainsi né, Albert s'élève et grandit. Un jour, il boit du café au lait avec un vieux curé, qui lui demande à quoi il rêve. — « A rien, répond-il. Je trouve le monde *inutile*. »

Cependant, il se résoud à le prendre au sérieux, ce monde. Il pense, à neuf ans, se marier avec une petite cousine. Mais celle-ci meurt d'un épuisement de constitution. A dix ans, on le met à l'école. « C'est, en somme, le seul âge où l'on puisse raisonnablement être heureux ». Et, de ce moment, il étudie avec un zèle réel, fait ses humanités avec la plus têtue des applications, compose des vers latins, finit par se sentir *supérieur à la province* et vient à Paris, « centre du monde qui peut *lui montrer du neuf et lui ouvrir une voie* ». Peut-être, en essayant de conquérir Paris, en découvrira-t-il le charme. Il a dix-huit ans, loue une chambre rue de Seine et s'apprête à mener la vie d'étudiant.

Au milieu de ce monde suffisant, fougueux, leste, juvénil, capricant, vain, Albert vit plusieurs années, plutôt entraîné par l'habitude du siècle que par une réelle sympathie. Il mange vite sa provision d'argent, s'endette, songe à se tirer d'affaire, suppose qu'on le recherchera fort aussitôt qu'il voudra bien condescendre à offrir contre argent quelque peu de son esprit et de sa « science ». C'est plus difficile qu'on ne croit. Un mois d'expédients honnêtes, qui plus d'une fois le laissèrent sans dîner, à raison de ses répugnances. Il se fait pion, et le reste trois ans. Pour faire quelque chose « en dehors », il va à la Sorbonne suivre les cours de Caro. Dégoûté de cette éloquence soufflée, il passe d'une pièce au matérialisme. Mais la science allant à pas sûrs, va si lentement qu'elle reste en arrière, en arrière, et qu'on ne peut la supposer capable de trancher la plus minime des questions. Après s'être jeté éperdument de Descartes, Leibnitz et Spinosa à Kant, Spencer, Hegel, il s'abat « épuisé et désespéré ». Puis il se dit : « Mangeons et buvons, car demain nous mourrons ». Il va chercher chez elle une jeune fille du nom de Bertha, maîtresse d'un de ses camarades qui lui *porte à la peau*, l'emmène souper et se dépucèle.

Les titres des chapitres suivants disent par quelles phases il passe encore : — Maggie, — la Dèche, — le Grand Zut, — Comment il devient poète, — Ravissements, — Impuissances, — le Parnasse, — Décrépitudes, — Comme quoi Albert se déclare pessimiste, — l'Evolution d'un pessimiste, — Suicide d'Albert.

Je ne doute pas que le premier roman de M. Louis Dumur ne soit appelé à faire quelque bruit dans le monde des lettres.

En tous cas, il m'a infiniment plu par son style délicat et ses intentions très hautes.

---

2 octobre.

NI DIEU, NI MAITRE

Si je n'étais prévenu que M. Georges Duruy, l'un des plus dociles élèves de Feuillet et d'Halévy travaille exclusivement pour les gens de grosse bourgeoisie dont il s'est ingénieusement assimilé le langage, le jugement et le ton, j'aurais eu un mouvement d'indignation après lecture de sa pièce-thèse en trois actes : *Ni Dieu, ni Maître*.

Mais l'épreuve des succès du *Maître de Forges* et de *l'Abbé Constantin* m'a suffisamment armé contre ces surprises.

J'irai même plus loin : si dans mon public hebdomadaire, j'ai la malechance de compter quelques-uns de ces faux-bonhommes qui donnent Feuillet à lire aux jeunes femmes mariées, je leur dirai :

— Donnez leur aussi la pièce de M. Duruy ; cela leur enseignera assez justement dans quel milieu elles sont appelées à vivre, quelles idées y sont reçues et quels personnages elles y coudoieront quotidiennement.

Car au rebours de ces médiocres réalistes contemporains qui veulent faire de la vie et ne font que de la stérile théorie, M. Duruy lui, voulant faire de la théorie blanche, proprette et lénitive, a fait une œuvre de basse réalité.

Voici sa pièce :

Personnages :

Pierre Nogaret, 52 ans, docteur moderne, grosse personnalité scientifique, médecin en chef d'hôpital, membre de l'Académie, propriétaire d'une clientèle rapportant dans les cent mille.

Meynard, médecin de province, même âge, homme modeste en tout, esprit, paroles et sentiments.

Maurice Nogaret, fils de Pierre, jeune architecte amateur, aimant à bien vivre et à faire inconsciemment sauter les écus de papa en attendant d'être contraint de gagner sa vie.

Le baron de Favreuil, célibataire de quarante ans, qui flirte avec les jeunes filles, mais ne les épouse pas. Il commence par se faire leur bon ami, rien de plus. Puis, au moment de la crise matrimoniale, il disparaît pour ne revenir que quand ces demoiselles sont devenues des dames. Le mariage l'effarouchait, le mari le rassure d'ordinaire. Il vient alors, selon le mot de M. Duruy, « ausculter » les mariages. Si l'on fait bon ménage, il s'en va de nouveau et on ne le revoit plus jamais. Mais, s'il surprend le moindre point noir, il reste. C'est le moment choisi par lui pour expliquer à ses anciennes petites camarades les choses un peu *vagues* dont il les entretenait d'avance en termes incolores et choisis, au temps des flirts préparatoires. Dans la pièce, le baron de Favreuil joue ce rôle auprès de la fille de Pierre Nogaret.

Le docteur Valmeyr, jeune médecin très malin, trop malin, qui s'est fait le fiancé de Mlle Nogaret pour accaparer la clientèle du papa.

Personnages féminins :

Thérèse Nogaret, femme du docteur, extrêmement catholique.

L'institutrice, Mlle Jauzon, extrêmement libre-penseuse.

Enfin, Adrienne Nogaret, fille de Pierre et de Thérèse, serrée de près par le baron Favreuil pour le mauvais motif, prête à épouser Valmeyr faute de mieux et très librement élevée par Mlle Jauzon.

L'intrigue tient en cinquante lignes.

Le docteur Pierre Nogaret n'a fait baptiser ni son fils Maurice, ni sa fille Adrienne qu'il a eus d'un premier mariage et qui poussent comme ils veulent, mangeant de leur mieux les énormes gains annuels du célèbre médecin. La seconde femme du docteur, Thérèse, est très dédaignée dans la maison, parce qu'elle est chrétienne fervente. Bien portant, riche et heureux, le docteur qui a gagné aux doctrines matérialistes l'institutrice de ses enfants, Mlle Jauzon, pour qu'elle les instruisît dans ce sens, — est soudain frappé par une maladie terrible et qui lui enlève à la fois la fortune et la santé. La chrétienne Thérèse se résigne à cette condition nouvelle et soigne son mari avec dévouement. (Elle va jusqu'à peindre des abat-jours à un louis la pièce pour faire aller la maison). — Au contraire, les enfants matérialistes du docteur, Adrienne et Maurice, s'irritent, s'aigrissent, se détachent de lui, se plaignent de la mauvaise nourriture. Maurice s'ennuie de n'avoir pour tout argent que les deux mille francs qu'il est forcé de gagner chez un architecte, lui qui, jusque-là, avait mené une vie oisive et somptueuse.

Les élèves même du docteur lui tournent le dos : Valmeyr disparaît, enlevant la clientèle de son vieux maître et ne voulant plus épouser Adrienne sans dot. — Quant à Mlle Jauzon, l'institutrice qui, jusque-là, avait tenu en échec la propre femme du docteur, la catholique Thérèse, elle démissionne et cherche une autre place.

Alors la ruine et la maladie deviennent pour Pierre Nogaret le point de départ d'une lente évolution. A la fin de la pièce on voit ce matérialiste dématérialisté, plein de gratitude, de tendresse et de respect pour l'épouse catholique, pour cette Thérèse qui seule lui est restée dans la détresse. Elle a vaincu. La porte par laquelle est sortie Mlle Jauzon se rouvre pour laisser entrer... un prêtre !

On le voit, dans l'intention *pieuse* de M. Duruy, le beau rôle est pour la catholique Thérèse ; les vilains rôles sont pour le *struggleforlifer* Valmeyr, pour le céladon Favreuil, pour les enfants ingrats Maurice et Adrienne et surtout pour cette pauvre institutrice, la matérialiste Jauzon.

Entre les bons et les mauvais se balance l'indécis vieux docteur qui n'est donné comme sympathique qu'à cause de sa conversion finale.

Voilà où M. Duruy voulait en venir.

Mais il n'y est guère venu, quoique son livre témoigne d'une grande habileté de métier, d'une vraie souplesse d'homme de théâtre et d'une facilité à « faire des mots » qui nous donne bonne opinion de la réputation d'homme d'esprit qu'il doit s'être acquise dans les salons où on l'apprécie.

*
* *

Oui, par un étrange jeu de ses personnages, ceux-ci sont tout le contraire de ce qu'il veut les faire.

Le docteur d'abord. Celui-ci devait nous présenter un tableau des luttes d'un fort tempérament de matérialiste aux prises avec les manifestations de la Providence et finissant par s'incliner avec la grandeur d'un noble esprit désabusé. Au lieu de cela, M. Duruy nous a présenté un vieillard que le moindre choc démonte, que la perspective de la mort affole, un veule et lâche égoïste. Sa conversion ressemble à une concession faite à sa femme parce que c'est elle qui lui sucre le mieux sa tisane. Si c'est cela que M. Duruy veut nous donner comme exemple des grandes luttes entre la conscience et la raison !

Les enfants, nullement intéressants. Le garçon sans esprit propre, sans fonds original de vertus ni de vices, banal, insignifiant dans ses ébats de jeune viveur, comme dans sa mauvaise humeur de fils de famille ruiné ; la fille, Adrienne, enfant gâtée, qui ne sent rien, n'entend rien. Le jeune médecin Valmeyr, misérable petit ambitieux calqué sur un pâle type, né de la pâle observation d'Alphonse Daudet.

Le baron Favreuil, insuffisant dandy, calqué sur un mondain des romans de Bourget.

Enfin, la grande *sympathique*, l'épouse dite « admirable, la catholique Thérèse, qui est tout bonnement répugnante avec ses façons embobelineuses de Maintenon à courtes visées.

Seule, peut-être, la figure réprouvée de Mlle Jauzon tranche en couleur vive sur ce fonds pâteux et laidement bourgeois. Elle, au moins, intéresse et montre quelque caractère. Il faut rappeler que M. Duruy voulait en faire le type odieux, et qu'il n'a réussi qu'à lui donner des énergies qui sont loin de nous déplaire.

Voici, d'ailleurs, la scène où M. Duruy, pensant présenter Thérèse sous un jour charmant et Mlle Jauzon sous les couleurs les plus noires, met ces deux créatures en présence.

SCÈNE V

THÉRÈSE, Mlle JAUZON

Thérèse. — De quoi parliez-vous donc avec mon mari, Mademoiselle, quand je suis entrée tout à l'heure ?

Mlle Jauzon. — D'une conversion, Madame... C'est fort édifiant, comme vous voyez !

Thérèse. — Quelle conversion, je vous prie ?

Mlle Jauzon. — Celle d'un philosophe illustre, le chef de l'école positiviste. Avec quelle admiration, le docteur me parlait de ses ouvrages, autrefois !

Thérèse. — Et vous le blâmez, n'est-ce pas, de s'être converti ?

Mlle Jauzon. — Quel sentiment autre que le mépris voulez-vous que m'inspire une si honteuse défaillance ?

Thérèse. — Une si honteuse défaillance ? Ah ! vous en parlez à votre aise, vous ! Je voudrais bien vous y voir, quand vous y serez, à la place de ce malheureux qui, au moment de quitter la vie, s'est rattaché à l'espérance de ne pas mourir tout entier !

Mlle Jauzon. — Quand le moment dont vous parlez sera venu, je ne renierai pas mes principes, moi !... et je tâcherai de faire bon visage à la mort.

. . . .
. . . .

Mlle Jauzon. — Vous aimez vos idées, j'aime les miennes.

Thérèse. — Il y a une chose que j'aime encore plus que MES IDÉES, c'est le repos de mon mari !

Mlle Jauzon. — Hé bien ! moi, je préfère son honneur à son repos. Et plutôt que de le **voir** se déshonorer comme l'autre, j'aimerais mieux...

Thérèse. — Quoi donc, s'il vous plaît ?

Mlle Jauzon. — Tout, madame ! En quoi l'ai-je troublé, d'ailleurs, ce repos ?

Thérèse. — En essayant de mettre obstacle à l'évolution qui commence à s'opérer dans ses idées.

Mlle Jauzon. — Vous y travaillez bien vous, à cette évolution. Pourquoi ne la combattrais-je pas ?

Thérèse. — Vous oubliez que je suis SA FEMME !

Mlle Jauzon. — Moi, je suis son élève ! Mon droit est égal au vôtre ! Les enseignements qu'il m'a donnés, je suis en droit de les lui rappeler, s'il les oublie !

Thérèse. ... Vous avez le devoir de le laisser en paix, comme je l'y laisse !

Mlle Jauzon. — On la connaît la paix que les dévôts laissent à ceux que la maladie leur livre !

. . . .
. . . .

Qu'on juge entre la « sympathique » Thérèse et l' « antipathique » Jauzon !

Le livre de M. Duruy est assurément curieux, facilement écrit avec un intéressant mouvement scénique, très intéressant aussi puisqu'il nous présente des tableaux très actuels et très réels.

Mais encore une fois il est surtout palpitant parce qu'il va tout à l'encontre des intentions de l'écrivain qui l'a signé.

Devant un idéal tel que Thérèse et ainsi présenté, on peut se demander dans quel monde et pour quel monde odieusement mesquin et vil travaillent les écrivains bien pensants.

Et comme Mlle Jauzon s'honore en le quittant !

5 octobre.

JEAN LOMBARD

J'ai dit ici quelle estime il fallait faire d'un roman de M. Jean Lombard, *Byzance*, édité cette année. J'ignorais qu'il eût publié précédemment, à la Librairie Universelle de la rue de Seine, un long et beau poème, *Adel, la révolte future*. Qu'on me permette d'y venir aujourd'hui. M. Jean Lombard est assuré du plus bel avenir d'écrivain et il faut dès maintenant tout connaître de lui.

Adel est précédé d'une longue préface signée Théodore Jean où je trouve les renseignements propres à présenter M. Lombard que je ne connais pas personnellement. J'y vois que le poète fut en sa prime jeunesse un instrument, un outil du *Seigneur Patron*, un de ces rouages à charnière de chair, lié au pivot de l'atelier, et rétribué par l'aumône patronale, qu'il en a enduré, des années, la compression et le servage. C'est dans ce contact avec les métaux qu'il limait burinait d'efforts quotidiens, que, pris de la nostalgie libertaire, il a conçu le poème de la Ville du Fer, la révolte d'Adel. Ainsi a-t-il fondu en un Verbe nouveau la Protestation prolétarienne, sortie de sa poitrine et de ses entrailles.

— « A l'inverse de la plupart de nos poètes modernes qui, parfaits instrumentistes, paganinisent des variations infinies sur l'unique thème du sentiment, il a voulu infuser, dans cette enveloppe anémique de l'inspiration sentimentale, la sève et le sang de la Pensée, sans laquelle la vie de toute œuvre d'art demeure artificielle. »

L'ouverture de son poème se déroule en vers larges, au motif puissant.

 Voici l'heure où, comme une plaie,
L'aube aux chairs vives saigne au fond des lontains
[clairs.
En faisant rougeoyer dans l'horizon brouillé ;
Tel qu'un brasier, le ciel, d'étoiles dépouillé,
Des émerveillements vont en flamber les airs:
 De clartés, la nuit est trouée.

C'est le Printemps, la Jeunesse de la Nature et de l'Humanité, sauvages, saines, vigoureuses.

Puis apparaît en contraste, la Nature des Civilisés, nue, morne, infructueuse.

 Mais quelle est cette autre contrée
Dont le ciel se lamant de nuage épais,
Pèse comme un couvercle énorme sur le sol.
Où l'on ne voit nul bois poussant en parasol.
Nulle herbe inextricable élargissant en paix
 Le lacet de ses vertes tiges.

Chargée d'outils, marche la foule des travailleurs, vers la ville du fer.

 Nous entrons. Des apothéoses
De machines lâchant comme autant des respirs
Leurs pistons réguliers en leur ventre allongé,

Dressent leur ossature où l'oxyde a figé
Des sels rouges, partout le fer a des soupirs
 De géant vivant qu'on torture.
 « Prends les tisons, saisis les pelles,
« Mets, dans le brasier roux des forges, le charbon ! »
Ainsi parle, orgueilleux, un maître à l'ouvrier.
Qui se tient nu devant un fourneau meurtrier.
Et l'homme a secoué la tête et, tout haut : « Bon !
 « J'attiserai jusqu'à la folie ! »

La perspective des fabriques modernes, des quais, des gares, des docks, s'étend en tableaux saisissants. L'ensemble des tons, des images, forme une toile peinte à la Delacroix, où la ligne du dessin est comme fondue dans les éclats et les nuancements de la couleur.

Ces trois tableaux : la Nature primitive, la Nature civilisée et la Ville du Fer, sont essentiellement réalistes : Nature primitive contemplée au fond d'Alpes provençales, rendue à travers la prismatique magie de son émotion. — Nature civilisée, vue dans les banlieues, peuplées d'usines, des grandes villes et les solitudes déboisées et incultes des champs abandonnés. — Ville du fer, avec son fleuve gluant, ses hommes attelés aux labeurs improductifs, ses tourbières, ses wagons sous les tunnels, ses steamers. Puis le poème symphonique qui, tout à l'heure, glorifiait la primitive beauté de la Nature antique et de l'antique liberté, se lamente contre la souveraineté du Métal trônant sur le monde.

Adel, image de la Révolution future, Spartacus

de l'avenir, appelant à lui pour le combat justicier, l'innombrable armée des misérables, met le feu à tout ce qui fut Tyrannie et Décadence :

> Toute prête aux éternels sommes
> L'odieuse cité s'efface et puis se meurt.
> L'égayeur soleil monte au ciel d'où sont chassés
> Des nuages puants, lourds et violacés.
> C'est la Fin ; c'est la Fin ! — Il a suffit d'un heurt,
> D'un léchement bref d'incendie.
>
> D'un galop de bise enhardie
> Pour rendre à la Nature âpre, à l'humanité,
> Ce sol, noir recéleur du Fer tyran, ce sol
> Inerte, qui garda tant de siècles le Dol,
> L'Orgueil, l'Ombre, la Haine et l'Infertilité.

Et sur le cadavre en poussière de la Bête disparue, Adel présage des cités et des terres nouvelles.

> Etant tout ce que s'assimile
> Le Cosmos, chair, cristaux, métal, gommes et bois,
> Elle resplendira quand elle apparaîtra
> Dans le Futur mouvant qui l'enveloppera.
> Et les Humanités lèveront à sa voix
> Leurs couches à demi formées.
> Forêts d'êtres nouveaux par le sol essaimées.

Quelques mots encore de la préface.

— L'art dit Moderne se ballade dans les Bois de la Fantaisie, roucoule auprès des nymphes et des déesses antiques, pastiche les Maîtres de tous les pays, adule dans le Chenil officiel les Rois du Jour ou plutôt n'adore plus rien, ni Antiques, ni Modernes. Il se contemple lui-même, s'admire et s'idolâtre. « L'Art pour l'Art », culte de la Beauté Formelle, dernier terme de l'Inconolâtrie, celle du nombril et du néant !...

Le reste ne vaut pas l'honneur d'être nommé.

Adel est consacré à « ce reste » qui est l'Humanité souffrante, aux Plèbes, séculaires vaincues. C'est un tableau de leurs douleurs nument dévoilées, un clam léonin de leurs clameurs de bêtes serves.

Les sceptiques répondent que, depuis des temps, l'Humanité vainement espère et que, devant elle, le définitif triomphe fuit comme un mirage.

Pour leur clore le bec, Jean Lombard dédie son poème à ses fils et leur dit :

« — Qu'une génération d'artistes hardis, poètes, romanciers, peintres, statuaires surgisse, qu'elle chante et décrive, peigne et sculpte les agonies, les turpitudes sociales, les grandeurs, les héroïsmes, les misères du Peuple écrasé et raillé ! »

Avec ce généreux poète, nous ne doutons pas. Cet idéal, c'est l'Avenir, l'Avenir très prochain, c'est déjà presque le Présent.

21 octobre.

« SIXTINE »

Je ne connaissais de M. Rémy de Gourmont que quelques pièces d'une pureté harmonieuse, publiées dans le *Mercure de France*. J'apprends qu'il a quatre volumes en préparation (contes, poèmes en prose, critiques) et je reçois du même coup son premier volume : *Sixtine,* un peu tard pour en rendre compte d'une manière très précise, mais assez tôt pour que je puisse dire la délicieuse impression qu'il m'a laissée. C'est une histoire d'amour tout moderne, entre gens d'esprit et de sens délicats.

Chez la comtesse Aubry, à Rabodanges, on fait se rencontrer un jeune homme de goûts artistes et mondains, Hubert d'Entragues, avec une charmante veuve, Mme Sixtine Magne. Il lui fait poétiquement sa cour et semble réussir à l'impressionner. Mme Magne quitte Rabodanges le soir même et rentre à Paris.

Au château, on donne à Hubert, pour logement, une chambre, dite chambre aux portraits. Dans cette chambre, il n'y a pas de portraits, mais simplement une glace légendaire et qui, dit-on, reflète l'image aimée. Hubert y voit naturellement les traits de Mme Sixtine.

De ce moment, il songe implacablement à elle.

Il se décide à lui envoyer des vers. La réponse suit bientôt.

« M. d'Entragues est attendu, ce soir, pour donner un commentaire de son rêve.— Seuls auditeurs : les quatre murs.   Sixtine MAGNE.

Hubert s'exalte. Puis arrive un contre-ordre.

« Dîner impromptu chez la comtesse, de passage à Paris, pour affaires. Regrets. Que demain remplace aujourd'hui. »

Ils finissent par se rencontrer et se parler chez Sixtine.

«... Elle avait l'air assez quatorzième siècle, prisonnière en sa chaise abbatiale. Vêtue de rouge, ses pieds fouillant un coussin noir ; ses doigts illuminés de grenats et d'opales de cassidoine, peut-être et de chélonites, jouaient avec la corde blanche qui serrait à la taille une robe aux longues ondulations pourprescentes ; vers la boiserie sculptée, fleur pâle, la tête se penchait. L'ombre de l'ogive encadrait l'auréole blonde. »

Durant cette causerie, il est fort question de la *promenade du péché* et de l'heure où il passe. Haletant un peu, Sixtine murmure :

« C'est bien à vous vraiment de parler de notre perversité ; vous en êtes doué d'une assez perverse, vous, d'imagination ! »

Il ne parut pas la comprendre, comme il aurait dû.

A quelques jours de là, sortant d'une discussion

littéraire, Hubert croise près du Palais-Royal une passante bizarre, à gestes incohérents. Il la trouve intéressante et l'accoste. Ce qu'elle lui dit l'éclaire un peu. C'est une névrosée, en pleine crise. Et de ce moment, il semble mieux comprendre Sixtine vers laquelle sa pensée se reporte aussitôt.

Hubert et Mme Magne se revoient et conversent toujours. Puis surgit entre eux un troisième personnage, Sabas Moscowitch, que Sixtine présente à d'Entragues.

Le Russe s'empresse d'apprendre à Hubert qu'il trouve Mme Magne très bien, qu'il croit lui plaire, mais qu'elle ne lui a dit encore ni oui, ni non.

D'Entragues le trouve un peu fou, croit comprendre que Sixtine s'en amuse et se promet de faire comme elle. Il invite Sabas à venir le voir et lui offre de lui être à la fois confident et conseiller.

Cependant, il ne peut se défendre d'un mouvement jaloux en causant de lui avec Sixtine. Elle s'en plaint.

Il insiste et demande à la jeune femme de lui sacrifier Moscowitch.

A quelques jours de là, la femme de chambre de Mme Magne accourt, effarée :

« — Madame est partie hier soir sans laisser de nouvelles… Ellle a passé la nuit dehors… Je suis inquiète. »

La fille était naïvement venue voir si Sixtine n'était pas chez Hubert.

Celui-ci devine mais veut s'assurer. Il court chez Moscowitch. Le Russe est parti pour Nice.

Et bientôt, Hubert reçoit de Nice une lettre lui disant en substance :

« Adieu. — Cela vous fera un roman que je refuse de lire, car il contiendra des naïvetés pénibles. — Sabas m'a prise. Il fallait me prendre, vous ! — Un jour vous m'avez refroidie, en hésitant à me garantir mon lendemain. — Un « oui » net et spontané me jetait dans vos bras. — La Vie a tué le Rêve. Adieu ! »

C'est sur cette trame que M. Rémy de Gourmont a perlé une suite de pages qui sont autant de poèmes en prose, harmonieux et légers. « *Sixtine* » est pourtant un roman, un vrai roman d'analyse pénétrante malgré ses apparences uniquement rêveuses. Le héros est un très charmant être qui devait lasser la chair de Mme Magne, mais dont la confession ne sera pas perdue et trouvera d'autres échos. Sans doute il trouvait que son attente était le meilleur de son plaisir, mais l'amie pouvait-elle s'y prêter ?

Bien des chapitres sont à relire souvent, à déchiffrer lentement pour une pénétration plus complète de leurs allégories discrètes.

C'est de la psychologie qui s'exprime en musique de Chopin.

20 octobre.

MARIE KRYSINSKA

Un volume de Marie Krysinska vient de paraître chez Lemerre avec une préface de J.-H. Rosny.

Il faut rappeler que cette très rare artiste — qui est la musique et la poésie mêmes — fut la première parmi nos contemporains à publier de ces rythmes pittoresques où les nuances de syllabes, l'harmonie des propositions sont un charme délicat aussi bien que le choix précieux des symboles et la saisissante justesse des métaphores.

---

23 octobre.

1885-1888. — PLUME A VENDRE

Si M. Jules Lemaître a fait une pièce à succès banal avec le *Le Député Leveau*, il a fait aussi jadis un article éreintant Renan... et ce fut même, s'il m'en souvient, cet article qui le lança dans le public des revues.

Cet éreintement de Renan fut aussitôt suivi d'un éreintement d'Ohnet qui vint confirmer que M. Jules Lemaître avait bien le tempérament requis pour l'emploi auquel il se destinait : chroniqueur pour journaux à réclames et critique pour publications périodiques à intrigues.

Ereinter Renan ? Ereinter Ohnet ?

Ce sont là deux choses qu'on se permet entre gens de plume qui veulent éreinter sans éreinter, c'est-à-dire tirer des coups de revolver en l'air, pour attirer l'attention des passants.

La philosophie de M. Renan, par le fait même de son nihilisme, est invulnérable.

La littérature de M. Ohnet l'est également par sa nullité.

Et sans avoir couru le moindre danger de riposte, on n'en passe pas moins dans les salons pour un monsieur à craindre, un monsieur à ménager, un monsieur avec lequel ceux qui veulent un bon article doivent se mettre bien.

Pour prouver d'ailleurs que la conscience n'avait rien à voir dans ces éreintements, M. Lemaître s'est empressé, sitôt devenu critique aux *Débats*, de faire amende honorable et de redevenir l'ami de tout le monde en général et des éditeurs en particulier.

Ses articles ne sont plus guère que des *prière d'insérer* amplifiées suivant l'importance des commandes et le prix qu'y mettent les administrations des journaux.

On voit que je ne professe qu'une médiocre estime pour la droiture littéraire, philosophique et personnelle de M. Jules Lemaître.

Je puis donc m'en autoriser pour entreprendre M. Oscar Havard qui, dans le *Monde*, s'amuse à mettre M. Jules Lemaître en présence de ses deux affirmations contradictoires concernant Renan.

Ce M. Havard ne fait d'ailleurs que transporter dans la presse quotidienne une observation déjà vieille et que les petites revues lettrées et libres ont déjà faite depuis longtemps.

C'est un rédacteur d'*Art et Critique*, je crois, ou du *Mercure de France* qui a le premier mis le nez de M. Lemaître dans ses petites impudences.

Voici le fait. Dans l'éreintement de Renan que M. Lemaître avait écrit pour tirer son premier pétard, il écrivait :

« M. Renan a soutenu avec une insolence de page que le monde n'est point, après tout, si triste pour qui ne le prend pas trop au sérieux, qu'il y a mille façons d'être heureux et que ceux à qui il n'a pas été donné de « faire leur salut » par la vertu ou par la science peuvent le faire par les voyages, le sport ou l'ivrognerie ! Je sais bien que le pessimisme n'est qu'un sentiment irraisonnable, né d'une vue incomplète des choses ; mais on rencontre tout de même des optimistes bien impertinents !... « Malheur à ceux qui rient ! » comme dit l'Ecriture. Ce rire, je l'ai déjà entendu dans l'*Odyssée;* c'est le rire involontaire et lugubre des prétendants qui vont mourir... Non ! non ! M. Renan n'a pas le droit d'être gai !... Comme Macbeth avait tué le sommeil, M. Renan, vingt fois, cent fois, dans chacun de ses livres, a tué la joie, a tué l'action, a tué la paix de l'âme et la sécurité de la vie morale. Est-ce que cela ne vous paraît pas lamentable ?

Cela, c'est du Lemaître de 1885.

Voici du Lemaître de 1888, du Lemaître arrivé, bien nourri, bien payé, ne demandant plus qu'à rester en paix avec tout le monde et à digérer béatement dans une tiédeur de sympathie et de réconciliation :

« Je crois que le meilleur moyen de comprendre M. Renan, c'est de lire d'une âme confiante ce qu'il écrit et de n'y point chercher plus de malice qu'il n'en a mis... Après avoir affirmé quelque grande vérité, M. Renan insinue-t-il que le contraire serait possible ? C'est qu'il a cru autrefois, d'une foi entière et absolue, à des dogmes dont il s'est détaché depuis, et que cette aventure l'a rendu prudent. Ou bien, parmi de magnifiques paroles sur la vertu, il nous avertit subitement qu'elle n'est que duperie et cela nous scandalise ; mais ce n'est pourtant qu'une façon de dire que la vertu est à elle-même sa récompense... S'il garde parfois, dans l'expression des sentiments les plus éloignés du christianisme, l'onction chrétienne et le ton de mysticisme chrétien, nous croyons ces combinaisons préméditées et nous y goûtons comme le ragoût d'un très élégant sacrilège. Point ! c'est l'ancien clerc de Saint-Sulpice qui a conservé l'imagination catholique. S'il témoigne de son respect et de sa sympathie pour les choses religieuses, pour les mensonges sacrés qui aident les hommes à vivre, qui leur présentent un idéal accommodé à la faiblesse de leur esprit, nous y voulons voir une raillerie secrète. Mais c'est nous qui manquons de respect : pourquoi le sien ne serait-il pas sincère ? Si telle pensée nous scandalise, prenons garde, c'est que nous ne lisons pas bien... S'il est divers jusqu'à la contradiction, c'est qu'il a l'esprit merveilleusement riche ».

En effet, c'est assez cynique, et cela valait la peine qu'on en avisât le public, qui, sur la foi des réclames, est bien près de porter Jules Lemaître sur le pavois de la critique.

Mais est-ce bien à un rédacteur du *Monde* de le lui reprocher ? N'est-ce pas là de la bonne guerre de séminaire ? et ces procédés de jésuitisme effronté ne sont-ils pas ceux auxquels les bons pères incitent leurs jeunes élèves?

M. Lemaître est au contraire dans la bonne voie selon la doctrine catholique, apostolique et romaine. Au lieu de le houspiller, ces messieurs de la presse bien pensante devraient songer à s'assurer le concours de son talent pour l'organe qu'ils ont résolu de fonder, lors de leur dernier congrès espagnol.

Jules Lemaître, par son *Député Leveau*, est devenu tout à fait un « nom » pour le gros public. Il se trouve, croyons-nous, libre d'attaches en ce moment. C'est une influence et une érudition à vendre. Achetez-le donc, tant qu'il n'est pas encore hors de prix.

Ce sont des gens comme celui-là qu'il vous faut, vous le savez bien !

27 octobre.

UN ENNEMI DE LA PROPRIÉTÉ LITTÉRAIRE

Alexandre Weill réédite chez Sauvaître un vivace pamphlet qu'il publia en 1864 et qu'il orne aujourd'hui d'un appendice propre à nous montrer, jeunes hommes, que les octogénaires valent qu'on les écoute, — certains du moins, car celui-ci nous parle autrement qu'Alphonse Karr aux pêcheurs à la ligne et Camille Doucet aux lauréats de l'Institut.

Il ne fait d'ailleurs — l'esprit public ne s'étant pas modifié à son gré d'honnête homme — que répéter ce qu'il criait aux gens d'il y a trente ans. Et, ce qu'il disait à leurs aînés, avant la capitulation de Metz, il le redit aux Français d'aujourd'hui, aux « élèves de tous les héros et de toutes les
« héroïnes de nos innombrables romans-feuille-
« tons, à millions de lecteurs et de lectrices et des
« pièces de théâtre à cent représentations, tous
« champignons vénéneux d'une seule nuit, tous
« fruits empoisonnés de la propriété littéraire, telle
« qu'elle existe, qui ramènera l'Europe aux ténè-
« bres de l'Egypte, ne créant que des millions de
« souteneurs et de laquais de lettre écrivant pour
« d'autres laquais et d'autres souteneurs et qui
« étouffera de son gaz méphitique tout écrivain
« de génie indépendant, sincère envers lui et
« ses principes, allant, comme dit Fénelon, jus-
« qu'au bout de sa raison — la raison ne se
« monnayant pas. — Toute œuvre pensée et écrite
« pour gagner de l'argent est maudite, malfaisante
« et éphémère... »

Quand on veut parler de Weill, il faut surtout le citer, car ce diable d'homme éloquent, cette conscience si vivante, si expressive, ne vibre nulle part mieux que sur les cordes de son propre instrument.

Toujours pensant, toujours courant, il sème des mots comme celui-ci :

— « Ce n'est pas à M. Thiers que la postérité reprochera comme à Thucydide d'avoir mis ses propres discours dans la bouche de ses héros ! M. Thiers a présenté au peuple une purée de faits politiques, espèce de roman historique, écrit à la diable, par dessous la jambe... *Et quelle jambe!* »

Et si M. Thiers ne l'a pas séduit, il ne s'est pas davantage rendu à d'autres gloires plus modernes et d'une fabrication plus vile encore :

— On reproche parfois à la presse française d'avoir été injuste, sévère, méchante, d'avoir renversé des gouvernements. Plût à Dieu qu'elle méritât ces reproches! C'est au contraire une véritable fabrique d'indulgences. Depuis trente ans, elle n'écrit que des réclames. Les éloges qu'elle a décernés à ces soi-disant grands hommes, se sont siropés en montagnes. Plus d'un de ces faux poètes et hommes d'État, s'y est taillé un escalier pour monter au Capitole où le vertige l'a pris. Il n'est pas de grenouille coassante que la presse n'ait gonflée un peu pour en faire sinon un bœuf, du moins un veau !

« Sans principe, ni idéal, ni critérium, la presse, au lieu de prendre son rôle de justicier au sérieux, a préféré faire fonction de greffier... A quoi bon se faire des ennemis? Elle oubliait que, dans la vie sociale, tout homme manquant à ses devoirs de citoyen est un ennemi, comme le chardon est l'ennemi de l'épi. Le laboureur ayant oublié de brandir son soc en guise de massue, perdit bientôt l'habitude de creuser un sillon. Le mal est devenu si grand qu'aujourd'hui même, personne ne croit plus à une critique, fût-elle sérieuse. On est tellement habitué à l'obséquiosité veule de la presse, que la critique la plus violente passe pour une réclame. »

Nous avons l'orgueil de nous souvenir que Weill nous estime assez pour admettre que nous pouvons, à *La Bataille,* répéter ces choses avec lui.

Et combien nous sommes encore ses amis, lorsque nous le voyons faisant son procès à cette ignoble « propriété littéraire » que quelques goujats du Parlement choient comme un dada qui les mènera loin.

La propriété littéraire avec son droit d'hérédité et de transmission, loin d'être un progrès est un véritable *progrèscide*. Elle engraisse l'abeille ; mais elle détruit le miel. Elle fait vivre le littérateur, mais elle tue style et pensée. Autant sacrifier l'humanité à la patrie, la patrie à la cité, la cité à la famille, la famille à l'individu !

La propriété littéraire n'a pu surgir que dans une époque admettant le progrès forcé, continu, indépendant de la Vérité idéale, des efforts et des sacrifices de l'homme. Elle a créé des milliers d'hommes de plume, n'ayant ni vocation, ni caractère, — comme les démolitions de Paris ont créé une légion d'architectes, véritables gâcheux.

C'est vrai ; mais cela pourtant devrait moins effarer un homme comme Weill.

Je pense à un mot de Viollet-le-Duc disant que *dessiner* devrait être à la portée de tout le monde et que chaque écolier devrait savoir tracer un croquis comme il sait orthographier ses dictées. Les gens de notre époque écrivent comme Viollet-le-Duc eût voulu les voir dessiner. Si tout le monde *écrit* aujourd'hui et si des gens en vivent, cela ne porte guère atteinte à l'Art. Il n'est pas aujourd'hui de bon bourgeois qui n'ait un petit passé de romancier, de rimeur ou de journaliste ; beaucoup même ont su l'exploiter ; il s'en trouve jusqu'à trente sur quarante à l'Académie ; et même plus on monte dans les sphères mondaines, plus on rencontre de gens vivant d'écrire sans même se douter de ce que c'est qu'écrire. Cet abus vole peut-être la réclame et les gains immédiats de certains garçons de valeur ; mais jamais cela n'entame la vraie gloire, ne compromet le triomphe final des quelques hommes d'idée, de cœur et de style qu'amène une génération. De ceux-ci, il s'en trouve quelquefois une trentaine dans les grands moments, jamais moins de trois ou quatre en temps de calme plat ; ils sentent, presque dès la naissance, leur part de vie faite dans l'avenir ; que leur importe que M. Machin ait gagné provisoirement deux millions en défendant habilement la **propriété de ses... machines ?**

4 novembre 1890,

A CHOISIR

M. Maurice Barrès collabore au *Roquet* et signe dans cette revue intéressante et parisienne « Un Hibou ».

Si ce n'est lui, c'est son frère, mais il nous plaît d'imaginer que c'est lui-même.

Sa série d'articles a pour titre : « Profils et Binettes artistiques et littéraires ».

Le dernier est naturellement consacré à son propre profil et il ne s'y fait que ressemblant en travaillant à se flatter.

Lisez :

Il n'est député qu'à fleur de peau, car il a les muqueuses littéraires. La peau, du reste, vit en parfaite harmonie avec les muqueuses, les unes doublant l'autre. Il est vrai que si c'est le député qui a fait « sortir » le littérateur, le député n'aurait jamais été député sans le littérateur.

Mais c'est précisément le point faible de son personnage ! Ecrivain pour rire et député pour rire !

Etant donné qu'un grand écrivain doit être surtout un grand honnête homme, ce n'est pas être bien honnête homme que de quêter des voix sur un mandat dont on veut se moquer et de se faire nommer député pour ne l'être que « *à fleur de peau.* » Par conséquent...

Veut-on de la ressemblance encore ? En voici .

— Un égoïste dédaigneux des autres et amoureux de soi, plein de sollicitude pour sa physiologie, plein d'attentions maternellement penchées sur les exquises manifestations de son Moi distingué.

Et M. Barrès pense s'être donné là de beaux traits de dandy ? Si c'est d'un dandy à la Brummel, soit ! ceux là sont les dandys d'étagère. Si c'est d'un dandy à la Baudelaire... non, par exemple ! L'âme de Baudelaire, pleine de colère contre elle-même, pouvait se soulager en méprisant le prochain, premier point. Deuxième point : Baudelaire raillant le suffrage universel du bout de ses fines lèvres, n'eût jamais posé la candidature Baudelaire, surtout avec l'appui d'un maroufle, d'un Boulanger. Et avoir fait cela ce n'est pas, croyez-le, une supériorité de M. Barrès sur Baudelaire.

Mais dans ce portrait si ressemblant, exceptons quelques inexactitudes... et citons-les :

L'aventure boulangiste l'a poussé à la Chambre, sans que, phénomène quasi unique, son caractère en soit amoindri et son « génie » déconsidéré.

L'aventure boulangiste ! M. Barrès s'oublie en se qualifiant d'*aventurier*, car enfin, si c'était une aventure, il en était. Or, le propre des aventuriers est de n'avoir pas de ces *attentions maternelle-*

ment penchées sur leur Moi distingué, ainsi qu'il est dit plus haut. Un égoïste s'observe ; un aventurier regarde toujours à cent pas devant lui.

Voilà un portrait qui commence à pécher par le dessin.

Continuons :

Il s'est laissé députifier, du reste, avec la nonchalance dédaigneuse qu'il apporte en tout, mais aussi avec la pressensation que sa littérature en bénéficierait. Il s'est servi du Général, mais ne l'a pas servi, trop fin-de-siècle pour être un gogo politique, trop intelligent pour être un instrument.

Pardon, monsieur ! vous n'avez été nullement nonchalant dans votre ardeur et votre souplesse à vous faire élire, et ce n'est pas « *se laisser faire* » que de crier publiquement, comme vous l'avez fait : « Vive Boulanger ! » Quand on pense au fond de soi : « Boulanger est un niais qui fait des calembours ! » C'est faire ce qu'ont fait les vulgaires Pierre Richard ou Mermeix, ceux qui représentent avec vous la belle jeunesse contemporaine « libre et hautaine » au Parlement. Cela, d'ailleurs, importe peu. Poursuivons :

Longtemps muet, il n'a débuté que l'autre jour à la Chambre par un long discours, diversement apprécié par la presse, suivant qu'on était ou non de ses féaux, sur le monopole de la maison Hachette ; et, pour son coup d'essai, il a failli mettre en échec le piteux Yves Guyot.

Hé bien !..., et la *nonchalance ?*

Vous venez nous conter maintenant que vous prononcez de « longs » discours ? que vous les faites commenter par la presse ? que vous avez des féaux ? que vous en voulez à la maison Hachette ? à Yves Guyot ?

Et vous finissez ainsi :

L'Athénien de la décadence qu'est Maurice Barrès mourra peut-être dans le cuir d'un ministre de l'instruction publique.

Et d'avoir appris que Mermeix rêvait le ministère de l'Intérieur, cela ne vous a pas dégoûté... mais, au contraire, mis en appétit d'entrer dans sa combinaison ? Vous ? un Athénien ?

Ah ! vous nous faites deux fameux grands hommes, vous et Mermeix, vous pouvez vous en flatter !... l'un qui fait toujours finir ses affaires par la correctionnelle et l'autre ses discours par Laur, dit la foire de Neuilly.

Je dis cela, tout de premier mouvement, croyez-le, Barrès. Nous avons été camarades.

Vous m'avez consacré de votre plume un article élogieux dans une revue dont le numéro se vendait 20 francs ; vous m'avez adressé vos œuvres successives avec des dédicaces flatteuses en me priant de vous écrire à mon tour des articles que toujours quelque chose me retenait d'écrire ; puis nous en sommes restés-là.

Seulement laissez-moi vous faire sentir peut-être un peu vivement que vous n'êtes pas encore assez dans le bronze de votre statue pour que vous vous permettiez, vous, boulangiste, c'est-à-dire condamné pour cette session au moins à quelque humilité — de répondre à des épigrammes de petits journaux sur le ton que voici :

> Les petites feuilles, où les bons petits camarades attendent sous l'orme une renommée lente à venir, on accoutumé de feindre un grand mépris pour la personnalité de Maurice Barrès, sans parvenir toutefois à rider du pli d'un souci sa sereine impassibilité ; car l'auteur d'*Un Homme libre* sait trop bien démêler les motifs de jalousie naïve qui enfielle leurs plumes ignorées.

Ces feuilles qui n'ont pas, selon vous, la grande allure de *La Presse*, où votre signature alterne avec celles du styliste Aimel et du psychologue Laur, n'en doivent pas moins compte à leurs lecteurs de ce qu'elles trouvent à redire aux choses du jour. Quant aux bons petits camarades ils auraient franchement tort de vous admirer dans votre situation, car elle n'est admirable qu'à vos yeux.

En vous plaisantant, ils ne sont pas, je crois, mûs par un sentiment jaloux pour la belle page que vous êtes appelé à remplir dans l'histoire.

D'ailleurs, assez épilogué ! Vous savez de quoi il retourne quand vous parlez de ces plumes ignorées... en province.

Si vous pensez vraiment ce que dit votre Hibou, vous êtes un fat.

Si vous le manifestez sans le penser, c'est que

vous avez perdu tout sens et franchi le cheveu qui sépare le fin-de-siècle le plus compliqué du simple polisson.

P.-S. — Je lis *Le Figaro* d'avant-hier, où M. Barrès a écrit une profession de foi : « Les Pharisiens ». C'est tout à fait d'accord avec ce que dit « Le Hibou ».

---

9 novembre 1890.

OU IL EN EST

Albert Wolff vient de vider son âme dans l'écritoire d'un rédacteur de *L'Eclair*. Voulez-vous savoir où il en est ?

« J'appartiens à une bonne maison qui s'appelle le *Figaro* et qui vivra certainement plus longtemps que votre serviteur. Aussi je ne me fais pas de bile. Je gagne, bon an mal an, cinquante mille francs. Cela me suffit. Je suis très heureux de mon sort. Je me fiche de tout le monde, excepté des amis ou des gens qui m'ont été utiles durant ma vie. »

Ceci, c'est la vie d'Albert Wolff... et celle du colimaçon.

« On me reproche de ne pas écrire comme M. de Voltaire. Mais je voudrais bien les voir à l'œuvre ceux qui parlent ainsi. Ils verraient si c'est si facile que cela.

« Pour arriver où j'en suis, à ma situation dans le journalisme, vous ne savez pas ce qu'il m'a fallu travailler cette langue française.

« Et maintenant que j'ai ma place, oh! on peut dire de moi ce que l'on veut, écrire ce que l'on veut! Je ne m'en occupe même pas.

« Cela ne me trouble guère. — D'ailleurs, je ne me fais de mauvais sang pour rien. Je vis bien, je n'ai pas de tracas. Je ne cherche pas les tourments que cherchent la plupart des hommes... »

Et c'est cet être sans ardeur, sans désirs, sans besoins, qui s'est chargé de comprendre, d'analyser, d'expliquer dans une langue qu'il ne sait pas parler, au « grand public », les inquiétudes, les souffrances, les passions de quatre ou cinq générations de poètes et d'artistes. Aussi peuvent-elles se vanter d'avoir été bien analysées, bien comprises et bien expliquées, les pauvres âmes.

« Quand Paris m'ennuie, je préviens les gérants du *Figaro* que je prends un mois de vacances ou deux et que je pars à Constantinople ou ailleurs. Partout où je vais, je suis reçu d'autant mieux que l'on me regarde un peu comme un veau à deux têtes. »

La tête du chroniqueur et la tête du critique sont apparemment les deux têtes de ce veau.

11 novembre 1890.

« DERNIÈRES POLÉMIQUES »

Des articles écrits de 1873 à 1883 composent le volume que Savine vient d'éditer et qu'il intitule : *Dernières polémiques*, par J. Barbey d'Aurevilly.

Cette petite histoire de dix ans nous montre le vieil écrivain en lutte pour son idéal avec les débris d'une génération à laquelle il se sentait survivre, et les nouveaux « Jeune France » qui lui poussaient entre les jambes, mais ne l'effrayaient pas.

Les jeunes gens de 1873 ne cherchaient d'ailleurs pas cette guerre. Ils savaient respecter, comprendre et aimer Barbey d'Aurevilly. Mais cette vénération flattait ce hautain sans l'amuser. Il ne l'acceptait pas de toutes pièces et ne s'en accommodait qu'à demi.

En guerre ! en guerre !

Belle rage de noble penseur, d'ailleurs, courroux de vaillant aïeul qu'un rien froissait, auquel l'expérience n'avait pu mettre la muselière et qui, toujours loin de l'Académie, avait toujours voulu ignorer l'art de ne pas provoquer.

Et nous oublions volontiers l'insulte quand il appelait la chère République « une balayeuse, vi-« goureuse *goujate* au bonnet phrygien dont le

« balai, aux crins d'acier, coupait si dru où il pas-
« sait et faisait la place rouge et nette. »

Nous l'écoutions aussi rugir :

— Je suis un partisan de tous les despotismes ; et, puisque le Pape n'est plus à la tête des souverainetés chrétiennes, un calife me conviendrait très bien !

Qu'importait ! On savait qu'au fond ce n'était que Jules Simon qu'il méprisait dans cette République et qu'il aimait Robespierre, son rêve enfantin : « Un Robespierre à cheval ! »

Au fond, il n'y a que Robespierre qui ait étonné Barbey d'Aurevilly... mais comme il s'en vengeait de cette stupéfaction, disons de cette admiration dont ses théories, sa doctrine, ses déductions restaient impuissantes à l'affranchir.

Ah ! il lui en a dit de dures à l'avocat d'Arras, jusqu'à écrire que le père Thiers avait manqué son rôle en ne sachant pas se faire le « Robespierre des honnêtes gens ! »

Drôle d'idée ! Mais on ne dit ces choses-là que des hommes qu'on ne peut s'empêcher d'adorer.

L'idéal républicain, disait-il encore, depuis Robespierre, en descendant bien bas, bien bas... jusqu'à Jules Simon.

Après cela, Barbey d'Aurevilly pouvait s'affirmer conservateur, ami du despotisme, aspirant après un calife, pouvait aller à la messe, se confesser, communier. On était fixé !

Et quand Barbey se faisait doux, civil, débonnaire !

Quand il ne voulait pas répondre aux railleries d'Emile Zola !

Voici de quelle façon il n'y répondait pas :

« Je n ai pas à me défendre des ridicules que M. Zola me trouve ! Être ridicule aux yeux de M. Zola, c'est mon honneur à moi ! Je ne suis pas dégoûté, parbleu ! Je ne suis pas du tonneau qu'il aime ! Je sens autre chose que ce qu'il brasse ! Il me reproche d'être une espèce de clown en littérature ? Ce cul-de-plomb a de bonnes raisons pour haïr la souplesse. »

Mais, selon lui, cette gracieuseté n'était pas *répondre !* Oh non, certes ! Dans la même lettre, écrite à un rédacteur en chef qui mettait son journal à sa disposition pour l'article publié contre lui, la veille, dans *Le Figaro* par Zola, il y insistait :

— « Je ne profite pas de votre offre obligeante. Je ne réponds pas à M. Zola. J'ai pour cela des raisons plus hautes... que lui ! »

Barbey d'Aurevilly a peut-être avec trop de zèle appelé M. Littré un « singe » et ne s'est peut être pas montré d'un goût exquis en faisant observer que l'auteur du dictionnaire n'était entré à l'Académie que parce que l'Académie, comme le dauphin « l'avait pris pour un homme ».

Eût-on voulu voir à Barbey d'Aurevilly des sentiments pour Littré, autres que ceux d'une haine violente et têtue? Un ennemi est un ennemi. On pouvait laisser, sans prendre parti, la littérature orgueilleuse de l'un aux prises avec la science impassible de l'autre.

D'ailleurs, dans son spiritualisme militant, d'Aurevilly ne savait-il pas séparer, dans les caractères, le vrai du faux ? Le vrai c'est la force saine, sûre, originale, fière ; le faux c'est l'effort prudent, tortueux, maladif, toujours insuffisant.

Il pouvait aimer et haïr la force chez ses amis ou ses ennemis ; il ne savait que mépriser les gens à talent débile dans les camps alliés ou adverses. Il ne s'est jamais laissé prendre aux fausses grâces d'un idéalisme convenu. Ecoutez-le parler d'un petit grand homme, de Manzoni, petit partout, mais grand en Italie et fait par sa mort, ou plutôt par son enterrement, plus grand que par sa vie :

Manzoni, l'auteur du *Comte de Carmagnole*, une pièce du niveau des tragédies de Baour-Lormian et de Carrion-Nisas, Manzoni, l'auteur des *Sposi Promessi*, une imitation si pénible de Walter Scott qu'il en avait gardé une courbature, — le voilà mort ; et l'Italie, qui a besoin de bruit, bat du tambour sur son cercueil. Funérailles inouïes de faste et d'étalage, multiplication de catafalques, pavoisements de deuil, arcs de triomphe, débordements de larmes officielles, bacchanale de regrets, telle la chose a lieu, parce que la Mort a soufflé sur Manzoni et éteint ce pauvre bougeoir de peu de talent, dont la vie et l'âme tremblaient depuis longtemps sur leur bobèche.

Et Barbey sentait bien qu'il n'avait qu'à s'appuyer sur son chef-d'œuvre, *Une Vieille maîtresse*, pour se permettre de juger n'importe qui, et de mépriser bien des gens ou d'en protéger d'autres insolemment.

Ne l'a-t-il d'ailleurs pas écrit ?

— Eh bien, c'est mon affaire ! et, comme dit Almaviva, dans le *Barbier de Séville*, au vieux Bartholo sur le ventre duquel il tape : « Bataille, c'est mon jeu ! »

Lisez ses « *Dernières Polémiques* » et, qu'elles caressent ou froissent vos sentiments, vous verrez qu'il y a bien joué, à ce jeu, le plus beau.

---

12 novembre.

Dans *Le Roquet* d'avant-hier :

M. Maurice Barrès collabore au *Roquet* et signe dans une revue intéressante et parisienne *Un Hibou*.— Telle est la nouvelle que Camille de Sainte-Croix nous donnait lundi dernier, dans la page qu'il intercalle chaque lundi dans la *Bataille*. Et comme M. Barrès ne proteste pas, lui si soucieux de tout ce qui le touche, nous ne sommes pas loin de croire que c'est vrai. Le « Hibou » est, en effet, un collaborateur mystérieux dont il nous a été impossible jusqu'à présent de percer la personnalité. Du moment que Camille de Sainte-Croix nous affirme que le Hibou est Maurice Barrès, c'est qu'il a ses raisons pour cela. Ses raisons, il les énumère d'ailleurs assez malignement, au long de la colonne et demie qu'il consacre à dépiauter, ligne à ligne, la « binette » de l'auteur de l'*Homme libre*, insérée dans notre dernier numéro. Moi, si j'étais le « Hibou », je ne protesterais pas, mais si j'étais Barrès ! Enfin, c'est son affaire à ce député !

Le *Roquet* a, une fois de plus, de l'esprit ; et se montre de bon conseil. Le « hautain » Barrès, dont la psychologie représente si comiquement « sa génération » au Palais-Bourbon, doit la représenter plus mal encore auprès des dames. Constipé, boulangiste et sourd, c'est bien des ridicules... Et manchot, donc !

12 novembre.

ÉCRIVAIN NATIONAL

M. Renan tient décidément à occuper le poste d'écrivain national laissé vacant par la mort de Victor Hugo. S'il n'a pas encore hérité toutes les attributions du regretté maître, il en a du moins hérité le monopole de l'ex-empereur du Brésil.

Il vient, comme entrée en service, de présenter à l'Académie des Inscriptions un opuscule de Don Pedro, offert l'an dernier au collège Stanislas (de Cannes). C'est un recueil de sentences hébraïques, arabes, sanscrites, persanes : — et, ajoute la réclame, quelques-unes de ces maximes (quelques-unes seulement?) dues au PRINCE LUI-MÊME, sont réellement remarquables à tous les points de vue. (Le cœur, l'esprit, le style, tout y est.)

Le président a félicité l'ex-empereur qui assistait à la séance. (Pas assez timide, Don Pedro!)

Oublions de féliciter M. Renan.

---

12 novembre 1890.

MŒURS A RAPPELER

Nous citions hier un de nos confrères, Boyer d'Agen, qui, dans son éloquent pamphlet « *Des Hommes* », réclame la statue d'Armand Carrel. Ce n'est pas, croyez-le, pour orner encore un square d'un bronze de plus. Il y a mieux dans cette pensée. Il y a le désir d'opposer au moderne et hideux spectacle de tant de journaux avilis par tant de scandale récents, le symbole évocateur d'une dignité que le public commence à croire disparue, la dignité de la presse.

Tous les chroniqueurs, sans divergence de parti, vous auront appris que Carrel fut l'homme droit, le journaliste intègre, l'écrivain pur à qui cinquante ans ont suffi pour le classer au rang des antiques et l'éloigner à deux mille ans des modernes, sous prétexte qu'une place lui siérait mieux parmi les hommes illustres de Plutarque

que parmi ceux de notre histoire contemporaine.

Né à Rouen en 1800, d'une famille de drapiers, Carrel est encore bien près de nous en effet. Il fit ses premières études au collège de sa ville natale puis entra à Saint-Cyr, d'où son caractère peu souple et l'indépendance de ses principes faillirent vingt fois le faire expulser.

Un jour, ce vieux faquin de d'Albignac qui commandait l'école lui ayant dit qu'avec des opinions comme les siennes, il ferait mieux de tenir l'aune dans la boutique de son père, Carrel lui répondit tranquillement, en le regardant aux yeux, d'un regard qui rendait la riposte comme un soufflet :

— Mon général, si jamais je reprends l'aune de mon père, ce ne sera pas pour mesurer du drap.

Entré dans l'armée, il se compromit aussitôt en conspirant.

Il envoya tout juste à temps sa démission au ministère de la guerre, s'embarqua secrètement à Marseille sur un bateau-pêcheur et partit pour l'Espagne où, s'enrôlant dans un bataillon de volontaires français, il combattit héroïquement pour la cause de la liberté, alors même que la partie était déjà perdue.

La liberté! Sa passion la plus haute avec un goût inné pour toute aventure chevaleresque.

Il faut dire qu'il aimait le combat, beaucoup pour les idées qu'il y défendait, mais surtout par tempérament.

En toute sa carrière d'écrivain, il garda cette empreinte guerrière, l'allure ferme, le caractère absolu, un peu tranchant, mais un beau sentiment loyal et fier.

Rentré en France, condamné à mort par un premier conseil de guerre, traduit devant un second, il s'y défendit superbement, ne descendit à aucune excuse, mais enthousiasma juges et public par la seule force de son courage et de son éloquence et se fit acquitter.

De ce moment, il fut tout au journalisme.

Il fut quelque temps secrétaire d'Augustin Thierry, collabora à diverses feuilles d'alors, le *Globe*, le *Constitutionnel*, la *Revue française*, le *Producteur*, traversa le Saint-Simonisme plutôt en curieux qu'en disciple, et publia deux résumés l'*Histoire d'Ecosse* et l'*Histoire de la Grèce moderne*, tous écrits clairs et concis, puis un pamphlet contre la restauration avec prédiction de sa chute, sous ce titre : *Histoire de la contre-révolution d'Angleterre.*

Le 1ᵉʳ janvier 1830, il fonda le *National* pour le renversement des Bourbons, puis, après ce renversement sur lequel s'échafauda la monarchie de Louis-Philippe, il refusa de suivre ses collaborateurs de la veille dans l'organisation du gouvernement nouveau.

Après une opposition d'abord modérée, il arbora au bout de quelques mois le drapeau nettement républicain et devint chef de parti.

Les luttes du parti républicain, à cette époque, on les connaît.

La situation d'un journal tel que le *National* ne laissait pas d'être fort difficile dans toutes ces péripéties. Carrel ne fit rien pour en sortir qui ne fût d'un honnête homme ; c'est tout dire.

Il ne cessait de s'affirmer avec la raideur d'un militant, sans concessions, sans complaisances. Dans son parti même, son attitude étonna et fit qu'on l'accueillit d'abord avec froideur. Il professait les théories de la démocratie radicale peu comprises au début.

Il n'en fut pas moins le premier polémiste de son temps et son autorité grandit de jour en jour, dans la guerre qu'il mena crânement contre le gouvernement de juillet. Son argumentation serrée, vigoureuse, son style pur et coloré, sa manière dédaigneuse pour ses adversaires quand ils étaient puissants et triomphants, courtoise et généreuse quand il les voyait faibles et vaincus, lui faisaient un beau caractère d'écrivain loyal et vaillant.

Veut-on un exemple de la manière dont les polémistes de ce temps savaient résister à l'arbitraire ?

Sous le ministère Périer, on avait imaginé d'arrêter préventivement les journalistes dont les écrits étaient déférés au jury. Déjà quelques-uns avaient été incarcérés de cette façon, contrairement à la loi. Carrel résolut de provoquer sur ce point une lutte décisive. Il écrivit un article dans lequel il déclara qu'il ne se soumettrait pas et que si on essayait de l'arrêter, il repousserait la force par la force. Puis il se tint chez lui prêt à résister.

Cet audacieux défi ne fut pas relevé par le pouvoir, et l'on n'arrêta plus les écrivains.

Il était aussi un orateur politique plein de nerf et d'élévation.

On se souvient surtout de cette scène dramatique où défendant le *National*, cité à la barre de la Chambre des pairs pour un article qualifié d'injurieux, il donna le nom d'*abominable assassinat* à un récent acte du pouvoir.

On connaît sa mort dans la force de l'âge et du talent.

Déjà blessé dans deux duels antérieurs, il fut entraîné dans la fameuse querelle des journaux contre E. de Girardin qui venait de fonder la *Presse*. Carrel, qui n'avait pas été mêlé aux débats, finit par céder aux sollicitations de ses amis et inséra dans le *National* une note à laquelle E. de Girardin riposta. Une rencontre au pistolet eut lieu. Le directeur de la *Presse* fut touché à la cuisse; Carrel, à l'aine. Il ne survécut qu'à peine à cette blessure.

18 novembre 1890.

LA PARISIENNE

Il ne faut pas laisser passer inaperçu le scandale de mardi.

Mon camarade Alexandre Tisserand s'en est ému ; mon confrère Jean Jullien a signalé la perfidie de certains agissements. A mon tour.

Mardi, l'on s'en souvient, c'était jour de première aux Français.

On y représentait la *Parisienne*, de Henri Becque.

Or, le matin même, il s'était fait un bizarre accord entre journaux mondains pour *attraper* Becque de façon que l'intelligent public des premières fût bien prévenu que la *Parisienne* devait être un four.

Un journal à un sou, très informé et d'ordinaire délicat, publiait un portrait de Becque avec une notice biographique qui était un dur et sec éreintement.

Mieux encore ! dans le *Figaro* se lisait en premier-Paris un article signé d'un pseudonyme jusqu'alors inconnu : *Objectif*.

Ah ! il n'a pas tiré gloire de cette chronique, le maroufle ou l'idiot qui l'a écrite et je me porte garant qu'il ne se nommera pas.

Je ne veux pas voir toutes choses noires : je n'ai ni la manie des persécutions, ni celle des conspirations. J'ai assez de voir le jésuite où il se montre impudemment, sans m'obstiner à le chercher où il n'est peut-être pas. Donc, je ne veux affirmer qu'il y ait eu complot sournois tendant à faire avorter la candidature prochaine de Becque à l'Académie, tendant à ne pas laisser ses pièces prendre auprès du public riche la faveur qu'ont monopolisée Dumas, Pailleron, Meilhac et Sardou, tendant à ceci, tendant à cela. Je ne déduis rien. Je rappelle seulement le fait avec toutes ses apparences de basse coquinerie et je désire que mes amis le retiennent.

On voit toute l'affaire bien clairement. Les pièces de Becque ont tellement ému l'opinion publique qu'il est impossible de tenir plus longtemps cet auteur à l'écart de la Comédie-Française. L'y jouer s'impose. Mais voilà le danger : une fois Becque rue de Richelieu, tout son théâtre y passera. Et c'est tellement neuf, tellement fort, tellement vivant, que tout le succès ira à lui et que les spectateurs ordinaires de la maison ne voudront plus entendre parler des ficelles trop courtes de M. Sardou, des plates petites blagues de M. Meilhac ni des fadeurs de M. Pailleron. Désolation ! Et tous ces bons vieux amis seront balayés ; ils n'auront plus les belles recettes et il n'y aura plus de petits arrangements entre comédiens et auteurs travaillant les uns pour les autres ; car Becque travaille pour son art et pour son goût et ne se prête à aucun petit arrangement.

Donc, il faut l'un ou l'autre : ou ne jamais jouer Becque et irriter le public, ou le jouer et s'aliéner alors les bons vieux amis avec lesquels on s'entendait si bien. On juge de l'embarras de M. l'administrateur, de MM. les sociétaires et de tous les autres intéressés.

On prend un parti : on montera une pièce de Becque, cette fameuse *Parisienne*... mais on la montera de façon que ce soit un *four*.

Le joint est trouvé.

On imposera à Becque une interprétation toute au rebours de ses intentions, des cabots tristes pour les rôles gais, des comédiennes discrètes pour les rôles pimentés de coquettes..., etc., etc.

Et comme le théâtre de Becque, subtil et fort, demande une interprétation hors ligne, le tour sera joué. On aura satisfait tout le monde, l'auteur qui veut être joué et le sera, le public qui le réclame à grands cris et l'aura et aussi (ce qui semblait impossible) les vieux compères qui veulent sa chute et la verront.

Oui... mais si Becque n'est pas content... il se plaindra...

Nouveau trait de génie ! ON DEMANDE UN CHRONIQUEUR *pour travail facile*.

Surgit l'*Objectif* qui, nous l'avons dit, au matin même de la *première*, a publié ceci en tête du *Figaro*. Je cite textuellement :

Henri Becque joue une partie, ce soir, une grosse partie ; il va demander, réclamer au grand public de la *première*, qui ne sera pas son moins bon, la consécration pour sa *Parisienne* du succès partiel et insuffisant qu'elle a remporté autrefois malgré tout ; il est loyal, en effet, de convenir qu'il y a eu maldonne à la Renaissance.

. . . . , .

Seulement une chose m'attriste, c'est de penser que, quoi qu'il arrive, cet endurci professeur d'amertume qu'est Henri Becque ne sera pas satisfait, et qu'il ne peut pas l'être, car ce lui serait contre nature, étant atteint littéralement de la *double folie des grandeurs et de la persécution*.

Franchement, il n'est pas raisonnable. Il a déjà un public très choisi d'admirateurs, des amis très chauds qui le défendent avec un dévouement toujours prêt ; on lui a repris, ces années dernières, à l'Odéon, au Théâtre-Français, des pièces qu'il admet lui-même n'être que des demi chefs-d'œuvre, il occupe enfin aujourd'hui toute l'affiche de la grande Maison... il ne faut plus qu'il se plaigne. Il est très connu — nous saurons demain s'il est définitivement reconnu — et même s'il ne gagne pas la bataille, il n'aura plus le droit de dire qu'il est méconnu.

Je crois que *cela* se passe de commentaires.

Le mieux c'est que *cela* a réussi. L'interprétation a fait tomber la pièce, le soir de la première, devant un public ainsi prévenu, cet automatique public des premières... et Becque n'a pu trouver où se plaindre.

En présence de cette honteuse intrigue quiconque parmi les jeunes gens se sent un peu d'ardeur doit protester. Il faut aller au Français tous les soirs où l'on jouera la *Parisienne*, saluer le nom de Becque à grands cris, siffler les mauvais interprètes et forcer le succès de la pièce et de l'auteur.

Vous pouvez, jeunes gens, faire cela, avec la conviction parfaite que c'est justice et que vous défendez un grand écrivain et un chef-d'œuvre contre une répugnante cabale. Faites-le !

Quant au chroniqueur du *Figaro*, il faut le laisser pour ce qu'il doit être. Un niais à qui on fit la leçon ? Cependant, cet article, par le fait de son pseudonyme, est bien lâche pour émaner d'un simple imbécile.

En tout cas, s'il veut vivre heureux qu'il continue à vivre caché.

Sauf quoi, gare les coups de botte dans son... objectif.

22 novembre.

LA FIN D'UNE MODE. — LE JOURNALISME IMPERSONNEL.

L'*Eclair* prend cette fois très sérieusement la défense de l'*interview*, contre lequel j'ai été un des premiers à mener campagne. Il convient avant tout de noter que le journal dans lequel je lis cet article défensif doit une partie de son succès à la vivacité de ses interviews. Je dis *une partie* de son succès seulement, parce que l'autre — et la meilleure — est assurément due au talent souple et intéressant de ce même chroniqueur, qui prend en main la cause de ses camarades de la cinquième colonne.

Les griefs que j'ai formulés contre l'interview sont très simples et quelques mots me suffisent pour les rappeler.

Un interview est une information vicieuse parce qu'elle trompe toujours quelqu'un : le public ou la personne interviewée. Elle ne peut servir l'un sans desservir l'autre.

Si vous allez interroger M. X... sur tel point de sa compétence, son opinion n'aura de prix devant le public que si c'est une opinion que M. X... a quelque intérêt à cacher. Vous n'aurez donc donné satisfaction à vos lecteurs qu'en faisant dire à ce M. X... des choses qu'il n'eût pas dites sans votre insistance ou votre perfidie.

Ou bien c'est M. X... que vous voulez contenter en lui faisant l'avantage de quelque réclame. Alors la chose se retourne. L'interview ainsi comprise n'aura d'autre but que de faire exprimer par ce même monsieur des sentiments qu'il n'a pas, mais qu'il veut passer pour avoir. Et c'est, dans ce cas, le public qui peut se plaindre.

Notre confrère ajoute que l'interview est une espèce de nécessité du moment, parce qu'elle est bien dans les mœurs du temps. De quelles mœurs

veut-il parler ? Des mœurs de la presse mondaine.
Compliments !

La presse mondaine est un horrible égout où la prose lourde de crasseux ignorants charrie toutes les vilenies, toutes les ordures, toutes les pestes... Et l'interview est bien en effet dans ces mœurs avec sa lâche impersonnalité, sa mouchardise, sa vénalité et ses trahisons. Oh ! d'accord ! il est parfaitement dans ces mœurs-là en notre temps. Mais c'est principalement pour ce motif qu'il n'est pas une « nécessité du moment. »

Ce qui est une nécessité c'est quelque chose qui, précisément, ne soit pas d'accord avec lesdites mœurs, quelque chose qui réagisse contre elles et qui les châtie.

Et ce quelque chose, demandez-le à des chroniqueurs qui ne marchanderaient ni leurs mots, ni leurs actions ; demandez-le à des moralistes, à des critiques, à des analystes. Les voilà, les hommes du moment !

Mais c'est plus pratiquement encore que je m'en prenais aux interviewers, lorsque je constatais qu'une des tristesses de leur fonction, c'était le choix des interviewés.

J'ajouterai aujourd'hui que je vois ce mode d'information tout à fait condamné par son caractère anti-français, par le mal qu'il a fait en causant des duels grotesques ou furieux et jusqu'à des assassinats.

Jamais une interview ne vaudra pour le lecteur la

loyale déclaration d'un écrivain qui raconte personnellement ce qu'il veut qu'on sache, qui ponctue son information d'un jugement ferme et bravement signé.

Et pour un journaliste de race, c'est le meilleur moyen de se plaire à soi-même sans déplaire à un public français.

---

25 novembre.

DU FLAUBERTISME AU MOLIÉRISME

Les amis de Flaubert demandent le nom du cancre que le *Gil Blas* a chargé d'élever un monument d'autographes imbéciles à la mémoire du maître.

Cela fait un fameux appendice à Bouvard et Pécuchet. Vouloir glorifier Flaubert et lui faire signer un brevet de gloire par des Camille Doucet, Xavier de Montépin, G. Ohnet, Chincholle, etc., c'est simplement honteux.

Entre ces signatures folles, je relève celle du bizarre Monval, l'archiviste du Théâtre-Français, qui n'eût jamais qu'une raison d'être : son moliérisme. Le moliérisme étant enterré, je ne croyais pas que les moliéristes lui eussent survécu. J'ai sous les yeux leur lettre d'enterrement datant d'il y a déjà deux ans. Le dîner que M. Mesnard présida le 14 janvier 1889, chez Corazza, fut leur banquet de clôture, de séparation et d'adieu, quelque chose comme un festin des Girondins dans l'histoire comique et prétentieuse de l'Art Dramatique.

On ne pouvait d'ailleurs être plus spirituel ni plus poli que ces messieurs faisant circuler dans la presse la note suivante :

Le journal *Le Molièriste* ne voulant pas abuser de la patience de ses lecteurs, ni encombrer leurs bibliothèques, cesse de paraître le 1er mars prochain.

On n'eût su avouer plus galamment que l'on s'était passé une fantaisie.

Etait-ce bien le dernier mot dit par cette école dont le chef aura été non pas Molière, mais un molièriste plus molièriste que Molière qui l'était fort peu.

L'avenir le dira, car quiconque a vécu la moitié de sa vie sur une idée l'aime comme une maîtresse et finit par l'animer de sa propre âme par lui donner une existence jusqu'à ce que ce soit elle qui l'aime comme un amant.

Les idées fixes sont des personnes tenaces, impérieuses et jalouses qui s'accouplent à quelque cerveau propice et n'en démordent plus. Un pacte diabolique se passe entre l'idée et l'homme. Quand elle se relâche, il se passionne à la ramener ; quand il la quitte un peu, elle le harponne et le ressaisit avec acharnement.

Elle sait le retrouver et le reprendre, plus puissante que jamais.

Certes la vie de Molière fut romanesque.

Comme elle est toute symbolisée dans son œuvre si gai au début, si souffrant dans la maturité, si enclin aux farces amères et macabres vers la fin — comme il a écrit très peu de vers et très peu de lignes de prose qui n'eussent leur sens auto-biographique, il a toujours été profondément attachant de l'approfondir, de le connaître dans ses détails, et d'écrire sur lui des notes révélatrices, fruits de patientes études.

Molière avait un cœur chaud et pur, un génie naïf et sensible, une verve sûre et nourrie.

Il peut, comme Aristophane et Shakespeare, être joué en tous temps, en tous lieux, devant des parterre de rois ou dans des bouibouis de banlieue moderne. Il a rêvé, aimé, souffert et travaillé. Il a été courageux et s'il eut quelques banalités, il n'eut aucune platitude.

L'amour et le respect d'autrui l'ont vengé d'une vie d'intérieur aigre et pénible. On n'a sur personne, en France, écrit plus que sur lui; et rien qu'à débiter la listes de ses biographes, bibliographes, commentateurs, panégyristes, et préfaciers, on perd l'haleine : — Sabathier de Castres, Palissot, Riccobini, Parfait, Cailhava, de Mouhy, etc., etc.; il faudrait user huit colonnes de noms propres, et rien que des admirateurs, avant d'arriver par la chronologie au pamphlet de Veuillot. Les *Balzaciens* et les *Stendhaliens*, ces deux exemples contemporains de la littérature fanatique, auront fort à faire s'ils veulent renchérir sur les *Molièristes*.

J'ai connu UNE MOLIÈRISTE.

Qu'on me permette de rappeler ici son histoire que j'écrivais il y a deux ans dans une chronique au *Figaro*, parue sous ce titre à cette époque.

Cette Molièriste n'était pas, comme on pourrait se l'imaginer, une disgràciée, ni une personne revenue de l'illusion du plaisir, attirée vers une dévotion quelconque par dégoût de toute autre joie. Portant un nom assez beau, fort spirituelle, finement jolie dans sa sveltesse, elle paraissait plus jeune encore qu'elle ne l'était. Elle avait le visage rond d'une enfant, la tête petite, les cheveux longs et légers, un nez menu, hardiment retroussé et des yeux bruns bien ouverts où la gaieté maligne s'allumant par étincelles alternait avec un doux regard réfléchi, un regard de bonté venant et passant comme un éclair.

Orpheline, elle avait été épousée à sa majorité par un cousin presque de son âge. Ils étaient allés s'aimer dans un vieil hôtel de faubourg, propriété du mari. Quinze mois ne s'étaient pas écoulés que celui-ci, emporté par un mal subit, mourait. La pauvre enfant resta clouée sur place par ce coup d'une brutalité féroce.

Une autre serait morte; une autre serait devenue folle. Elle résista, mais au prix d'un sacrifice singulier du reste de ses jours... Elle atteignait vingt-trois ans.

Elle écrivit aux amis, aux parents de son marie

aux siens personnels, qu'elle ne bougerait plus du vieil hôtel où était mort le bien-aimé.

Trois mois par an, elle recevait.

Vint alors qui voudrait, on serait toujours bienvenu pendant la semaine de printemps. Mais tout l'été, tout l'automne, tout l'hiver, elle voulait rester seule. Je n'étais que de deux ans son aîné.

Quand je l'allais voir, c'était avec une vieille cousine à moi, un peu la sienne. Nous avions pitié d'elle, de sa jeunesse condamnée, du suicide de cette gaieté vivace et charmante qui était le fond de son tempérament heureux. Que d'efforts pour la ramener dans Paris, pour lui faire oublier son vœu? Mais toujours elle refusait. On finit par renoncer, tout en restant fidèles à ses rendez-vous printaniers.

A la fin de chaque hiver, on allait voir la jolie recluse avec toujours l'appréhension de la trouver épuisée, vaincue par l'hypocondrie. Mais toujours plus fraîche, plus claire et plus jeune, elle accourait au-devant de nos hommages. Nul n'osait la questionner sur l'emploi de son temps pendant ces mois de réclusion.

Une fois, je vins la voir seul.

— Ah! fit-elle... C'est gentil? Au moins avec vous, on peut causer de lui.

— Bon! pensai-je. Elle va me parler de son mari.

Mais elle me prit par la main et me conduisit dans un petit salon transformé par elle en bibliothèque et en musée tout à la fois. Au mur, des gravures, des médaillons, des miniatures dans de grands cadres, — des bustes de marbre ou de faïence, des statuettes d'ivoire, de bois ou de métal.

Sur des rayons, un millier de livres de tous formats, mais d'une reliure uniforme. Et la pièce n'était pas sombre, poudreuse, puante comme un habitacle de vieux savant; mais toute rieuse, toute pimpante. Un tapis clair... des bibelots pleins la cheminée... des arbustes dans tous les coins sombres. Près de la fenêtre une table à ouvrage avec des chiffons bleus et roses. Je regardais la jolie veuve. Deux larmes lui vinrent aux yeux.

— J'ai eu tort de vous amener ici, dit-elle... Je m'en aperçois seulement. Il me semble que, ayant maintenant un confident... oui... il me semble que le charme est rompu... Pourtant... Cela m'étouffait... Il fallait bien que quelqu'un le vit.

Je lui pris les mains; mais brusquement elle se se dégagea et s'enfuit, m'enfermant à double tour. Je ne savais que penser : et faute de mieux, je me mis à examiner de près livres et collections.

Tous les médaillons, toutes les gravures, toutes les gouaches, toutes les miniatures, tous les bustes, toutes les statuettes étaient des portraits de Molière. Les volumes portaient les noms de Beauchamp, du duc de La Vallière, de Charles Perrault, de Grimarest, de La Serre, tous gens connus pour leurs écrits sur le poète comédien... Enfin, sur une console, il y avait un registre énorme et déjà rem-

14

pli par l'écriture élégante et ferme de notre amie. Je parcourus quelques pages :

... On a retrouvé le nom de Molière gravé sur une cloison du château de La Grange-des-Prés, où demeurait le prince de Conti.

... C'est au mois de juillet 1659 que Molière resta seul maître du Petit-Bourbon.

... Le 20 octobre, joué au Louvre, *Les Précieuses*, chez S. S. Monseigneur le cardinal de Mazarin, malade. Le roi assistait incognito.

... Etc... Etc...

J'étais édifié.

La jolie veuve avait failli. Elle avait fait comme tant d'autres inconsolables. Elle avait pris un amant. Elle se l'était choisi spirituel, pensif, célèbre, beau et bon. Donc, elle vivait, oublieuse et légère, toute dans l'intimité de ce nouvel amour, dépensant ainsi tous les trésors de tendresse délicate, de passion aussi dont son cœur de vingt-trois ans était encore plein. Seulement, comme elle était restée la pureté même, elle avait pris cet amant tel que la mémoire du premier n'en pût être outragée.

Elle avait pris Molière.

. . . .

J'étais en ce réduit seul, depuis une demi-heure, lorsque j'entendis la clef tourner dans la serrure — puis un bruit doux et furtif de pas qui s'éloignait. Je compris que l'on me rendait ma liberté. Je sortis.

Personne dans les couloirs... personne en l'escalier. Je gagnai la rue et sentis qu'il ne faudrait jamais me représenter en cet hôtel.

. . . .

Voici des années que notre amie est morte et que sa collection, ses livres, ses documents ont été hérités d'elle par le musée de X..., sa ville natale, peu visité.

---

26 novembre.

SIMPLE HISTOIRE

Jean de Calvé, orphelin de vingt-cinq ans, seul maître d'une des plus belles fortunes de France, n'avait jamais été que grand éreinteur de purs-sang, de femmes et d'escrimeurs. En six jours, la plus superbe bête, pour peu qu'il y touchât, en avait sa claque. C'était un cimetière que son album in-folio relié à fers froids par Capé et célébré par Fervacques. Tant de photographies d'amours brûlées y dormaient, qu'à le feuilleter Barbe-Bleue se fût attendri. Un an de service militaire, — pas de campagnes, — mais quatre duels heureux... De figure : brun, pâle, regard noir, cheveux fins, peu de moustaches. D'allure : souple, mince et fort. — Spirituel sans art, indifférent sans égoïsme, brave sans insistance.

Bastien Cherpon, également orphelin, laissé sans fortune par un père à rentes viagères, vivait d'infimes métiers littéraires, incapable de se tirer de sa dèche vaseuse. Il devait à d'infimes besognes de plume le plus sûr de son pain. Le peu de talent qu'il pouvait montrer consistait en un style de grimaud qu'alimentaient de sournoises compilations. Il traînait sa vie sans aventures à travers le public rongeur et poudreux des bibliothèques ou dans les salles d'attente des journaux ; laid, crasseux, presque difforme, sans rien qui pût séduire ni intéresser.

Quand on vendit à l'hôtel Drouot le mobilier d'Emma C..., récemment morte, Jean de Calvé, venu pour racheter quelques autographes compromettants, reconnut, dans un personnage de triste mine prenant des notes sur ce fait-Paris, son ancien camarade de rhétorique, le vilain Cherpon, qui jadis lui faisait ses pensums pour dix sous.

— De quoi vis-tu, vieux, maintenant ?

— De quoi je meurs, as-tu voulu dire ? De faim !

— Oh ! c'est affreux ! Écoute ! Je ne sais comment te proposer... enfin... entre amis... on accepte bien des choses, n'est-ce pas ? Veux-tu venir demeurer chez moi ? Tu trouveras le vivre, le couvert et le reste, jusqu'à ce que la fortune te soit clémente !

— Bah ! ne prends pas de ménagements ! Je crève de besoin ! J'accepte et te remercie.

..... Dans le joli hôtel du Cours-la-Reine, chacun occupant son étage, vécurent, dès lors, Jean de Calvé et Bastien Cherpon en pure fraternité. Jean et sa maîtresse, Mme de Dovar, affranchis de toute correction banale, donnaient des fêtes au demi-monde du sport et des arts,

Une bibliothèque, deux cabinets, un salon, une chambre étaient, au troisième, l'appartement de Cherpon. Travailleur et sobre, il dépensait à peine la pension qui lui était servie par les soins de Jean. Il avait publié trois romans très soignés et son nom, adonisé par le succès, commençait à plaire aux éditeurs. Fier de Cherpon, Jean de Calvé se félicitait d'avoir fait avec un peu d'argent, de cet être lamentable et désespéré, quelqu'un de presque propre et de l'avoir mis en état de gagner son pain et son vêtement, de briller même.

Hélas! pauvre Jean! En deux ans, l'Union générale, les pronostics de Robert Milton, la passion de Mme de Dovar, aidée d'une écuyère de l'Hippodrome et d'une chanteuse de la Scala, et la roulette des casinos d'hiver l'eurent férocement décavé. Après ses vignes de l'Armagnac, ses bois de Seine-et-Marne, puis ses terres en Touraine, ses extrêmes ressources converties en vile monnaie avaient fondu comme beurre entre les mains chaudes des prêteurs. L'hôtel était vendu, les chevaux étaient vendus, et la Dovar, ne pouvant être vendue, s'était reprise. Jean ne savait rien faire et n'avait plus d'argent. Que tenter? Bah! le suicide!

Il se serait tué si Cherpon n'eût été là. Cherpon marié, devenu riche, célèbre et généreux.

De Jean, Bastien Cherpon fit son secrétaire, l'employant à des travaux de copie, le ménageant, l'aimant, ne lui donnant de besogne que juste assez pour que la susceptibilité du gentilhomme pût accepter tant de bontés. Par la protection de l'écrivain célèbre, Jean devint un bon petit journaliste, notant les faits divers de la vie mondaine en une chronique hebdomadaire, à laquelle sa compétence en matières élégantes donnait une certaine valeur. Jean aima bientôt sa plume. Toute la poésie qui avait, dans son cœur, survécu à la défaite de ses illusions, il se plaisait maintenant à l'épancher sur ce papier blanc, dans ces cahiers carrés dont il avait jadis horreur et mépris.

...Un soir, Jean qui a, dans la journée, envoyé des fleurs à madame, vient dîner chez les Cherpon. Comme toujours, on lui fait fête, on le choie. Braves gens! Mais après le dessert, Jean entraîne sournoisement Bastien à part : « Tu as fait de moi un chroniqueur? — Je m'en vante ; et un excellent chroniqueur! — Eh bien! sais-tu ce que j'en ai fait, moi, de ce chroniqueur? — Un homme heureux? — Mieux que cela : un écrivain! »

Puis, il ajoute avec fièvre : « Tu trouveras sur ton bureau un roman gros comme ça. » — C'est la peine de mes veilles depuis cinq mois. Tu le liras. Sois indulgent, mais juste! Ecris-moi ce qu'il faut en faire!

C'est une merveille, ce roman! Tant de passions s'y agitent, tant de douleurs s'en exhalent ; sa fantaisie et sa réalité sont telles que Cherpon n'a jamais rien lu de pareil. La prose en est frémissante et palpite ; c'est du style pur-sang, non pas de celui que les rhétoriques ont excellemment filtré, mais de celui-là qui coule de l'âme comme un invincible torrent, charriant des pensées vierges.

— Viens chez moi demain matin, télégraphie à Jean le misérable Bastien outré de rage, enflammé de jalousie.

Et le lendemain matin, Jean ne trouve pas Cherpon ; mais il trouve chez la concierge son manuscrit et cette lettre :

Mon cher,

Ainsi, tu t'es dit : Ma vie vaut la peine qu'on la conte ; pourquoi ne la conterais-je pas moi-même ?... Mon pauvre enfant ! tu t'es conduit en cette affaire avec la généreuse ardeur d'un naïf, avec la fougue d'un ignorant. Quand cette formidable idée de faire de l'art se logea en ta tête, sais-tu comment tu devais te comporter ? Non, n'est-ce pas ? et c'est ta seule excuse. Crois-tu donc que des siècles de littérature ont précédé le nôtre sans qu'une gradation se soit établie, sans qu'ils nous aient imposé les lois de civilisation qui pèsent sur le reste de l'humanité ? Tu as voulu faire de la littérature. Sais-tu ce que c'est ? Regarde autour de toi et apprends : regarde-moi simplement. Moi qui suis né homme de lettres, qui ai peiné vingt ans à la tâche de m'assimiler les chefs-d'œuvre, vois ce que je suis : un faible jongleur de mots bien inexpert encore. Et toi, avec ta bonne foi, tu veux d'un seul bond, sans que des aptitudes spéciales et surnaturelles t'y portent, atteindre un but que moi-même je vise vainement depuis un quart de siècle ? Si tu n'étais un fou, un enfant, tu serais impardonnable d'avoir ainsi manqué de respect à l'art ; que je t'aie fait venir, que je t'aie sermonné de la sorte, crois bien que c'est parce que je t'aime, parce que je te sais bon, parce que j'espère beaucoup de ton repentir. Rentre chez toi, prends Bossuet, prends Châteaubriand, prends Flaubert ; relis ensuite tes phrases, compare et médite !

Du reste, je ne veux pas te décourager : travaille ! travaille ! peut-être qu'un jour, tu auras du talent. Crois bien qu'alors je serai le premier à t'en avertir.

Bastien Cherpon.

. . . .

Penaud, son manuscrit sous le bras, Jean de Calvé a regagné son logement de garçon.

Il a lu du Bossuet, puis du Châteaubriand, puis du Flaubert, toute la journée, toute la soirée.

Puis il a jeté son roman au feu et s'est endormi en songeant que le lendemain il lui faudrait passer la nuit au bal de l'Américaine Mme S..., dont le mari a jeté tant d'or à la presse élégante pour qu'il fût dignement rendu compte de cette mémorable soirée.

---

30 novembre.

MALADES

Dans un article du docteur A. Delon publié par la *Revue socialiste*, nous trouvons, très soigneusement étudié, le mal de bien des écrivains modernes, mal terrible en effet, car il paraît avoir tué bien des tempérament doués, et créé une littérature mort-née qui demain ne comptera pas plus que si elle n'avait pas existé.

« — Les pessimistes, dit-il, sont des individus anormaux qui perçoivent, en douleur, les sensations les plus simples, les plus banales, les plus inhérentes à la condition humaine.

Là où le cerveau solide et conscient réagit en plaisir ou reste indifférent, un cerveau débilité réagira en amère impuissance : telle est la gaieté habituelle des gens du peuple, même en pleine misère et la tristesse découragée de bien des riches, au milieu des plaisirs les plus délicats.

L'*aboulie* est une vraie maladie mentale, l'affaiblissement de la volonté en est le degré le plus faible ; elle explique parfaitement l'état psychologique de ces rêveurs idéalistes qui, à la suite d'émotions poignantes, de déceptions, de trahisons lâches ont reçu un coup qui a annihilé leur valeur morale et brisé leur énergie.

Tels sont ces hommes d'esprit cultivé qui, de déchéance en déchéance, tombent jusqu'au règne de la sensation pure. Tels, ces artistes qui ne composent plus, qui ne font plus œuvre ordonnée, mais éparpillent dans un livre des sensations peintes d'un trait pittoresque et prescrivent toute idée générale. Ce sont des dégénérés.

A la théorie si saine du docteur Delon, nous nous permettrons simplement de répondre que si noires qu'il voie ces choses, il les voit encore très en beau.

Si le mal n'était qu'où il le voit, ce serait encore bien. Mais le mal est moins dans cette triste expression littéraire que dans la basse comédie qui la contient.

Si toute littérature digne de ce nom doit exprimer et son époque et ses auteurs, le pessimisme des écrivains, au début de ce siècle, aura marqué une date littéraire. Les *Lamentations* de Werther, les *effusions désespérées*, de Vigny, de Musset et de Byron auront été, dans leur spontanéité, une littérature comme celle de Wordsworth ; comme, d'autre part, celle de Baudelaire.

Mais celle des actuels pessimistes !

Songez que les œuvres de ces messieurs que nous sommes chargés de présenter au public nous sont généralement remises par les éditeurs avec de petits carrés de papier dans lesquels on nous prie d'exposer à nos lecteurs que « le roman de « M. X..., un jeune, vraiment jeune, exprime mieux « que nul autre l'état d'âme de la génération éclose « sur le tard de ce siècle et que cette œuvre trou- « vera un écho certain dans bien des cœurs fémi- « nins en même temps qu'on espère un gros succès « de vente. »

Répondrai-je aussi à M. Delon que l'annonce d'un roman pessimiste se paie aujourd'hui quarante francs la ligne et que tout pessimiste qui se respecte et veut être honorablement réputé tel, n'hésite pas à imposer à sa famille le sacrifice de quelques billets de cent francs que son éditeur se charge de répartir entre les princes de la critique ?

Si cela ne donne pas une très haute idée desdits princes, cela, en revanche, nous rassure le plus souvent sur l'état de santé des jeunes esprits auxquels le savant docteur veut bien s'intéresser.

Au mal dont ils souffrent en réalité je connais vrai remède et je me permets, dans mon coin, de le leur appliquer quelquefois.

---

2 décembre 1890.

JULES CASE

Il est — à côté de quelques téméraires auxquels j'ai voué les plus chaudes de mes sympathies — il est une famille peu nombreuse d'écrivains modernes en qui j'aime des qualités moins capiteuses mais non moins nobles. Le plus souvent romanciers, rarement lyriques, ils édifient leur œuvre dans la mélancolique retraite de quelque étude intime ; et toute cette riche vie des penseurs que d'autres prodiguent fougueusement dans un monde de luttes et de querelles, ceux-ci ne veulent que la dépenser — non moins généreusement — dans l'expression douce de sentiments exclusifs, intenses, dont ils se satisfont.

Ils me sont d'autant plus chers qu'il faut les reconnaître à quelques traits subtils parmi la foule des gâcheurs d'encre où beaucoup de cuistres ont l'air de leur ressembler et y réussissent devant les badauds myopes.

Plus nombreuse est la cohue qui affecte de se ruer vers tel idéal, plus admirables sont les très rares qui, ne l'ayant pas visé pour la frime, l'atteignent. Un public qui lit vite, mal et trop, mais dont le sens est surtout mal guidé par des bibliographes occupés de tout autre chose que de critique, ce public se laisse abuser, gobe tout et rend tout avec une égale facilité, dans une absorption et une digestion rapides, inintelligentes, ne retenant rien.

Les mêmes réclames ont escorté cent romans de même format, avec les mêmes promesses et les acheteurs déçus par la plupart, se sont crus déçus par le reste. Et, comme ils ont rejeté les uns, sitôt parcourus, ils rejetteront les autres, à peine feuilletés.

Jules Case, l'auteur de *Jeune Ménage*, le roman paru ce mois-ci chez Havard, est un des martyrs de cette confusion littéraire, de cette incapacité d'un public qui, mal conduit, a renoncé à se faire lui-même son éducation.

Nul n'est plus délicat que cet écrivain, nul ne fait plus personnellement vivre les créatures de son choix, nul ne possède mieux le don de rendre visible par la physionomie dont il revêt ses personnages, cette triste et douce impression d'ensemble que donne l'existence à quiconque mêle en tout la contemplation à l'action. Il sait l'art difficile d'intervenir dans ses scènes et de les animer de fines et originales sentences.

J'ai dit ici, il y a quinze jours, quelle était la donnée simple et attachante de *Jeune Ménage*, l'amer roman de deux êtres mariés jeunes, et restant voués après d'heureuses fiançailles à la plus atroce vie sentimentale pour ne pas s'être compris, dès la première caresse. Je veux la rappeler.

Henri Deschars épouse Louise Evrard, une orpheline. Le jour des noces, il la prend trop brutalement et n'a ni l'intelligence du cœur, ni celle des sens. De ce moment, le bonheur du jeune ménage est tout gâté. Henri ne se sent pas aimé. Louise devant lui reste froissée et timide.

Un moment, Henri se lasse tout à fait de sa femme. Il devient l'amant d'une Mme Gerboy, en qui il trouve une maîtresse plus souple, plus facile et qui fait mieux l'affaire de ses instincts.

Il lutte pourtant contre le désir de revenir à sa femme qu'il aime vraiment. Mais, dans son inexpérience, il a toute la fierté bête des jeunes maris. Il voudrait que ce fût Louise qui s'humiliât.

Il est en même temps très jaloux. Il ne la touche pas, ne passe jamais une nuit près d'elle, mais n'admet pas que la chair de Louise succombe et qu'elle puisse à la longue être tentée.

Ils ont une fille.

Louise s'aperçoit que son mari est absolument imprégné de la personnalité de Mme Gerboy. Ses soupçons sont faits de cette remarque. Très franche, elle s'en ouvre aussitôt à son mari. Henri la brutalise, avoue tout, mais se refuse à divorcer.

Louise se livre beaucoup au monde.

Henri devient féroce. Il fait espionner sa femme par sa mère, par une agence.

Louise finit par avoir un amant qu'elle n'aime pas.

Henri la fait surprendre et demande alors le divorce contre elle, lui prend sa fille. La malheureuse, abîmée de douleurs, s'écrie :

— Pourquoi me piétinez-vous ? Je suis à terre... que voulez-vous de plus ? Vous mentez et vous le savez bien ! Je vous défie de me dire que vous me méprisez. Cela n'est pas vrai. J'ai eu un amant... vous avez une maîtresse.... Vous êtes lâche.... lâche !

Elle se reprend encore :

— Pardon ! oubliez ce que je viens de dire. Mais, Henri, puisque vous m'avez aimée, puisque j'ai été votre femme, laissez-moi mon enfant.

— Jamais, vous dis-je. Je vous punis, c'est la mère que je frappe.

Louise avait deviné juste.

— Henri !... s'écria-t-elle, comme vous me haïssez !

Il répète une fois encore, avec une joie sombre :

— Je vous punis... j'ai souffert par vous... je me venge !

Et Louise reste seule, définitivement seule, sans

mari qui la protège, sans enfant, sans famille, sans une main amie qui se tende.

Mais ce sec exposé de situation ne dit pas ce qu'il y a de plus précieux en ce roman qu'il faut lire et relire et posséder. Son charme, son originalité même sont dans le tact avec lequel l'écrivain n'a rien voulu brutalement narrer, mais a doucement joué avec les sensations du lecteur en mêlant ses personnelles impressions aux mouvements de ses personnages, en se faisant à la fois conteur tragique et causeur vivace. Je tiens à insister sur ceci que Jules Case doit être mis hors de pairs dans le groupe déjà restreint des purs romanciers sentimentaux, — et surtout sur cet autre point que ce livre dernier-né son septième, est le plus beau, le mieux bâti, le plus animé, — celui que les précédents faisaient espérer et que nous attendions de son dernier effort, — celui auquel il faut que le succès vienne, entier, formel, succès qui fasse du jeune écrivain un romancier lu et aimé par tout le vaste public auquel il s'adresse, — le public des souffrants d'amour.

Son idée est, dans le grand débat, de déposer en faveur de la femme, et de montrer le besoin jamais assouvi qu'elle a d'aimer et d'être aimée, de l'expliquer ainsi et de la justifier par cela, en la glorifiant dans sa victoire ou son martyre.

Tout homme attaché fidèlement à une idée a, par cette constance même, fait tout ce qu'il devait pour son triomphe. Il n'est pas d'idée qui ne doi intéresser, si elle a pris pour corps tout le cerveau d'un artiste. Elle est, par cela même, puissante, invincible.

Or, il suffit d'avoir vu Jules Case pour être assuré que cet homme incarne l'idée de son œuvre, qu'il porte ses livres en lui, que leur vie est son cœur. Il en a, par la finesse des traits, par la bonté de ses longs regards, par la lenteur du sourire, toute la finesse, toute la charité, toute la mélancolie et l'esprit.

Sa retenue dans l'ordinaire des causettes d'écrivains est bien la même réserve que nous lui voyons quand il insinue sa personnalité de jugeur au milieu des événements qu'il conte. Je n'éprouve d'ailleurs nulle inquiétude touchant l'avenir de son œuvre, à peine un peu d'impatience pour le succès qui est venu trop lentement; mais aussi est-ce une belle revanche de le voir maintenant assuré et au moment même de l'épanouissement complet, de l'autorité conquise en pleine maturité vigoureuse.

---

8 décembre 1890.

BELLES AMES

Savez-vous ce que c'est qu'un homme heureux? Chacun a ses idées là dessus. Il est donc bien permis à M. Jules Simon (le même qui n'a pas d'opinion sur Flaubert) de nous expliquer à sa façon le bonheur suprême tel qu'il le conçoit.

Il a développé sa théorie dans le discours qu'il a daigné prononcer hier en séance publique à l'Institut (section des sciences morales et politiques). Il s'agissait pour lui de louanger la mémoire du feu philosophe Caro et l'on sentait que l'accomplissement de cette besogne devant laquelle tout autre eut au moins hésité, faisait du bien à son cœur de vieux bonze.

On en a bu du miel! Le miel Simon sur le miel Caro… Sucrez-vous, mesdames!

Enfin, pour le moraliste Simon, le type de l'homme heureux fut le métaphysicien Caro. Qu'on se le dise :

— « O l'heureuse vie, qui peut se raconter en trois lignes : élève de l'école Normale, professeur de philosophie dans les grands collèges, puis à l'école Normale, puis à la Sorbonne; membre en 1869 de l'Académie des sciences morales et, en 1874, de l'Académie française ».

* * *

Le fait est que ce professeur pour dames et ce philosophe pour rire que fut le père Caro ne saurait être considéré comme une victime de l'existence, ni comme un martyr de ses théories et de sa foi.

Ces théories et cette foi, il les avait reçues du

ciel comme des dons de félicité destinés à lui procurer toutes les molles petites jouisssances de la vie facile, comme des clefs enchantées destinées à lui ouvrir les portes de tous les mondes où l'on se la coule douce.

Et cela ravit Jules Simon d'avoir à parler d'un homme qui a si bien compris la carrière, qui s'est si bien organisé et qui a su retenir avec tant d'aisance sa place dans tous les bons coins.

A nous, cette physionomie du père Caro nous plaît moins; nous trouvons même un peu sale ce caractère de vieille fille à passions cancanières, dont les manières n'étaient guère d'accord avec les fonctions.

Jules Simon, lui, trouve cela charmant.

« On s'étonnait, dit-il, que M. Caro fréquentât les salons et les théâtres. Mais c'était son champ de bataille ».

Tout s'explique!... Les salons et les théâtres transformés en champ de bataille pour psychologue. Du moment que Jules Simon admet cela, il peut marcher.

Nous, il nous avait semblé qu'un homme réellement préoccupé de la solution des grands problèmes de nature ne pût guère rester ouvert à tous les papotages niais et vains des « salons ».

Les « salons »!... Qu'y apprendre? qu'y analyser? Fronts plats sur cervelles nulles, chiffons sur néant de cœur, intrigues enfantines, rivalités de courtisaneries sans passions, marivaudages sans style, causettes sans franchise et plaisirs sans contentement, que diable un philosophe pouvait-il glaner là-dedans ?

Et si encore, abusé par certaines illusions, il y était allé pour se rendre compte, pour observer, pour approfondir les êtres et les choses, noter des faits et retenir des types, c'eût été de la naïveté, mais c'eût été encore de l'étude.

Rien de cela. Ce vieux fou allait dans les salons par goût de bavard, pour pérorer.

Écoutez le bon Jules :

— « Il allait dans le monde, parce qu'il était du monde... Il faisait son métier ! »

Etonnant ! Etonnant !

Que pouvait bien être ce métier ? Il n'en était pourtant pas à chipper des couverts en argent, à faire des mouchoirs de batiste, à décrocher des perles fines pendant un tour de valse ?

Non, certes ! Mais si vous voulez être fixés, suivez bien notre Jules. Le métier de Caro dans les salons, le voici :

Ce redoutable et souriant visiteur arrive armé de toutes pièces partout où l'on s'amuse. Il est de la maison ; on l'accueille. S'il faut plaisanter, il est prêt. Très rapidement le polémiste se montre. Il sait tout sur le roman ou la pièce du jour ; et quand il en a extrait, avec une habileté sans pareille, la doctrine qu'elle contient, il sait tout aussi sur cette doctrine. Il commence en critique de théâtre, il finit en philosophe. Vous êtes obligé de le suivre, parce qu'il vous tient à la fois par la logique et par le charme.

※

Maintenant que vous êtes fixés, vous conviendrez que ce défunt Caro devait faire une drôle de figure dans l'histoire de la philosophie française à la suite de ces graves penseurs auxquels nous devons tant de dogmes, tant de déductions et surtout de si beaux morceaux de grand style.

Eh bien, non! Pour Jules Simon, nul ne fait meilleure figure parmi ces bustes que le buste de M. Caro.

Il le voit professeur et moraliste, toujours et partout : une belle vie et une seule bataille qui a duré trente ans !

Drôle de vie et drôle de bataille!

Enfin Caro figure pour Jules Simon l'idéal du métaphysicien.

C'est un idéal que nous lui laissons sans envie. Il nous plaît même de voir qu'il a dit de Caro ce que Caro eût dit de lui. Ces grands esprits sont faits pour se comprendre.

Seulement, mieux ils se comprennent et moins nous les comprenons.

Ce dont nous osons nous féliciter!

9 décembre 1890.

CÉLÈBRE

Le fait est que, pour un monsieur qui en abat, M. Strada est un monsieur qui en abat, et qui a force d'en abattre, finira bien par se faire nommer officier d'académie, s'il ne l'est déjà.

Le matin, en me levant, je reçois généralement un journal illustré en tête duquel se dresse le portrait en pied de M. Strada. Je me lève et, le plus souvent, la concierge me remet avec mes lettres deux volumes de vers de M. Strada. Je m'habille et je sors. Le premier ami que je rencontre me tend un petit paquet : « Tiens ! j'allais chez toi..., on m'a prié de te remettre ça. » L'ami s'éloigne ; j'entre dans un café, je déploie le petit paquet et j'y trouve deux nouveaux volumes de vers de M. Strada. Je les mets en poche et vais faire quelques courses. Je rentre. Je tire les deux « seconds » volumes, et les pose pieusement à côté des deux premiers et du journal illustré. Ma bibliothèque Strada commence à se monter... Mais... je ne rêve pas !... C'est bien dans ma poche gauche que j'avais serré les exemplaires remis par mon ami. Or, fouillant ma poche droite, j'y ai trouvé... deux autres volumes de vers de M. Strada. D'où me sont-ils tombés? Qui les a mis là ?... Il est des problèmes qu'il faut laisser sans solution... Six volumes de titres différents du même auteur, tous en vers, avant déjeuner... cela devient inquiétant ! Mais l'obsession me tient. Chaque apparition du facteur m'apporte un, deux, trois, cinq, dix volumes nouveaux de M. Strada. J'en trouve au restaurant, j'en retrouve en mon casier, au journal... Et cela dure depuis... depuis... je ne sais plus ! A juger au poids, chaque volume contient sa bonne moyenne de quinze mille vers et ces volumes sont innombrables. Qui est-ce, Strada ? Est-ce un seul homme ? Est-ce une bande ? Combien sont-ils ? Qu'est-ce qu'il me veut ou qu'est-ce qu'ils me veulent ? Mais je puis m'assurer : je n'ai qu'à ouvrir le journal illustré pour y trouver quelques indications biographiques :

Jules Strada ! Un nom parfaitement ignoré, n'est-ce pas ? mais qui, avant peu, pourrait bien ne plus être aussi obscur. Non que celui qui le porte cherche la célébrité : il la fuit; il s'efface, *il se dérobe dans l'ombre*. Mais ce sera tant pis pour lui, tant pis pour son originale modestie. *Nous sommes une cinquantaine*, la « phalange des enragés », comme on me le disait hier, qui le connaissons, qui l'admirons et l'aimons; et, vieux ou jeunes, croyants ou sceptiques, venus des points les plus divers de l'horizon politique, philosophique ou religieux, nous sommes bravement résolus à mettre en lumière et l'homme et l'œuvre, à les tirer de leur nuit profonde.

Ah ! très bien ! très bien ! M. Strada est un vrai

monsieur, chez qui l'on déjeune par fournées de cinquante et que certaines *sommités* de la presse peuvent taper de cent sous, après les liqueurs, en reprenant leurs pardessus.

On peut rire.

Voyons les titres de son œuvre, d'abord l'*Epopée humaine*. Bigre ! et les titres... individuels : *La Mort des Dieux, la Mêlée des Races, la Genèse universelle...* Aïe ! *les Races, le Premier roi.* Assez ! assez ! *le Premier pontife! Jésus!* Assez, j'étouffe ! *Sardanapale...* je succombe !

Mais, il y a une *prière d'insérer*. Ce doit être curieux. Voyons :

L'éditeur Maurice Dreyfous poursuit activement la publication des Œuvres de J. Strada. Après la *Genèse* et les *Races* parues récemment, voici que paraissent le *Premier Roi* et en même temps le *Premier Pontife*. Ainsi se dresse rapidement cette œuvre colossale de l'*Epopée humaine*, qui produit un si grand étonnement et une admiration si grande dans le monde lettré et parmi les philosophes.

— Très bien !

Je reviens au portrait du *Journal illustré* : la beauté même ! Chevelure abondante et bouclée, front puissant, yeux fascinateurs, nez frémissant, moustache fine, bouche expressive, barbe imposante, teint romantique... un héros de Byron reconstitué par Delacroix ! Tout 1830 !... Génie !... Génie !...

Et, à mesure que j'écris ces lignes, il m'arrive toujours des volumes de M. Strada... un par un, deux par deux... comme les canards de Thérésa et les sergots de Jules Jouy.

Les volumes de M. Strada m'ont repoussé de mon cabinet de travail dans ma chambre à coucher, de là dans ma salle à manger, de là dans ma cuisine où j'achève péniblement cet article en attendant que de pièce en pièce, ils m'aient définitivement expulsé de chez moi...

Si j'en ouvrais un ? J'ouvre et je lis :

O ! Turold, grand Français, homme aux fortes vertus,
Souffle en moi ton grand cœur dans ces temps abattus,
Toi, qui plus élevé que la Grèce et qu'Homère,
A l'Europe inspiras l'Epique, l'œuvre austère,
Toi, Dante, son élève, âpre ennemi du mal,
Toi, dont mon père mort avait le front fatal,
Prête-moi le grand fouet heurté de ton vers sombre,
Eclairez-moi tous deux dans la route de l'ombre.

Je me sauve éperdu dans la rue.

Vais-je voir des affiches de Chéret me rappelant que M. Strada est non seulement un grand poète, mais aussi un philosophe extraordinaire et encore un peintre miraculeux... et musicien, apparemment... et brave, et magnanime, et généreux.

Vais-je lire son interview dans *La Presse ?* le nom de ses fournisseurs dans *Le Gaulois ?* ses passions dans *Le Gil Blas ?*

Encore un petit effort d'argent et il aura tout cela.

Enfin, s'il tient absolument à être célèbre, qu'il le soit ! C'est aujourd'hui à la portée de toutes les bonnes volontés, sinon de toutes les bourses ; il est même dans la bonne voie.

Mais, moi, je n'y peux rien. Alors qu'il aie pitié. Il m'a déjà tué trois facteurs. J'en ai assez.

Et dire que *Le Gaulois* n'attend plus que lui !

---

13 décembre 1890.

FACHÉS

Deux messieurs qui ne dîneront plus jamais ensemble, c'est M. Edmond de Goncourt et M. Renan.

Dans le *Journal* qu'il vient de publier, M. de Goncourt parle des dîners qui avaient lieu pendant le siège de Paris, et auxquels prenaient part plusieurs littérateurs connus qui tenaient des propos d'un patriotisme douteux.

M. Renan riposte vivement :

En ce qui me concerne, je proteste de toutes mes forces contre ce triste reportage. Quand je veux dire ma pensée sur le temps présent, je la dis, toujours avec ma signature, dans la *Revue des Deux-Mondes* ou dans le *Journal des Débats*, ou dans mes volumes, tous publiés chez Calmann-Lévy. Je ne reconnais pas d'ailleurs l'expression authentique de ma pensée.

Ma philosophie est la vieille philosophie lannionnaise, maintenant, je crois, un peu changée, philosophie passablement rieuse, pétrie d'ironie et de bonne humeur.

J'ai pour principe que le radotage des sots ne tire pas à conséquence ; l'avenir n'en croira pas un mot, et, s'il y croit, ma foi ! le nombre des erreurs auxquelles notre pauvre espèce semble condamnée est si énorme, qu'une de plus ou de moins ne signifie pas grand'chose.

Eh bien ! mais cette philosophie pétrie d'ironie et de bonne humeur n'était guère de mise en 1870 et, ô M. Renan, si vous ne vous en êtes jamais départi, M. de Goncourt a bien fait de nous le rapporter.

Cela nous met très sincèrement en garde contre ce que vous écrivez officiellement parfois dans la *Revue des Deux-Mondes*, le *Journal des Débats* et les éditions Calmann-Lévy.

14 décembre.

UN ROMANCIER CONDAMNÉ

Il y a quelques mois, dans ma chronique des tribunaux, j'avais à m'occuper d'une affaire peu gaie : deux écrivains étaient condamnés à une peine infâmante, leur éditeur s'étant permis, sans leur autorisation, de revêtir leurs œuvres de couvertures illustrées et pornographiques.

C'est par ces illustrations que les livres avaient été signalés à l'attention du parquet et leurs auteurs poursuivis.

A vrai dire, il y avait de l'érotisme à fortes doses dans le texte des volumes saisis ; mais ils fussent passés inaperçus dans la mêlée de tout ce qui se publie, propre ou non, journellement, s'ils n'avaient dû à la crudité des couvertures imposées, d'avoir attiré l'attention du parquet.

On voit quelle était la responsabilité de l'éditeur.

Or, le jury de la Seine rendit un jugement qui condamnait les romanciers, et sans circonstances atténuantes, l'un à un mois, l'autre à trois mois de prison.

L'éditeur, par contre, obtenait des circonstances atténuantes et s'en tirait avec une amende.

Le premier des deux écrivains, Maurice de Souilhac (un pseudonyme), était l'auteur de ce *Zé' Boïm* dans lequel la critique a reconnu de vivaces qualités de style et aussi ce mouvement de sentiments qui fit presque reprocher au jeune romancier, par Emile Zola, de se fondre en sentimentalités.

Zé Boïm était le cinquième tome de la série des *Voluptueuses* poursuivie par le parquet.

Les quatres autres : *Daphné, Viviane, Odille* et *Fausta* était d'un inconnu, Jean Larocque, celui qui fut condamné à trois mois de prison.

* * *

Inconnu pour la majorité du public, mais non pour quelques lettrés, notamment Henry Fouquier, qui écrivit alors ce portrait du condamné :

Dans le quartier Latin, où je le rencontrai vers 1858, M. Jean Larocque était professeur libre de mathématiques et de grec. C'était un esprit à tendances encyclopédiques, disciple indiscipliné de l'école positiviste, cerveau puissant, et frimousse à la Diderot. Avec un pauvre garçon de mes amis, qu'il avait connu chez les éditeurs classiques où tous deux corrigeaient les épreuves des textes grecs, ils avaient entrepris, sous ce titre : les *Réalistes grecs*, une traduction des poètes helléniques.

J'ai encore, dans un coin de ma bibliothèque, la première de ces traductions, celle d'Anacréon, qui est un chef-d'œuvre. Pièce introuvable, je crois, aujourd'hui. Après un an ou deux ans de fréquentation avec Jean Larocque, de ces fréquentations du quartier Latin qui sont si exquises, où l'on change le monde en mangeant des côtelettes douteuses dans une crémerie, je partis pour l'Italie, et je n'eus plus de nouvelles de Jean Larocque.

Après la Commune, j'appris qu'il était proscrit. Vaguement, je sus qu'il avait été un des initiateurs de la Commune, un des organisateurs de la première réunion de la garde nationale, d'où sortit l'insurrection. Peut-être, de vive imagination, grossissait-il lui-même son rôle, qui fut, en réalité, effacé pendant l'insurrection. Peut-être philosophait-il sur le mouvement plus qu'il n'y prit part. Quoi qu'il en soit, il dut se réfugier en Angleterre, où il reprit son métier de professeur dans une école.

C'était un de ces hommes dont on peut dire qu'ils savent tout, tout en restant presque toujours incapables à tirer parti de leur savoir. Avec l'amnistie, il revint à Paris, pour lequel il avait cette admiration un peu superstitieuse qui est le propre des disciples de Comte, et cadre avec leurs théories sur les organismes sociaux. Au retour, Jean Larocque se fit employé pour pouvoir vivre.

J'ignore dans quelles conditions. Je sais seulement que, plein d'une admiration enthousiaste pour le poète Ronsard, dont il avait fait une savante édition, il voulait organiser le centenaire de l'oublié. Il vint m'en parler, m'intéressa à son projet, qui en est resté là.

*
* *

Or, je lis dans l'*Echo de Paris* d'avant=hier, encore sous la signature de M. Henry Fouquier :

Je viens d'apprendre, non sans un vif chagrin, la mort d'un grand savant complètement inconnu. Il est mort dans un asile d'aliénés, sortant de l'infirmerie d'une prison. Il s'appelait... mais pourquoi dire son nom ? Le nom n'apprendrait rien à personne.

Puis plus loin :

Voici quelques mois, je reçus une lettre de lui, m'annonçant qu'il allait se tuer et me donnant les raisons de son suicide, dans une lettre admirablement logique, d'une effroyable sagesse. J'accourus, je le vis : nous eûmes un entretien de deux heures.....

La suppression de son traité avec l'éditeur, suite de la condamnation, le ruinait, lui retirait le pain qu'il gagnait par son labeur énorme. Je parvins pourtant à le remonter. Il me promit de vivre, de se mettre aux besognes simples, faciles relativement à trouver. Puis, on le mit en prison ; et là, se déclarant brusquement, la folie et la paralysie générale s'emparèrent de lui.

Il n'y a pas de doute : le mort d'hier et le condamné de l'autre hiver sont bien le même Jean Larocque.

Quelle tristesse !

De cette misère, M. Henry Fouquier tire quelques moralités sévères et justes touchant le « jury », touchant la « vie de bohème », touchant tout... excepté cet éditeur qui pousse un crèvefaim de talent à écrire des livres pornographiques, les édite, les lance, les exploite, laisse l'auteur lamentable faire trois mois de prison, s'affoler jusqu'au suicide... et lui coupe les vivres en déchirant un traité dont il ne croit plus que sa maison ait désormais à tirer un profit suffisant.

15 décembre.

LA CRISE

Un intelligent et jeune professeur, sorti de la rue d'Ulm, M. René Doumic, donne dans la *Revue Bleue* un article motivé par diverses publications toutes récentes : La boutade de M. Lucien Muhlfed (*La fin d'un Art*) ; le manifeste de M. Jean Jullien (*Le Théâtre vivant*) ; une étude de M. Maurice Lecorbeiller dans la *Revue d'Art dramatique* ; une autre de M. F. Brunetière (*La Réforme du Théâtre*).

M. Doumic convient que le théâtre traverse aujourd'hui une crise, après en avoir vu d'autres et de pires. C'est à cela qu'il attribue chez tous les écrivains sérieux (?) leur indécision et leurs tâtonnements actuels.

Peut-être ; où prend-il que cela influe sur le public ?

Il le dit conservateur par instinct, ennemi de toute nouveauté et, d'autre part, s'étonnant de ne plus trouver de plaisir où il avait l'habitude d'en trouver.

— « Ce malaise, dit-il, ne fait que traduire le besoin d'une réforme. »

Nous ne croyons pas, nous, qu'il faille d'abord s'occuper du public qui, en réalité, ne demande rien et, en matière théâtrale, n'est ni conservateur, ni révolutionnaire. Le public est bon garçon, ne demande qu'à comprendre, à se laisser initier et ne se mécontente que lorsqu'on le froisse en lui imposant quelque brutalité qui trompe son attente sans qu'il y ait été préparé.

* * *

Mais M. Doumic au respect du public joint le respect du passé. C'est bien des respects au moment où l'on ne parle que de réformes, au moment où il constate précisément que ces réformes répondent au besoin qu'exprime un malaise artistique général.

Il se plaint qu'injustes envers leurs devanciers, les modernes révolutionnaires affectent de les mépriser.

Nous ne saurions qu'être avec lui s'il ne faisait que les accuser de se montrer dogmatiques avec intolérance, prétentieux un brin, admirant leur propre hardiesse et ignorant à quelle date reculée telle nouveauté, telle invention qu'ils s'attribuent était déjà tenue pour vieillerie.

Mais nous le quittons en le voyant aller plus loin... en arrière.

Il s'en prend au Théâtre-Libre dont il fait le quartier général des partisans de l'art nouveau, de cet art issu des « théories » de Zola et de « l'exemple » de Henri Becque.

Franchement, nous ne croyons pas qu'on puisse trouver à reprocher quoi que ce soit aux entreprises du Théâtre-Libre... jusqu'à ce jour. On a essayé bravement de tout. Et dans les moments de crise (puisque crise il y a) on ne saurait faire mieux.

Donc que M. Doumic s'en prenne, s'il lui plaît, au ton peu respectueux des jeunes auteurs de M. Antoine ; c'est querelle de procédés. Mais qu'il ne les blâme pas de travailler, ni de chercher.

* *

D'ailleurs, sur le terrain où il se place, nous le voyons se désarmer lui-même. Ne veut-il pas défendre les conventions, affirmer que pour celles concernant la conduite de la pièce, les personnages, les sentiments (!), le dialogue (!!), les plus traditionnelles sont les meilleures et que, en ce qui concerne l'*intrigue*, il existe un art de combiner les événements *en dehors des idées, des passions, des caractères*.

Or, il n'a pas plutôt avancé cela qu'il est obligé de convenir lui-même que certains rôles nous sont devenus insupportables :

On proteste contre ces conventions. C'est justice. Encore faut-il le remarquer : ceux-là mêmes qui travaillent à en débarrasser le théâtre n'ont rien trouvé de plus pressé que d'en installer d'autres à leur place qui, pour leur être directement opposées, n'en sont pas moins choquantes. — Les « mots d'auteur » ont cessé de plaire. On y a substitué les « mots de nature », et il serait audacieux de prétendre qu'au change le dialogue ait gagné en naturel. Certes, les plus grands auteurs comiques ont mis dans la bouche de leurs personnages quelques-uns de ces mots, par où se trahissent les aspects les plus secrets de notre nature. Mais ce dont ils se sont bien gardés, c'est d'en faire la substance même de leur dialogue.

Sans doute.

Mais M. Doumic devrait convenir que c'est précisément quelque chose d'avoir substitué aux mots d'*auteur* les mots de *nature*. Et si vraiment il reconnaît que l'entreprise du Théâtre-Libre a pu amener ce résultat, il n'y a qu'à en féliciter ces « *novateurs* qui forment un groupe et mènent tant de tapage qu'on est admis à les croire *légion* ».

Enfin, il conclut ainsi :

Ce que le public a besoin de trouver désormais au théâtre, c'est une action plus simple, moins chargée d'incidents, étroitement dépendante des caractères, un dialogue plus naturel, des sentiments plus rapprochés de ceux de l'humanité moyenne, des personnages moins déformés par les nécessités du rôle. C'est dire qu'il ne réclame rien moins qu'une révolution et ne se soucie pas qu'on démolisse la maison. Le moment n'est pas venu de briser la formule d'Augier et de M. Dumas : il suffit de l'assouplir.

Hé bien ! puisque M. Doumic veut absolument tenir compte de ce que *demande* le public, il faut lui dire que s'il prête à ce public le besoin d'une action plus simple, moins chargée d'incidents, etc... c'est tout le contraire de Dumas qu'il faut lui servir.

Quant à Augier, on a tellement assoupli sa formule, que ce qu'il faut, c'est précisément la briser pour que M. Valabrègue et M. A. Bisson soient mis dans l'impossibilité de l'assouplir encore.

---

15 décembre.

LA RUSSIE HEUREUSE. — LES TOLSTOWETZ

Tandis que les drames de la vie russe commencent à devenir très fréquents à l'étranger, il n'est bruit en l'heureux pays des tzars que d'un retour à l'âge d'or, s'accomplissant par un retour de la mode à la vie champêtre.

C'est tout à fait gracieux, et l'on nous apprend que la Russie se transforme en Thébaïde. Partout se forment des colonies de *Tolstowetz*, anachorètes selon la nouvelle formule, grands seigneurs, fabricants ou négociants, abandonnant les cités pour courir se grouper en vue d'une existence commune dans des hameaux qu'ils créent et veulent habiter à la mode du comte Tolstoï.

Ainsi, il existe non loin de Charkof, une famille tolstoïenne fonctionnant depuis au moins dix-huit mois. Ils sont en tout douze associés, trois femmes et neuf hommes. Costumés en moujiks, ayant adopté entièrement la manière de vivre des pauvres gens qu'ils ont pu étudier dans les villages voisins, ils cultivent en commun une cinquantaine de *desiatines*, tout leur domaine.

Ils s'imposent de ne guère manger que du pain. En tous temps, par toute chaleur ou par les froids les plus vifs, ils laissent aller nu-pieds, nu-tête et nu-corps leurs enfants dont quelques-uns seulement portent des chemisettes rouges de petits paysans.

Il y a d'ailleurs dans la colonie une bibliothèque où l'on trouve les œuvres de M. Renan (le passe-partout métaphysique), des Vies des Saints et des traités d'agriculture.

On exclut comme objet de luxe et de corruption toute œuvre purement littéraire. Tel gentilhomme s'est fait tailleur, tel gros banquier s'est fait bottier ; et ceux-ci ont la charge de vêtir et de chausser toute la colonie.

D'ailleurs, depuis qu'il a renoncé à être une célébrité littéraire, Tolstoï fait parler de lui dans le monde entier et nul n'est plus universellement connu parmi les écrivains contemporains.

La France a donné l'exemple ; l'Angleterre a suivi ; maintenant, c'est l'Allemagne. Et ces trois nations, pour être les plus enragées, ne sont pas les seules atteintes de cette passion.

Le dernier roman de Tolstoï ne voit pas encore son succès s'apaiser à Vienne, à Londres, à Berlin, non plus qu'à Paris. Ce n'est plus de la propagande slave, c'est une propagande individuelle internationale. Nous ne savons encore ce qu'en disent les Cafres aux Abyssins, mais nous savons que des Allemands ne vont en Autriche et des Autrichiens en Angleterre que pour y parler de Tolstoï.

— Le 12 novembre, nous dit un correspondant de la *Revue politique et littéraire*, le docteur Liowenfeld, de Berlin, a fait à Vienne une très intéressante conférence sur la vie de l'illustre écrivain qu'il a récemment interwievé dans sa propriété de Jasniaia Poliana.

Et les anecdotes tolstoïennes que ce Berlinois sème parmi les Viennois sont de vraies histoires d'évangile. Il a raconté que lorsqu'un chambellan donna lecture de la *Puissance des Ténèbres* à la Cour impériale de Pétersbourg, le tzar poussa des cris d'enthousiasme, tandis que la tzarine manifestait plus vivement encore son dégoût et son indignation. Une autre fois, on devait jouer cette pièce dans une maison particulière des bords de la Néva. Au dernier moment, le chef de la police interdit la représentation. Mais la maîtresse de maison lui fit répondre qu'elle se voyait forcée de passer outre à l'interdiction, quarante membres de la Cour impériale ayant promis d'assister à la soirée.

On le voit, autant de conférenciers, autant d'apôtres.

***

Mais c'est en Russie que cette fièvre sévit le plus fortement.

On n'en est plus aux articles de revues, aux notices biographiques, on fait des essais sur Tolstoï ; on publie des mémoires, des recueils de tolstoïana, comme sur quelque héros défunt. Les gens qui ont des autographes de lui en font des plaquettes. Les gens qui ont été ses camarades publient des brochures où ils luttent d'évocations.

Un M. Nazarief livre ses « Souvenirs » sur Tolstoï, son condisciple à l'Université de Kazan.

Souvenirs, n'est-ce pas délicieux ?

N'est-ce pas un comble ? Ceci n'est d'ailleurs qu'une petite manifestation sans intérêt, car M. Nazarief ne le fait que pour apprendre au monde que « Tolstoï, très désagréable, était toujours soucieux de lui montrer qu'il n'était pas son égal ! »

***

Enfin, c'est un exemple du ridicule dont la Mode, cette forme la plus stupide du goût, couvre toutes les choses dont elle s'empare.

Cette furie de conférences niaises, de brochures

vides, de mémoires vains, de souvenirs quelconques ne sont guère ce qui convient à Tolstoï.

Celui-ci, grand et original écrivain, garde sa gloire spéciale dont les Modes et les puffismes n'ont que faire.

Elles l'amoindrissent, le montrent sous un jour défavorable à des gens incapables d'apprendre à le connaître dans ses œuvres; elles dégradent sa poésie et dénaturent ses thèses en ne les montrant que dans leurs conséquences les moins logiques et les moins saines.

Laissez-donc Tolstoï aux cabinets de lecture.

Quant à ces grands seigneurs russes qui jouent aux moujiks pour singer quelques sénilités fantasques de l'homme en vogue, tant pis pour eux si les temps menacent de leur prouver par quelque branle-bas qu'ils avaient mieux à faire pour leurs paysans misérables et las... que de les parodier insolemment et niaisement.

---

16 Décembre.

LOUIS DENISE

J'ai sous les yeux une chronique de Jean Lorrain, récente et citant des vers signés de ce nom peu connu. Or, j'ai précisément en carton un projet de plaquette jadis destinée à un éditeur de la rive gauche, en lesquelles je me proposais d'esquisser les physionomies encore indécises de quelques tout jeunes poètes aux débuts remarquables : Victor Margueritte, Louis Denise, Louis Le Cardonnel, Louis Marsolleau, etc... Ils me semblaient annoncer une poésie neuve, dont l'on peut, en effet, voir aujourd'hui l'épanouissement premier. En les observant, je jugeais que ceux de leur temps qui s'attachaient plus spécialement à la traduction lyrique de nuances sentimentales très intimes, très profondes, avec un impérieux besoin d'expansion et de persuasion, force de la santé, force de la foi, force de l'amour ou force de la rancune, seraient dans leur génération ceux qui prévaudraient. Les tours de grammaire, de rhétorique et de prosodie, où s'étaient complus leurs devanciers n'étaient plus leur jeu. C'est ainsi que d'une époque à l'autre se transforme la Poésie de notre humanité. Chagrins, pudeurs, joies et luttes tenaient et tiennent toute la place dans leurs cervelles fermées à toute invasion de rêves antihumains.

A qui lira le prochain volume de Louis Denise, sans vouloir en pénétrer la discrète signification, à qui le lira comme on lit des vers de forme légère, il semblera que je me déjuge en le classant ainsi. Ne dit-il pas :

Je suis le sycophante intime et solitaire,
Dont la langue est assez hautaine pour se taire.

Comment trouver en cette devise l'indice d'un

esprit vaillant et d'un cœur vivant? Voit-on se présenter ainsi le jeune homme armé d'ardeur et de volonté? Sycophante, il se glisse dans les cénacles... et quelle attitude? Celle d'un silencieux qui ne daigne, d'une boutade, payer son écot. N'est-ce pas retenir au contraire et de bon gré sa place dans le musée des poètes pétrifiés qui fixèrent trente ans durant l'attentiou d'un public assoupi, usurpèrent, au mépris de toute raison, le droit de dire en vers l'esprit de leur époque, le dirent si mal et méritèrent par leur inanité systématique de voir leurs monuments s'émietter avant que la mort les ait eux-mêmes frappés?

Non! Louis Denise est autrement et plus amèrement moqueur de lui-même. Lisez ceci :

Mon rêve est un enfant ; il lui sied d'être nu.
L'âme, parmi son deuil, lui garde, aïeule amère,
Des sourires de veuve et des regards de mère.
Triste, elle aime sa joie. Aux fleurs du souvenir,
Elle ne voudrait pas, la vieille échevelée,
Qu'il allât se piquer les doigts dans sa volée,
Car il sangloterait, sans vouloir revenir !

On ne peut s'y méprendre. Ces pudeurs douces et sauvages trahissent que derrière tant de réserve palpite une conscience pleine et chaude qui demain, n'ayant plus peur, cessera d'être trop hautaine pour ne pas se taire.

Des yeux foncés et vifs, le front droit et haut, le nez fort, la bouche sourieuse sous la moustache rebroussée, le menton ferme et de bonne race, ainsi va Louis Denise, s'habillant avec une correction discrète, un désir de n'être signalé par quoi que ce soit de ses gestes, de sa voix, de son allure, de son costume. Notre première rencontre eut lieu, il y a quatre ou cinq ans, chez Charles Cros, qui nous servait le grog familial une fois par semaine. Des camarades nous amenèrent cet enfant dont l'apparence ne marquait pas qu'il dût intéresser notre attention. Quant vint son tour de dire des vers, il se leva sans bonne grâce conciliante, plutôt même avec rudesse et déplaisir, récita quelques dixains... et nous ravit.

Il nous ravit par l'imprévu, la force et la grandeur de sa poésie dure et sombre. Dans ce milieu parisien, il nous parut surgir brutalement, mû par un génie personnel et tout armé pour nous surprendre.

Je suis au fond du bois le noueux végétal.
Qui, dans la majesté de sa forte inertie,
Se tient, calme et profond, comme un Dieu de métal.
Plein du rêve éternel que le vent balbutie.

Il exprimait l'amour de la Vie entrevue dans toute sa magie par des yeux d'enfant ardent, puis le trouble qui le poignait, poète, au moment d'aborder tant de merveilles, son courroux de voir la Beauté s'abandonnant sans intelligence, sans noblesse, sans goût aux caresses goujates, son mépris pour elle — amoureux mépris — et, dès lors, sa crainte de s'avilir en luttant.

...Parfois, il se faisait l'effet d'être en brouillard
...Et, ne parlant jamais, à moins qu'il ne fut ivre,
Tranquille, il regardait son néant lui survivre.

Le rimeur qui, des gazes de son style, revêt ses sentiments confus et ses rêves abstraits, souffre de se croire vain et marche à pas sourds et discrets, avec la foule. Conscient de sa non-valeur mercantile, il se sent gêneur, et gêne, et vit aux frais de son époque, dont l'ironie providentielle le fait tour à tour l'ilote meurtri et l'hôte adulé. Sentir ces réalités dans la pleine jeunesse et les sentir assez fortement pour s'en constituer une loi morale, c'est n'avoir plus besoin que de quelques années pour achever son caractère en le complétant par une belle vertu, — la dernière qu'on acquière : l'Indulgence.

Le pessimisme hargneux et agressif chez l'enfant, le prédispose à la clairvoyance et au sang-froid des souples diplomates. Mais le pessimisme doux et dédaigneux est, à cet âge, un plus noble signe encore : il destine au rôle sublime du pasteur d'esprits, du moraliste.

Ce que j'écris ici ne s'applique point aux quelconques dont la jeunesse sentimentale fut douloureuse et qui s'en plaignirent. J'entends même ne l'appliquer qu'à de très rares ; et même, en présence de la génération que j'ai vu éclore, uniquement à celui dont je viens de citer les plus anciens vers. Ce que je sais de ses origines, de son éducation, de ses tendances et de ses dons me permet de croire ainsi en lui. Dépouillé de ses impertinences enfantines, mûri par des tendresses qu'il n'a pas goûtées encore, il se livrera. Et si je lui fais reproche aujourd'hui de sa contrainte et de sa concision excessives, c'est avec la certitude de pouvoir le louer plus tard de ne s'être point prodigué avant de s'être possédé.

Que dire encore du premier recueil d'un millier de vers qui doit marquer l'époque de son début? Je pense avoir indiqué que ce que j'y admire avant tout, c'est la hauteur du point de vue moral. Les mérites artistiques sont grands aussi. Louis Denise est un bel écrivain. Bien que riche d'images, il n'en orne sa phrase que dans la mesure qui convient au prestige poétique. Ses mots ne sont ni mystérieux, ni téméraires ; c'est simplement qu'ils découlent de l'idée mère, exprimés sans peine, avec adresse et vigueur.

Je blâmerai plutôt certains manques de tact dans le jeu des rhythmes et quelques licences qui, bien que recherchées, ne me semblent guère intéressantes. C'est d'ailleurs critique de poète à poète et le point m'est trop personnel pour que j'y insiste.

20 décembre.

DE BELOT EN DAUDET

Ce pauvre Adolphe Belot qui vient de trépasse laisse un grand vide dans la littérature d'affaires. A qui les entreprises de plaisir vont-elles commander le roman qu'il faudra écrire à la louange de tel casino ou de telle ville d'eau ? Félicien Champsaur manque encore d'ampleur et Maizeroy est fini avant l'âge, bien mollasse est bien cassé pour cet emploi de romancier-réclamiste, qui demande quelque agilité de plume et quelque souplesse de jarret.

Ah! Monsieur Alphonse Daudet, quelle belle succession à prendre et comme on vous l'offrirait, cette place, si l'on osait ! mais le peut-on puisque vous avez placé (fâcheuse idée !) votre prestige littéraire sous la recommandation de Flaubert ?

Un peu avant l'élection Freycinet, on annonçait le retrait de la candidature Estivalet (succession académique d'Emile Augier). Cet épicier de Dijon écrivait au *Figaro* :

— « L'Académie... je refuse d'en faire partie. Je ne veux pas me déshonorer. »

On blagua Estivalet. Mais... est-ce qu'Alphonse Daudet n'avait pas, après un premier essai défavo rable, tenu le même langage et dans des conditions telles que l'acte de M. Estivalet n'était que la parodie parfaite de l'attitude Daudet? Seulement Estivalet est redevenu obscur, tandis qu'Alphonse Daudet écoula bruyamment sa bile dans un roman anti-académique, l'« Immortel ».

Je ne veux pas analyser ici le paquet d'historiettes qu'Alphonse Daudet représentera de nouveau tôt ou tard, avec sa candidature, à l'Académie Française. Certes, il y pénétrera, s'il y est aidé par la naïveté des uns et la bienveillance narquoise des autres.

Qu'il me soit toutefois permis de définir à ma façon, en passant, l'espèce de talent dont il est pourvu, de le classer et de déterminer son importance.

Sa prose, bien qu'on la débite dans les flacons et sous les étiquettes d'une fabrique bien connue, n'a pourtant que rarement emprunté les procédés de chez Flaubert, lequel n'autorisait qu'en souriant cette contrefaçon.

Seuls les aromes et les sucreries, qui sont les amorces à badauds destinées à signaler tout d'abord au goût des amateurs vulgaires les excellentes fournitures de la maison authentique, relèvent de loin en loin la saveur des pâtes Daudet et leur prêtent quelque parfum.

L'école Flaubert n'étant d'ailleurs qu'une sorte de conservatoire de la syntaxe et de l'harmonie, tout esprit original et puissant peut la fréquenter dès le jeune âge, sans compromettre ses vertus originelles.

Chez Flaubert, on apprenait à trier les nuances, à doser l'épithète, à souder les propositions, à conjuguer, à décliner ; on y apprenait les secrets de la prose décorative.

Mais dans cette Ecole vous eussiez en vain cherché dans quelle classe était professé l'art de manier les éditeurs, d'assiéger les journaux, de subjuguer les petites bourgeoises friandes de romans sympathiques.

Il existe une variété de gens habiles qui, poètes médiocres, auteurs dramatiques sans mérite, s'ouvrent les librairies par des ruses de placiers, et font recevoir leurs mauvaises pièces en les déclamant bien devant des comités de lecture.

Daudet a d'autres ressources pour se concilier les éditeurs, les directeurs et le public : ces ressources, c'est tout simplement ses titres de livres. Nul mieux que lui ne connaît l'état du pouls des gens, quels sont leurs appétits du moment ; nul n'exploite avec plus de malice leurs humeurs provisoires.

Il sait que les centaines d'éditions ne s'enlèvent que sur le souffle d'un enthousiasme subit, et qu'une œuvre conçue placidement, dans la contemplation d'un idéal exclusif, provoque bien rarement l'acclamation populaire immédiate, la seule qui pille gloutonnement la vitrine des marchands.

Adolphe Belot possédait à un même degré ce sens commercial; mais il manquait d'une certaine finesse qui permet à Daudet d'ajouter à ces publications une enveloppe littéraire propre à flatter ses lecteurs.

On se cachait pour lire Belot.

Au contraire on avoue hautement Daudet, et de nombreux badauds se piquent de goût parce qu'ils ont été rencontrés feuilletant *Le Nabab*.

C'est la femme de chambre que l'on envoie acheter *La Bouche de Mme X...* On va soi-même faire l'emplette de *Sapho*.

On l'arbore.

Belot se vend aussi couramment que Daudet, et les acheteurs sont les mêmes; mais Belot n'a jamais dû être de l'Académie.

Attendrissant, gonflé de pleurnicheries, comme un pifferaro auquel on refuse un sou, le pauvre petit mignon style du menu Daudet manque de la vraie ingéniosité artistique; en revanche, il abuse des afféteries communes aux petits maîtres : Droz, Banville, Halévy. Quelles que soient ses aspirations, on ne saurait lui reconnaître ni cette précision aiguë, admirable chez certains écrivains, réalistes sévères, ni cette aptitude à déterrer le mot-pierrerie qui revêt de splendeur certaines compositions fantaisistes.

La prose de Daudet, lorsqu'elle se fait correcte, se contente d'être une vague petite personne assez proprette, montrant un sourire de demoiselle de magasin et des élégances à bon marché.

Le soleil de la Provence, dit-on, flambe parmi ses paysages. Oh! que non! Le métier d'emmagasineur de rayons n'est point si aisé qu'il se trouve à la portée d'un Daudet. Lisez ces prétentieux petits poèmes que l'on a édités à la suite des *Lettres de mon Moulin*, je crois. Vous constaterez que, seuls, les médiocres peintres de chevalet, Toulmouche ou Firmin Girard, comprennent ainsi la lumière et le feuillage.

Et si vous voulez savoir ce qu'est la clarté du ciel, la splendeur d'une frondaison, peintes en quelques mots expressifs et tout-puissants, ce que c'est que le plein-air littéraire, lisez Cladel, lisez encore cette page prodigieuse, *La Bièvre*, par Huysmans.

La façon bureaucratique plutôt que bénédictine de travailler qu'a adoptée Alphonse Daudet, écarte toute possibilité de chef-d'œuvre.

Les belles choses tantôt s'enfantent dans le labeur intense, tantôt jaillissent d'un éclair de passion. De quelles belles choses peut donc accoucher ce triste myope tiraillé par de mesquines ambitions, occupé dès sa jeunesse de petits soins diplomatiques et mondains, méthodique et pointilleux, qui rédige ses gentilles narrations comme un écolier sage mettant ses devoirs au net.

Voyez le procédé : A. Il établit un tableau des chapitres du roman, étiquetant autant de cahiers égaux. — B. Il écrit à plume courante sur le recto des feuilles la matière de chacun des chapitres. — C. Il consulte Mme Daudet ; de leur collaboration naît peu à peu le roman définitif qui s'aligne sur la page laissée blanche vis-à-vis de chaque page-brouillon.

Ce système lui a semblé le plus commode, le plus rapide et le plus économique. Avec un tel mécanisme dont les rouages marchent à heure fixe, on est certain de ne jamais rester court devant le papier blanc, et le texte se construit régulièrement, sûrement. C'est ainsi qu'avec des lignes rouges et bleues, les petites filles remplissent des carrés de tapisserie ; mais ce n'est point ainsi que peignait Delacroix.

Faut-il convenir que son mérite est d'avoir écrit très habilement l'histoire moderne anecdotique avec portraits de contemporains masqués et piquants détails inédits?

Certes, le mérite serait grand si ce travail valait mieux que les collections de Pierre Petit, les « indiscrétions » du *Diable boîteux* et les commentaires de brasserie.

Le Nabab et *Les Rois en exil*, œuvres capitales à ce point de vue, présentent des personnages clichés avec soin, puis enfermés dans de petites cases, sans communication avec la vie ambiante; chaque fois que M. Daudet se trouvait propriétaire d'un nombre suffisant de clichés, il les sortait des petites boîtes, les jetait en masse dans une boîte plus grande, les brouillait comme des dominos et courait chez l'éditeur.

Alors un nouveau grand roman de mœurs nous était né.

Je sais qu'en notre temps d'absurdes lectures et d'aveuglement, il faut beaucoup pardonner aux Daudet populaires par effroi des Ohnet populaires.

Mais n'allons pas si loin dans l'indulgence que nous pardonnions à ce garçon ses arrogances et sa mauvaise tenue.

Qu'il garde ses clients; qu'il les charme ou les exploite; qu'il gagne à ce commerce l'aisance de son foyer; qu'il fréquente les gens d'esprit du boulevard et qu'il dîne avec des co-Languedociens, peu importe.

Mais restons libres de nous irriter chaque fois que sa littérature se montrera familière avec celle de Flaubert.

Je ne révèlerai rien en disant que Daudet est indigne d'estime.

On sait quelle réprobation, tacite, hélas! souleva ce mauvais livre : *Les Femmes d'artistes*.

Sous prétexte d'étude morale, ce médisant bouquinet ouvre une galerie d'indiscrétions scandaleuses où, sous des pseudonymes significatifs, sont dévoilées les misères sentimentales de toute une génération de peintres et d'écrivains.

Des critiques compères ont vanté le réalisme profond et l'amère philosophie dont ce livre portait la marque.

La seule marque qu'il me semble digne de porter, c'est le cachet d'un éditeur de la rue du

Croissant, car il appartient à cette littérature spéciale qui nous a donné depuis *Sarah Barnum* et le *Duc Mignon*.

* *

Ce volume n'est d'ailleurs pas un trait isolé des mœurs littéraires d'Alphonse Daudet.

Outre le calcul qui le conduit à farcir ses romans de ce fin condiment, le scandale, — l'incessant besoin de rehausser les flatteuses notes autobiographiques qu'il sème dans tous ses produits en fait l'homme le plus acharné à cribler de pointes désagréables ses contemporains devenus dès lors ses repoussoirs.

A côté d'un portrait charmant où sont vantées toutes les séductions et toutes les grâces modestes de sa propre jeunesse, on trouve, par exemple, cette jolie chose : *Jules Sandeau, aujourd'hui membre de l'Académie, me disait un jour : Je suis éreinté, complètement vidé, et tout cela grâce à Buloz*.

L'homme qui reçoit de pareilles confidences et les publie toutes chaudes, permet bien naïvement à la critique de déterminer quelle est la qualité de son tact et de sa bonne foi.

Et c'est ainsi tout le long de l'œuvre. Toujours des « Petit Chose » délicieux, des « de Géry » excellents, des Alphonse Daudet gracieusement et modestement parfaits, punissant le crime et récompensant la vertu dans les romans à intrigue, de mignons Vincent de Paul doublés d'Adonis tout vernis de tendres héroïsmes et s'agitant miséricordieusement parmi les hideurs de la corruption contemporaine.

La manie d'être sympathique qui affecte ce grimacier, déplaisant malgré ses mines douces et ses jolis cheveux, échoue devant bien des esprits peu sensibles à de telles minauderies.

Ceux-là trouvent les « de Géry » bien agaçants, les « Petit Chose » bien bêtes et les Alphonse Daudet bien faux.

Tout cela n'est pas sérieux, et je laisserais paisiblement la foule dévorer les romans de Daudet, sans en laisser une miette pour la postérité, si je ne haïssais en lui l'homme qui m'a désenchanté de bien des choses littéraires.

C'est en lisant deux ou trois pages de Daudet, celles où sont exposées en forme de Mémoires, avec une nette simplicité, ses impressions d'enfant quasi-rustique débarqué parmi Paris, — que j'ai connu combien la littérature mise en métier alimente de passions viles et de niaises convoitises.

Ah! elles sont du moins intéressantes ces pages inconscientes. Le parvenu veut apitoyer la société sur sa jeunesse qui fut à peine triste et que gauchement il peint douloureuse, — et dépoitraille la misérable.

Au lieu d'un spectacle émouvant de plaies tragiques, on ne découvre qu'un vilain petit cœur tout chétif, tout racorni, tout picoté par les passions vermicules.

Quelle écœurante et réaliste vision !

Le voilà bien à nu, le troubadour des *Amoureuses*, le puriste de *Fromont jeune et Rissler aîné*, le peintre altier des *Rois en exil*, le moraliste charitable de *l'Evangéliste*, le dur satiriste de *Jack* et de *Sapho*, — nous le tenons cette fois bien vivant, et sans ses petites mines d'apôtre de l'art sévère.

Nous l'y voyons prosterné non devant des œuvres qu'il admire, laborieux étudiant, mais devant des hommes célèbres qu'il envie, sournois.

Suivez-le dans ses stations diverses, sur son chemin de croix de poète inédit. Oh ! ses vrais enthousiasmes d'alors, il ne les cache pas. A l'Hôtel du Sénat, à l'Odéon, à la Librairie Nouvelle, sur le boulevard, ceux que dévore son œil jaloux, ce sont les farceurs dorés et non point les poètes de génie, — les rusés, les puffistes, les Adolphe Gaïffe, les Jean Du Boys, les Amédée Rolland, et s'il parle alors de Flaubert, de Bouilhet, de Barbey, d'Aubryet, c'est sans les distinguer des autres célèbres. Bataille, Noriac, etc. Il adore Gambetta, déjà très applaudi, et Vallès, très connu au quartier Latin.

Ils ont d'autres soucis, ceux qu'un idéal tourmente ; ceux-là peut-être ont eu l'orgueil plus tôt ; — de l'envie, jamais.

Tel est l'homme qui s'est jugé digne d'écrire ses Mémoires, de se faire le héros de trois ou quatre romans, de conseiller les jeunes gens, et de leur offrir à 3 fr. 50 le cachet, des leçons de maintien littéraire.

Après avoir acquis de la gloire et de l'argent, en vendant aux foules des secrets scandaleux et des confidences violées, après avoir compromis des noms justement vénérés en les associant à ses combinaisons, ce farceur qui n'avait eu jusqu'à ce jour que l'audace des rétractations (*Lettres à un absent*), s'est permis il y a quelques années de se fâcher à propos d'un article mauvais d'ailleurs, mais capable de nuire, à cause de la publicité du journal qui l'avait inséré.

On a souri de ce duel falot, qui mettait en présence deux compères bien stupéfaits de leur équipée.

Mais Daudet a pris depuis une allure de galant homme un peu grincheux, qui est bien comique. Il serait bien amusant qu'il écrivit de nouveaux Mémoires dans cette disposition d'esprit.

Jamais il n'aurait mis en action avec plus d'entrain le mot diplomatique d'un personnage politique dont il fut l'obligé et envers lequel il s'est acquitté depuis en rééditant son élégante et méchante philosophie : « Parlez de vous, mais seulement pour en dire du bien. — Autrui fera le reste. »

A cette occasion, j'écrivais ceci en 1884 :

« Si, d'après Balzac, la dévotion est un vernis que les femmes passent sur leur réputation, quand elles vieillissent, l'attitude chevaleresque qu'Alphonse Daudet affecte depuis peu semble déguiser une précaution analogue.

« Toutefois je regrette que la Muse délicate et dévouée qui le seconde indulgemment, qui lui sacrifie le meilleur de ses émotions et de ses inspirations, et à laquelle il doit quelques vraies bonnes pages, — n'ait point présidé elle-même à cette transformation inattendue.

« Elle eut certainement contribué à décorer d'une certaine bonne grâce le néo-galant homme.

« De même qu'elle le fournit de style et d'idées, elle eut fait œuvre complète en le pourvoyant elle-même de tact et de fierté. »

Entre tant de conseils, je crois que celui-ci a semblé bon à l'illustre romancier, car s'il n'a pas désempoisonné sa plume de pie-grièche, il a aussitôt remoucheté son fleuret, et se raisonne en n'écrivant plus que d'innombrables tartarins.

22 décembre.

EN DÉCOR

Dans sa série des *Volontés Merveilleuses*, un de nos jeunes maîtres, Paul Adam, publie un saisissant roman de passion profondément vibrant et philosophique, dont voici la donnée sommaire :

Manuel Héricourt, riche et de grande famille, après ses études, repousse l'idée de se faire diplomate et se jette aux plaisirs, aux flirts, avec diverses femmes dont on le croit l'amant. Au fond, il n'aime qu'une petite dentellière, Louise, qui lui résiste. Officiellement, on le fiance à Hélène Garibert. Louise lui cède. Elle est débauchée par une de ses amies, Laure. Elle trompe Manuel. Il l'aime quand même et veut la retenir. Il se sert de l'hypnotisme et la reprend. Les attaques nerveuses affaiblissent la fillette. Manuel doit renoncer à ses expériences.

Il la fait voyager, mais au retour, elle retrouve Laure qui la débauche à nouveau. Manuel la voit se perdre à jamais et se sent impuissant malgré les supplications de Louise elle-même. Il comprend qu'il a été le véritable assassin de cette vie, de cette pudeur, de ce bonheur qu'il a le premier sacrifiés aux besoins de ses sens. Il lutte encore et ne peut que contempler la décomposition de ce corps qu'il avait si difficilement conquis jadis. Il veut se guérir lui-même, il vient à Paris, cherche de nouvelles passions, se donne au jeu, se dépense, s'use. Louise meurt. Manuel s'éteint sous les douches dans une maison de fous.

Il ne reste à dire du style de Paul Adam que le bien qu'il faut dire de toute œuvre d'art réussie au gré de l'artiste qui l'a conçue et composée avec la clairvoyance de ses intentions subtiles et la pleine possession de tous ses moyens.

17.

24 décembre.

L'ANTIRÉCLAME

Demandez le *Krach* de la réclame ! demandez le remède au mal, demandez l'antiréclame !

Quelle leçon, messieurs nos confrères, qui vous risquez à prendre pour modèles uniques les feuilles américaines en donnant à vos journaux un ton de furibonds reportages et de réclames enragées, quelle leçon !

Un journaliste américain vient de prononcer dans un journal américain la déchéance du journalisme américain. Ce rédempteur se nomme W.-H. Murray ; son journal est l'*Arena* et c'est dans la livraison d'octobre qu'on peut lire le premier évangile de cette neuve et séduisante prédication.

Il paraîtrait que les Yankees constatent avec quelque épouvante sur quelle pente perfide leurs modernes organes de publicité se sont engagés. M. Murray affirme ne se faire que l'écho de très nombreux citoyens alarmés, terrifiés et qui réclament désespérément une prompte réforme dans les mœurs de la presse courante.

Tout ce dont s'est fait en France le boulangisme, toutes les compromissions, toutes les vilenies, tous les tripotages, tous les chantages, toutes les pertes de conscience et de dignité, toutes les faiblesses et toutes les goujateries — autant d'américanismes !

Et ce qui nous a fait nous détourner en ces dernières années de certaine presse pourrie, ces germes de corruption que nous sommes souvent parvenus à couper avant le mal fait, on peut, paraît-il, les voir dans la patrie de M. Murray s'épanouir largement. La vermine qui n'a contaminé chez nous qu'une partie des journaux français, ne laisse là-bas nul coin libre, si petit qu'il soit, pour l'écrivain qui se veut garder propre.

La presse américaine, pense M. Murray, est gâtée par deux passions vénéneuses : l'amour du potin et l'amour du gain. « Elle n'est plus qu'un commérage de portière ! » Il se refuse à voir désormais en elle autre chose qu'un prétexte à étaler sous les yeux des femmes et des enfants toutes les purulences sociales que les modernes reporters découvrent avec cette promptitude de coup d'œil qui distingue le vautour flairant quelque proie.

Or, quel remède propose-t-il à ce mal ? Quel est son plan de réaction ?

Que veut-il donc que nous apprennent les journaux, ce M. Murray ?

Cet évident farceur feint de rêver une presse quotidienne servant uniquement à la discussion de la *science* et de l'*art*. Assurément, nous voudrions le croire bien intentionné, mais nous ne pouvons nous empêcher de le trouver ici un peu plus puffiste que ceux qu'il tance. Reprocher à la presse de faire métier de commère à la colonne des tribunaux, à celle des échos ou des faits divers, c'est vouloir la mort de ce qui fait l'attrait et l'entrain de la lecture courante et quotidienne, c'est vouloir une chose impossible et c'est surtout parler pour faire parler de soi.

**
* **

Hier encore on fulminait, au Palais, contre les indiscrétions de la presse parisienne.

C'était M. Garanger, repoussant avec horreur l'idée qu'il eût jamais pu se commettre avec un interviewer... C'était Eyraud accusant les reporters de s'être faits aboyeurs à ses trousses. C'était Mᵉ Robert présentant Gabrielle Bompard comme une victime des chroniqueurs.

Ils avaient raison contre la presse et la presse avait raison contre eux. Le reportage doit renseigner sur tout. Il n'est ignoble que quand il renseigne sciemment à faux.

Mais ce n'est là qu'un point du pamphlet de M. Murray. Il va plus loin :

« La presse fait faire à un mensonge le tour du pays en une seule journée ; elle donne une publicité universelle à une vile calomnie ; il lui suffit d'une ligne pour ternir à jamais une réputation honorable, la juste récompense d'une vie sans reproches ; elle répand dans les deux hémisphères un soupçon qui flétrit la renommée la plus pure. Si un homme en vue dans la politique se défend, la presse crie : « Qui s'excuse s'accuse. » S'il se tait, on dit : « Vous voyez, il a peur, il ne se défend même pas ! » Enfin si, dégoûté de la carrière politique par d'injustes attaques, il rentre dans la vie privée, ses ennemis ne désarment pas, et c'est à peine si la tombe pourra le dérober à leurs coups. Voilà ce que nous appelons du bon journalisme ! »

« L'argent n'a ni conscience, ni honneur, ni patriotisme, ni sympahtie pour la vérité et pour la justice, ni respect pour les convenances. Il ne connaît qu'une chose... son profit. Tout ce qui fait vendre le journal est bon à imprimer ; que cela soit vrai ou faux, bon ou mauvais, calomnieux ou équitable, propre ou malpropre, qu'importe du moment que cela fait de l'argent ? Tout ce qui fait sensation, tout ce qui fera sortir les sous les plus crasseux des poches les plus sordides ; tout ce qui augmente la publicité s'appelle chez nous « du bon journalisme ».

« On a souvent exalté la puissance de la presse, continue le critique américain ; c'est un côté de la question. Il y en a un autre : la presse est aussi un objet de terreur. »

*
* *

Pour ce qui m'intéresse dans la comparaison qui pourrait être établie entre les tendances que certains misérables goujats essaient de donner à la presse française et le piteux état actuel de la presse américaine, je ne veux retenir que ce qui se passe dans le monde de la critique parisienne.

Quatre ou cinq coquins ont usurpé le droit de présenter les modernes écrivains au public qui achète des livres.

Ces quatres ou cinq coquins ont fait traité avec les éditeurs. Moyennant telle somme, ils « lanceront » tel livre, bon ou mauvais, et lui donneront la célébrité. Et les éditeurs sont assez faibles pour tomber dans ce panneau. A chaque lancement de volume, ils portent à ces *critiques* des sommes avec lesquelles l'auteur pauvre pourrait se nourrir pendant de longs mois.

De son côté, l'écrivain se trouve dans une situation très douloureuse. S'il a recours aux marchands de réclame, les camarades souriront devant son succès, sachant de quels sacrifices pécuniaires il est fait. S'il n'y a pas recours, le livre passera inaperçu et n'aura pas de lecteurs en dehors d'un public trop restreint de connaisseurs bien informés.

Est-ce plus longtemps tolérable ? Au lieu de tant se plaindre contre leurs éditeurs qui sont eux-mêmes dans une situation fort difficile devant les exigences de plus en plus grandes de certaine presse, les auteurs ne devraient-ils pas faire ligue avec eux contre les critiques ruffians ?

Mais je regrette d'avoir à parler ainsi en citant un journal... américain !

C'est de l'Amérique que nous est venu le mal. Il

ne faut pas que nous acceptions d'elle le remède. C'est à la presse française à s'en guérir et elle le fera, car nous vivons sur une terre généreuse où les implantations mauvaises ne sauraient se perpétuer.

Je n'accepte pas la leçon que ce M. Murray nous donne sur le dos de ses compatriotes. Il me fait l'effet, lui, de se tailler quelque réclame et de rêver quelque gain en polémiquant ainsi contre le gain et la réclame ; il faut connaître le tempérament Yankee pour ne pas douter une minute que ce Yankee, fondant un journal, songe à le faire lire en se signalant par quelque coup de tam-tam.

La presse américaine ne peut qu'être ce qu'elle a toujours été. Nous, au contraire, nous avons eu une belle presse française intelligente, loyale, libre et généreuse. Il faut y revenir bravement, courageusement de nous-mêmes.

Il n'y a pas de campagne à mener, pas de clameurs à pousser, pas de coups de rifle à tirer en l'air.

Que la jeunesse actuelle sente qu'elle n'a qu'à ne pas imiter certains lâches exemples, à mépriser les erreurs et les tares dont sont faits certains succès.

Elle doit apprendre à dégager sa pensée, pure encore, des ornières où les syndicats de gens de lettres et de feuilletonistes rapaces veulent l'attirer, pour la corrompre ou la tuer.

7 janvier 91.

LE PLAIDOYER D'AJALBERT

A propos du succès fait à la *Fille Elisa* et surtout à l'éloquent plaidoyer que MM. de Goncourt et Jean Ajalbert ont mis dans la bouche de l'avocat Antoine, un de nos confrères se regimbe et prend en très mauvaise part cette défense de la *fille*. Il trouve *audacieuse* l'idée générale de la pièce qui est toute dans cet admirable plaidoyer naïf et généreux en faveur de la *fille*.

Ce fut, dit-il, une mode qui se passe que cette ode chantée en l'honneur de la Vénus impudique. Il refuse d'admettre qu'on se soit, pendant trente ou quarante ans, tenus pour obligés dans la littérature de débiter cette plaidoirie dont M. Ajalbert vient de rééditer la synthèse et que, en prose, en vers, en chansons, en drames, en comédies, en opéras, en romans, le public ne se soit lassé d'entendre présenter avec plus ou moins d'habileté cette défense de la *fille*.

Ce censeur, s'il prend ainsi les choses par leur côté galant, ne peut en effet trouver trop ragoûtant un si persistant parti-pris chez nos écrivains.

S'il ne veut s'intéresser qu'aux grâces, il lui est permis de constater que si l'antiquité, dans son culte du beau plastique, célébrait les formes enchanteresses de ses courtisanes et leur entente des choses de l'amour, c'est que la prostitution était alors un art savant et compliqué, résultant d'une « éducation circonspecte ».

Et nous nous empresserons de lui accorder qu'en effet l'Art grec pouvait y trouver une application suave.

Mais nous nous plaçons, nous, à un tout autre point de vue ; et sans déprécier une esthétique que nous trouvons bien à sa place dans l'histoire de l'Art et que nous y laissons, il nous convient mieux d'envisager les choses comme M. Jean Ajalbert les a envisagées.

Assurément, ce n'est pas pour rendre hommage à la beauté amoureuse que la littérature des « filles » est née chez nous, s'attelant à une besogne moins païenne.

Elle ne cherche nullement à réhabiliter l'amour pour Alphose ni à exalter les passions louches.

Elle prétend rendre et rendra peut-être un bien autre service.

Aussi, nous refusons-nous à croire que c'est parce qu'il n'a plus les « excuses de l'âge » que M. de Goncourt se justifie d'écrire sur les « filles » en prétextant des études, en donnant un but moral à ses analyses.

Influence des milieux... obéissance passive... lois d'hérédités... tout cela semble au chroniqueur des mots habiles inventés par un homme de talent pour faire illusion et troubler d'honnêtes bonnes âmes que gagne la mansuétude de l'écrivain. Et ce même chroniqueur estime que c'est une duperie dont on reviendra, que ces plaidoyers sont des sophismes, que Hugo avec Fantine, Zola avec Nana, Goncourt avec Élisa, n'ont cédé qu'à de mauvais élans littéraires.

Raisonnons pourtant.

MM. de Goncourt et Ajalbert, en nous montrant une fille battue et exploitée par sa mère, dressée à la prostitution, élevée dans les maisons de passe, nous ont-ils montré une réalité des mœurs contemporaines?

Oui! C'est hideux, certes. Mais, puisque cela est!

Et puisque les faiseurs de prix Montyon, les déclamateurs de sciences morales et politiques, ne s'occupent de ces martyres que pour taper dessus, n'est-ce pas à l'écrivain de provoquer en leur faveur quelque émotion, quelque pitié dans le public?

Des économistes réglementent la prostitution et ne font que tracer autour des condamnées de l'amour un cercle qui les enferme dans leurs besognes, leur interdit d'en sortir et les défend de tout contact autre que celui qu'on sait.

C'est une pratique indigne des grands et larges sentiments modernes et les écrivains doivent se soulever.

Puisque la loi fait des martyres, c'est au sentiment de les défendre.

Ce besoin de fêtes, cette horreur du travail appliqué, cet entraînement vers les plaisirs sensuels, c'est quelquefois ce qui fait Gabriel Bompard (et encore !), mais ce n'est pas cela qui fait en général d'une vierge, une fille.

Ce qui la fait telle, c'est le bourgeois qui la prend et se détourne ensuite, c'est le quartier où elle est née, l'enfance qu'elle a vécue, les mœurs qu'elle a vues, c'est son ignorance, sa faiblesse, sa misère. On ne peut se lasser de le répéter.

Rivarol ne disait-il pas au siècle dernier :

— Dans les grandes villes, l'ignorance est le dernier festin du vice ?

Hé bien ! prenez une de ces vies de filles, mettez-la au théâtre, montrez-la à un public élégant, après avoir montré quelque bergerette, faites voir les conséquences, exhibez cette traînée du ruisseau que l'on cautionne, la créature déprimée !

Alors, ceux de vos *bons garçons* qui ne quitteront pas la salle, un peu gênés, trouveront qu'il y a autre chose à faire que d'injurier cette infernale misère.

Vous aimez les filles honnêtes, monsieur le chroniqueur ? Elles ne le sont que parce qu'elles ont pu l'être. C'est vieux, mais c'est comme ça.

Et vous dites :

« Il ne faut pas avoir vécu dans ces quartiers de Paris où la prostitution libre et demi élégante a établi ses pénates pour tomber dans la romance pleurnicharde de Fantine. Contraint par les hasards des fâcheux voisinages inévitables aujourd'hui, il ne faut pas avoir vu de près les Fille Elisa, ces brutes paresseuses et goulues, pour conserver la moindre illusion. Jusqu'à la réputation qu'on leur fait d'avoir un bon cœur, qui est usurpée. Hors à leurs chiens et à elles-mêmes, à qui portent-elles affection ? »

Voudriez-vous pas qu'elles vous préfèrent, vous qui parlez ainsi ?

---

4 janvier.

1821-1891. — AUTEUR DRAMATIQUE ET ROMANCIER

Sinon la France entière, du moins la *Revue des Deux-Mondes*, un bon tiers de l'Académie et la moitié des salons littéraires viennent de faire en la personne de M. Octave Feuilet une perte considérable. L'heure n'est pas propice pour juger cet écrivain aussi sévèrement qu'il doit l'être et nous en avons dit assez de mal tant qu'il vivait pour nous reposer un peu durant ses obsèques.

Il aura d'ailleurs des comptes assez sérieux à régler avec la postérité pour qu'on le lui livre à peu près intact. L'histoire littéraire d'un pays se fait lentement et ce n'est que longtemps après leur mort que certains reçoivent le jugement inattendu et définitif.

En attendant que cet auteur dramatique, ce romancier soit apprécié a sa juste valeur par les générations de spectateurs et de lecteurs qui suivront, et que son éloge, prononcé à l'Académie par son successeur, ait donné le signal des vrais éreintements, bornons-nous à dire qu'il fut le mainteneur des plus mauvaises mœurs littéraires de ce siècle.

* *
*

Il avait soixante-dix ans et ses biographes nous apprennent qu'il fut élève du lycée Louis-le-Grand et lauréat du Concours général où il obtint le prix de discours français en 1835.

Il eut donc une jeunesse de bon élève, sinon de *fort en thème*.

C'était un Normand de Saint-Lô, bien de sa personne, destiné à la vie facile par sa naissance en famille aisée et ses dons personnels de prudence, de modération et d'entregent.

Cette désagréable famille d'écrivains, que les salons nomment des écrivains aimables, ne devait produire rien de plus distingué que la personnalité de ce littérateur aux phrases douces, aux peintures tendres, aux expressions polies, qui devait chercher sa voie dans le monde des confessionnaux musqués et des coulisses impériales.

* *
*

Nulle vigueur, nulle saveur.

Au théâtre, dans des décors de paravents, des personnages groupés pour dessus de pendule, des inventions de romance, des intrigues bébêtes de boudoir dont il s'amusait et qu'il dénouait avec une habileté matoise et féline, mais toute mécanique, sans l'ombre d'une pensée.

Dans le roman : des recherches de sentiments artificiellement accommodés aux goûts des bourgeoises godiches et perverses du second Empire, amoureuses de Capoul et joueuses de charades ; des études de pruderie, de fausse foi et de passionnettes à froid.

On a voulu dire que sur la fin de sa vie son talent s'était haussé, son esprit élargi, sa manière agrandie.

Sa manière peut-être ; mais pour le talent et l'esprit, ce qu'il en avait s'était au contraire incroyablement relâché, ramolli, dissipé.

Le *Village*, la *Fée*, le *Cheveu blanc* étaient des bavardages.

C'est de *Dalila* (1857) que date le bafouillage présomptueux où ses fidèles trouvèrent prétexte à exclamations.

*
* *

Faut-il dire que la réclame partie de Compiègne a fait un vilain prestige à Feuillet ? Ce psychologue pour poupées écrivait des proverbes dont l'un fut joué par Eugénie et... d'Andlau. Ces souvenirs font drôle de figure devant l'esprit moderne qui, repassant les noms d'alors, en trouve d'autres célèbres que celui de Feuillet.

Qu'il ait été le courtisan d'un régime, cela lui sera d'ailleurs moins compté comme un grief que d'avoir été le courtisan des seules modes et des seules mœurs de ce régime.

Ce genre de délicatesses si apprécié d'Eugénie, semble aujourd'hui une chose bien vaine et sera de moins en moins goûté dans l'avenir.

*
* *

Faut-il relever qu'il ne faisait pas bonne mine à la République ?

Sans doute ; car dans cette fidélité à l'Empire, il ne faut voir que le mesquin attachement d'un homme de succès usurpés à des gens dont la fortune politique favorisa un moment sa fortune littéraire.

De telles reconnaissances vibrent plus près de l'estomac que du cœur.

L'Empire fut de ces régimes dont on peut dire qu'après sa chute il y eut plus de honte pour ceux qui lui restaient fidèles que pour ceux mêmes qui le trahirent.

Octave Feuillet, encroûté dans ses réminiscences de courtisan fêté, n'avait pas le cœur fait pour ces retours de conscience, pas plus qu'il n'avait la plume faite pour écrire jamais un cri du cœur.

Et s'il ignora toujours ce qu'est une réelle dignité d'écrivain, il ne sut davantage se dire, lui Français, qu'il est des amitiés, des associations et des compromissions dont c'est le remords et non le souvenir qu'il faut garder.

9 janvier.

LE PÈLERIN PASSIONNE

C'est très aimable à M. Anatole France d'avoir présenté comme il l'a fait à ses lecteurs du *Temps*, l'œuvre nouvelle du poète Jean Moréas. Certes, entre les critiques qui comptent, il mérite un bon point, car il est le premier capable, croyons-nous, d'une action si désintéressée et qu'il a sans doute jugée si hardie. Mais il aurait mieux fait encore en se souvenant que Moréas était un écrivain connu et qu'il était besoin d'un simple rappel de ses précédentes œuvres personnelles, les *Syrtes* et les *Cantilènes*, pour ramener au livre récent l'attention des abonnés d'un si grand journal.

Il n'est quincaillier de Pont-à-Mousson qui ne sache aujourd'hui que la poésie contemporaine s'est qualifiée symboliste et que Jean Moréas mène la jeune phalange pour laquelle Charles Morice écrivit des préceptes ravissants.

M. Anatole France eût donc plus délicatement alléché son public en lui parlant de l'œuvre encore vierge, qu'en donnant l'explication de certains termes d'école passés dans l'usage courant et en empruntant à des notices que l'on sait par cœur certains détails biographiques très inférieurs à ce qu'est Moréas, poète altier, unique et plein de sa foi littéraire.

Le *Pèlerin passionné* est une suite d'une cinquantaine de pièces où quelques semblants d'action ne sont mis que pour rendre plus vivement perceptible l'accord des sentiments légèrement exprimés et des idées non déduites avec une harmonie aux incessantes surprises, que le sentiment commande et que l'idée fait jouer.

Et dans la réussite, Moréas a le droit de défendre qu'on le tienne pour un raisonneur *à priori*, d'affirmer qu'autant et plus qu'un autre il « obéit au Démon qui le prêche ».

Un troupeau gracieux de jeunes courtisanes
S'ébat et rit dans la forêt de mon âme.
Un bûcheron taciturne et fou frappe
De sa cognée dans la forêt de mon âme...

Il éprouve, ce pèlerin passionné, tout le long de son calvaire de chansons, d'églogues et d'élégies, une grande lassitude de sa lente passion. Il aimerait ses souvenirs, s'il n'y avait que des souvenirs.

Joël est dans sa tour assis,
Sa tour et sa tourelle.

> C'est quand dans les bois épaissis
> La feuille renouvelle.
> Pour lui, il n'est Mai, ni printemps,
> Il n'est philtre, ni baume.
> Euh ! las, car il aura cent ans
> Vienne la Saint-Pacôme.
> A-t-il fait joutes et bonhour !
> A-t-il suivi la guerre !
> . . . .
> . . . .
> Vœux liés, déliés, lien
> Loyal qu'il soit, qu'il mente
> Ah ! maille ! maille ! Au mal, au bien,
> Quand vient la mort charmante
> La souvenance va, musant,
> Le jeu plaisant !

Mais il faut galanter, dire de ces choses qu'emporte le vent.

> Aussi, parmi cette flamme
> Que venez-vous faire,
> O mon âme !
> Ah ! laissez
> Vos bouquets d'ancolie
> Et faites de façon
> Que l'on vous oublie.

Il faut se reprendre, s'exalter, se recomposer, se rapprocher d'une lèvre qui brille et dont le sourire enchante.

> ... Toi, sonorale, toi, sûre,
> Amante au grand cœur dévoilé,
> Tu sus connaître la blessure
> D'où mon sang, à flots, a coulé.

Plein de force, vaillant, créateur, on s'est relevé. Le but s'indique, s'il ne se précise encore, mais c'est presque savoir où l'on va que sentir que l'on peut aller.

> Nymphes, gracieuse troupe,
> . . . .
> Mon heureuse fureur-née
> Sous vos lois fut ordonnée
> Vers les assurés travaux,
> Comme d'un frein est menée
> L'ardeur des jeunes chevaux.

Mais on monte toujours et la fatigue revient et ses tristesses. Ce ne sont pas encore de personnelles défaillances, mais c'est la hantise de la défaillance des autres. Ces haltes ne sont pas des repos et l'on y perd son temps de vie comme d'autres le perdirent « rustiques garçons et grands rois ». Puis ce sont des emportements après des plaintes, un cartel jeté à l'Amour qui raille, des épigrammes retournées, puis de sombres défiances.

> Ne viens-tu pas avec ta bouche d'autrefois,
>   Bruire et siffler ton antienne ?

L'expérience se condense, la clairvoyance naît radieuse avec ses espérances et la faculté de percecevoir plus subtilement, aussi plus sincèrement et s'exprime dans une éclosion abondante d'idylliques et pastorales découvertes.

Ici se place un admirable poème, *Galatée*, qu'on ne peut citer et qu'il faut laisser lire et relire, car tout l'art de Moréas s'y est appliqué triomphalement alors qu'il se proposait d'assortir les multiples nuances d'une complète harmonie en un lacis de vers inégaux, *selon la conception* primitive de *La Fontaine*, en n'usant de la rime que comme d'un moyen rhythmique sans en faire le vers tout entier.

Lorsque vous aurez dit : Oublie ! oublie ! ô cyclope !
Nos bouches parleront selon leur nature de bouche,
[et non
  Telle la peau d'un vieil onagre
  Qui résonne au tympanon.

Ainsi l'on arrive au *Bocage*, terme du *Pèlerin passionné*.

Là, le poète, éprouvé, reposé, maître de lui, peut chanter :

  Pour consoler mon cœur des trahisons
  Je veux aimer en de nobles chansons
   Les doctes filles de Nérée

Il peut se souvenir et comparer :

Je naquis au bord d'une mer dont la couleur passe
En douceur le saphir oriental. Des lys
Y poussent dans le sable, ah ! n'est-ce ta face
Triste, les pâles lys de la mer natale ;
N'est-ce ton corps délié, la tige allongée
  Des lys de la mer natale ?
O amour ! tu n'eusses souffert qu'un désir joyeux
Nous gouvernât. . . . .
. . . .
  Moi, que la noble Athène a nourri,
  Moi, l'élu des nymphes de la Seine,
Je ne suis pas un ignorant dont les Nymphes ont ri

Il s'ébat dans sa joie superbe d'avoir su crier des accents et des rhythmes. Il pressent la victoire :

L'Hymne et la Parthénie, en mon âme sereine
Seront les chars vainqueurs qui courent dans l'arène
. . . .
Car, par le rite que je sais
Sur de nouvelles fleurs les abeilles de Grèce
Butineront un miel français.

Telle est la substance très réduite de ce grand poëme si plein d'invention, si originalement et si puissamment éloquent, savant avec grâce, et parfois d'une naïveté si paradoxale qu'il défie tout préjugé, toute querelle de parti-pris, s'impose et laisse après première lecture cette sensation lente à s'effacer d'avoir vu de près une douleur consciente, ne voulant se guérir que personnellement et le faisant non point par prudence ou méfiance, mais par hauteur d'esprit.

Cette fougue d'orgueil légitime peut seule porter à cette sérénité finale où n'atteignent que les poètes supérieurs, maîtres de leur art et de leur époque.

---

10 janvier.

HENRY RIVIÈRE

Après le dernier succès du Chat Noir, il est grand temps de dire que c'est bien au seul

H. Rivière que le théâtre-bijou, aujourd'hui connu du monde entier, doit d'avoir existé.

On a fait, dans le monde parisien, injustement honneur à Caran d'Ache d'un triomphe d'art qui ne devait revenir qu'à Rivière, toujours effacé, toujours dans la coulisse, rarement vu du public.

C'est pourtant celui-ci qui a voulu que les ombres du Chat Noir fussent et c'est par lui qu'elles ont été et qu'elles resteront, type achevé d'une ingéniosité d'impressario s'accordant avec une imagination jamais à court.

Il faut avoir vu le théâtre de chez Salis dans l'œuf et l'avoir suivi de phase en phase pour sentir ce qu'en sa sphère toute petite un artiste volontaire et bien inspiré peut dépenser d'efforts et d'esprit.

Ce disque d'opale sur lequel apparaissent tant de nettes et imprévues visions, c'est Rivière qui l'a animé de tout son fonds d'idées avec un sentiment et une foi qui lui ont enfin conquis son brevet de grand artiste.

Certes, Henry Somm, le maître Willette, Caran d'Ache, Robida et autres ont apporté à cette création un concours spirituel, délicat ou savant de fantaisistes et d'illustrateurs; mais toute la conception artistique à laquelle plusieurs camarades se sont intéressés, doit sa réalisation et sa vitalité à la persistance intelligente et à la passion d'un seul. Rivière s'est, vraiment seul, entièrement voué à ce rêve théâtral et seul en mérite tout l'honneur, car il en est le génie.

Ce fut d'abord un guignol, qui n'était pas quelconque, où des poupées drôlettes interprétaient (avec Jouy, Lunel, Auriol dans la coulisse) un drame de Somm, la *Berline de l'Emigré;* et déjà il fallait voir Rivière se multiplier, reprendre les mémoires en défaillance, relever d'un tour de main les marionnettes mal tenues, varier les intonations, présider à tout, être à lui seul toute la troupe, ajoutant pour chaque représentation une fioriture au décor, un perfectionnement dans l'éclairage, quelque jeu de scène plus expressif.

Puis on retira les poupées pour murer la scène d'un transparent derrière lequel agitant des silhouettes découpées, puis articulées, Rivière et un camarade mimaient les premières cocasseries célèbres de Jules Jouy, « Gamahut » ou les « Sergots » et des histoires sans légende de Somm ou de Lunel, l'*Eléphant*, le *Drame en chemin de fer*.

Et toujours Rivière faisait progresser son affaire, rêvant toujours mieux pour la représentation suivante, disposant d'abord de ressources maigres, puis à chaque succès nouveau, conquérant de nouveaux matériaux pour s'enrichir d'accessoires intéressants.

Il démolit l'ancien guignol, en construisit un plus spacieux et mieux machiné, avec un bel encadrement qu'il combinait avec Grasset; on abandonna l'ancien répertoire trop primitif et l'on monta des pantomimes déjà compliquées : Le « Flagrant délit », la « Potiche », où figuraient en des décors coloriés, des silhouettes coloriées.

Puis ce furent les grands tableaux de l'«Epopée», avec Caran d'Ache et les féeries de l' « Age d'Or », avec Willette, et de la « Tentation de Saint-Antoine », que Rivière signait seul; puis la « Marche à l'Etoile ».

De ce moment on était lancé dans le grand, et la merveille était créée.

La « Tentation de Saint-Antoine » demeure le chef-d'œuvre des *Ombres* du Chat-Noir. Il faut se reporter au magnifique album qu'a édité Quentin, où l'on croit voir illustré, comme il ne le sera jamais mieux, le poème de Flaubert.

Ce n'est pas strictement archaïque; ce n'est pas éperdûment montmartrois non plus : c'est du Rivière. C'est d'un art fait à la fois de tact et d'inspiration, reflétant toute la nature de ce fin garçon adroit, pénétrant et réservé, mais d'autant plus exquis; usant moins de science que d'idées, mais toujours d'idées choisies et délicates, d'une verve qui se surveille, mais pour s'affiner et non pour s'économiser.

Le souvenir gardé de la « Tentation » ne me gêne d'ailleurs nullement pour applaudir au spectacle nouveau et dont cette semaine nous a donné la primeur.

Les trois tableaux de *Roland* et les six tableaux de *Phryné* se succèdent avec autant de variétés et de surprises qu'en pourraient souhaiter les yeux les plus blasés.

Le dernier décor de *Roland* est d'une majesté et d'une mélancolie somptueuses.

Mes préférences sont dans *Phryné* pour ce site sombre qui s'argente et prend peu à peu des teintes d'aurore où le *vieux poète ruiné salue le jour qui verra condamner la courtisane.*

Mais bien jolis aussi sont le *Céramique* et la *Chambre de Phryné*, qui eussent fait loucher le vieil et triste Alma-Tadema. Je ne veux pas diminuer les plaisanteries du livret de M. Donnay, assurément amusantes, mais je suis persuadé qu'il doit se sentir un peu gêné de les voir si hautement illustrées dans le premier, le quatrième et le dernier tableaux. C'est tout autre chose que des meilhacismes que je me sentirais, à sa place, en goût d'y réciter. Je plains même un peu le monologuiste aimable que beaucoup oublient d'écouter pour s'attacher à cette vision sous laquelle il chante et qui chante autrement que lui.

En revanche, les harmonies guerrières de Sivry, dominant les vers ronflants de d'Esparbès, ne se trouvent pas hors de proportion avec les tableaux où elles se jouent, si restreintes que soient les dimensions du cadre.

Donc, allez au Chat-Noir. Voyez *Roland* et *Phryné* et n'oubliez pas que les décors sont de Rivière.

15 janvier

LE MAGOT DE L'ONCLE CYRILLE

Nous avions déjà lu ce roman, qui a paru en feuilleton dans le *Carillon* et dont nous avons ici même donné quelques extraits d'un vif intérêt. En voici la donnée complète :

Cyrille est un paysan original qui n'a pas, comme son frère Auvinat, conservé le goût de la culture. C'est un beau gars normand. Il se fait marchand ambulant et amasse à ce métier une assez jolie fortune. Puis il hérite d'une tante qui lui laisse 200,000 francs et met par an 15,000 francs de côté qu'il cache dans une vieille poutre. Il a deux nièces : Emilie, revêche avare, qu'il n'aime pas, et Elisa, charmante fille, à qui il donne toute sa tendresse. Emilie épouse un tailleur, Victorin Pingrelat, aussi stupide, aussi avare qu'elle. Elisa épouse un certain Meniau, commis-voyageur, idiot, fat et débauché. Au bout d'un an, n'y pouvant plus tenir, elle se fait enlever par un honnête homme, qui la prend en grand amour, assez riche, Lebreton. Pendant vingt ans, on n'a pas de ses nouvelles. Ce n'est que lorsqu'elle est veuve et a épousé Lebreton qu'elle désire revoir son oncle et sa sœur.

Elisa, atteinte d'une maladie de cœur, a voulu revoir les siens et se faire pardonner son ancienne faute. La rêche Emilie ne veut pas recevoir sa

« catin » de sœur. L'oncle Cyrille emploie alors le grand moyen et fait voir son magot dont il promet la moitié à Emilie si elle veut recevoir sa sœur. Emilie ne résiste plus. Mais sa méchanceté fait découvrir à André, fils de Lebreton et d'Elisa, la faute de sa mère, et qu'il n'est peut être pas le fils du deuxième mari. Elisa en meurt de chagrin. André quitte le pays et s'entend avec Cyrille pour se venger de la cruauté d'Emilie. L'oncle fait un testament dans lequel il donne toute sa fortune aux pauvres, mais ne parle pas de magot, ce qui tourmente beaucoup les Pingrelat,

Cyrille meurt. Les Pingrelat fouillent sa maison et emplissent leurs poches à la hâte. Au moment où ils chargent leur butin dans une petite voiture, ils sont arrêtés par des hommes masqués qui les enlèvent et les attachent à deux arbres plantés au bord d'un gouffre : « *Le Trou aux Viaux* ». Puis ils ouvrent les sacs et jettent tout l'or dans le gouffre devant les Pingrelat suffoqués.

Le lendemain les autorités arrivent. On s'aperçoit que ce prétendu or n'était que cuivre. Cyrille et André avaient préparé de concert cette mystification.

Quant au vrai magot, André, qui le possède, en fait don à l'Assistance publique. Les Pingrelat traînent une longue et misérable existence, abrutis, idiots, vaincus.

La province sera toujours une mine inépuisable pour l'écrivain qui, à tout moment, y fait de nouvelles découvertes. Léo Trézénik est passé maître dans ces descriptions et le *Magot de l'oncle Cyrille*, publié dans la bibliothèque Charpentier, est un chef-d'œuvre du genre.

---

18 janvier.

LES « CENCI » AU THÉATRE D'ART

Nos jeunes camarades qui formaient le public de vendredi, au Théâtre d'Art, rue de la Gaîté, ne me semblent pas avoir très bien compris de quelle importance et de quelle audace était cette représentation. Ils ont fait leurs petits soireux, leurs petits « publics de premières » riant des fautes de mise en scène, des imperfections d'accessoires, des insuffisances de la figuration, des inexpériences de certains acteurs ; bref, ils ont été, on ne peut plus, « monsieur de l'orchestre » et ce n'était pas ce qu'il fallait qu'ils fussent. Un vent de figarisme frisait leurs moustachettes, sans qu'ils eussent conscience qu'un autre air soufflait dans la salle, plus digne d'eux : l'esprit de Shelley.

Il leur a semblé, comme il eût semblé à quelque Flavet ou Panserose, que ce n'était pas une chose extraordinaire que d'oser représenter, en quelque lieu et avec quelque troupe que ce fût, ce poème dramatique, épouvantable, où deux figures au moins passent toute conception antérieure. Nous arrivions là, prévenus du peu de ressources dont disposait l'entreprise, mais qu'elle était toute de cœur, d'ardeur et de bonne volonté. C'était aux spectateurs de choix à collaborer de leur respect à l'effort de MM. Paul Fort et Rabbe.

Étant à Rome, Shelley trouva un manuscrit copié dans les archives du palais des Cenci, le même qui servit à Stendhal, et contenant le récit détaillé des horreurs qui aboutirent à l'extinction d'une des plus nobles et des plus riches familles, sous le pontificat de Clément VIII, en 1599. Voici l'histoire : un vieillard, après une vie de débauche, conçoit une haine implacable contre ses propres enfants; cette haine se traduit en passion incestueuse sur sa fille, qu'il torture et violente. Cette fille, après de longues et sublimes luttes, complote et perpètre avec sa belle-mère et son frère le meurtre de leur commun tyran. La conspiration est découverte. Cenci, durant sa vie, avait à plusieurs reprises acheté au pape son pardon pour des crimes capitaux, au prix du tiers de ses possessions. Le pape cède à cette considération que les meurtriers de Cenci privent son trésor d'une source abondante de revenus. Malgré les plus instantes prières des plus hauts personnages de Rome, les coupables sont mis à mort.

Shelley, en présence de cette terrifiante légende, s'est attaché à résoudre l'énigme de ces deux figures, Cenci et sa fille Béatrice, et de représenter

leurs caractères « tels qu'ils ont probablement été. »
Il en a fait un drame avec tous les éléments que lui fournissaient l'imagination la plus vaste, la clairvoyance la plus libre et la sensibilité la plus profonde.

Il s'est passionné pour la thèse de son sujet qui était cette alliance du catholicisme convaincu avec, chez Cenci, les pires scélératesses, chez Béatrice, la froide et intrépide persévérance dans l'accomplissement d'un parricide libérateur. L'ardeur du poète s'est attachée à étudier les monuments de cette histoire, restant de longues heures en méditation devant le portrait de Béatrice peint par le Guide alors qu'elle était en prison, « cette pâle figure respirant le calme, dont l'âme semble profondément frappée et triste, tandis que le désespoir exprimé sur ses traits est tempéré par une douce patience. »

Or, cette tâche a été réalisée. Shelley a pu créer à l'image de la vérité même ces personnages que Dante même eût laissés obscurs. Il nous a rendu cet effroyable Francesco Cenci intelligible et visible; il a poussé jusqu'en ses recoins les plus secrets la pénétration de cet infiniment paradoxale Béatrice, jusqu'à en vaincre l'hermétisme, jusqu'à la jeter sur les planches toute vive, complètement humaine, sans fissures, sans lacune, nette et logique.

Ce triomphe qui grandit l'ordinaire pouvoir des poètes, qui porte notre Art au-dessus de tout autre

devait émerveiller. Il a fait dire à Macaulay :
« Nous doutons qu'un autre poète moderne ait possédé à un égal degré les plus hautes qualités des plus grands maîtres anciens »; et à Swinburne :
« Otez à Shelley sa foi sublime, son dévouement héroïque, son amour du droit et de l'idéal, il sera toujours un des plus grands poètes de tous les siècles ».

Que demandiez-vous donc que l'on vous donnât, l'autre soir, jeunes gens qui avez ri de la maigreur d'une interprète, d'un flambeau renversé, d'un bruit de coulisse manqué, d'un décor boiteux, d'un chapeau de cardinal mal posé ?

Tout n'était-il pas bien puisque vous voyiez une jeune actrice, Mlle Camée, exprimer avec de merveilleux dons de vigueur et d'extase, de souplesse et de féminité la Béatrice de Shelley telle qu'il l'a vue, bien au-delà du pâle portrait du Guide : la tête coiffée des plis d'une draperie blanche d'où s'échappent les blondes mèches de sa chevelure d'or retombant autour de son cou. « Le dessin du visage, a-t-il indiqué, est d'une exquise délicatesse; les sourcils sont détachés et arqués, les lèvres ont encore cette expression de sensibilité et d'imagination que la souffrance n'a point fait disparaître et qu'il semble que la mort même pourrait à peine éteindre. Son front est large et lumineux, ses yeux qui, dit-on, étaient remarquables par leur vivacité sont gonflés de larmes et sans éclat, mais beaux de tendresse et de sérénité. Il y a dans l'ensemble une simplicité et une dignité unies à son charme exquis et à son profond chagrin. Béatrice Cenci semble une de ces rares personnes en qui l'énergie et la grâce habitent ensemble sans se détruire l'une et l'autre. Les crimes et les misères où elle a été à la fois actrice et victime sont comme le masque et le manteau dont les circonstances l'ont enveloppée. » Telle, Mlle Camée s'est montrée, et la description de Shelley semble détailler l'effet de son talent et de ses dons, en omettant toutefois le plus puissant, celui d'une voix toute spéciale, souple instrument exprimant avec éclat ou douceur, toujours avec justesse les plus fines ou les plus éblouissantes teintes d'un rôle où les contrastes se succèdent, sans gradation, sans apprêt, par surprises, par coups, par sauts en des situations brusques comme les jeux mêmes de la nature.

Espérait-on mieux ?

C'était pourtant le principal et il fallait non seulement s'en contenter, mais encore récompenser chaudement la bravoure de M. Paul Fort et de ses compagnons, et la hauteur du point de vue où s'est placé le traducteur Félix Rubke en maintenant sa version littérale, formelle, comme l'eût fait assurément Mme Tola Dorian, si l'on se fût adressé à elle, mais comme peu d'autres l'eussent fait.

Mais vraiment le public du Théâtre d'Art ne me va guère comme je l'ai vu. J'espérais mieux de son esprit. Parbleu! on peut sourire quand un décor cloche, quand le figurant manque le pas, quand un acteur détonne : c'est machinal, involontaire ; mais que ce soit discret, que cela ne s'attaque pas à l'impression générale qui devrait être digne du poète dont le génie est là, se prodiguant.

Il faut laisser ces manques d'indulgence aux imbéciles messieurs que nous conspuons d'ordinaire bien à raison. Il faut leur laisser, comme jouissance à leur niveau, la perfection de Shakespeare adapté par les commis aux écritures de M. Porel ; il faut leur laisser le souvenir des perfections tragiques de M. Maubant ou de M. Martel, ou de M. Dupont-Vernon. Mais ce n'est pas aux poètes qui font en majorité le public d'une telle salle qu'il appartient de rire — comme des grues au procès Bompard — quand c'est la pensée de Shelley qui monte aux frises, enlevant ceux qui s'y accrochent bien ou mal, mais de bonne foi. En trouve-t-on si souvent ?

Pour moi, je souhaite de grand cœur que M. Paul Fort maintienne son entreprise, qu'il fasse, sur scène, mieux sortir les « en dedans » très corrigibles de son jeu personnel et qu'avec plus d'autorité, il gagne tout à fait son succès dans les essais qui suivront.

25 janvier

LE VIERGE

Voici une œuvre de toute conscience artistique, aux minutieuses études et qui répond bien au titre général de la série que se propose Alfred Valette : la *Vie Grise*.

C'est la vie des ternes infortunes que ne caresse aucune pitié sentimentale, que ne relève aucun élan romanesque.

Babylas, d'un caractère doux et timide, fils de Bocquet, menuisier, est mis en pension, et voici son entrée :

M. Poirrier, pion, n'arrivait pas à lui faire dire son nom. Enfin, d'une voix étranglée, il articula : Victor Babylas Bocquet. Boutrain, le meneur de la classe, jette ces mot : « Babylas ? Ah ! mince, alors ! C'est rien ça ! » Babylas est laid et n'a pas de cheveux. Sa mère veut qu'on le retire. Mais son père veut qu'il apprenne à vivre, le force à aller le jeudi avec ses camarades chez M. Cordoye, marchand de bois. Babylas va au chantier, il y rencontre trois camarades de la pension, dont Boutrain qui imagine de l'exhiber comme un singe, le fait danser, le fait pleurer, le fait chanter. La petite Aline Cardoye déclare qu'elle ne veut pas qu'« on l'embête ». De ce moment Babylas passe avec elle ses recréations du jeudi.

Plus tard, on le place chez M. Janaud, conservateur aux hypothèques. On lui fait porter perruque, ce qui le rend encore plus ridicule et plus gauche.

La mère de Babylas meurt; elle est remplacée par une gouvernante, Gertrude, pas mauvaise fille. Babylas reste toujours seul dans sa chambre Tous les soirs, entre cinq heures et sept heures, il va voir Aline, qui le reçoit toujours gentiment. Il pense continuellement à elle. Les autres le blaguent en l'appelant l'amoureux d'Aline. Il ne comprend pas. Seulement il la surprend embrassée par un de ses camarades, Cordier, et revient tout triste chez lui. Il cherche à lire, tombe sur *Le parfait époux*, qui lui est une révélation. Il va se promener aux champs, trouve une paysanne et veut achever avec elle son éducation. Mais il n'y parvient pas.

Devenu orphelin et petit rentier, il se fait inscrire dans une agence de mariage où il dépense beaucoup d'argent sans arriver à caser sa pauvre personne. Il pense avec désespoir qu'il ne saura jamais ce que c'est qu'une femme.

Des amis le mènent dans une maison à numéro, d'où sa timidité le chasse encore sans résultat.

Un jour il suit une demoiselle de trottoir, monte chez elle, la laisse se coucher, puis lui donne cent sous et se sauve éperdûment.

La conclusion s'impose, comme il n'a jamais touché la femme et qu'il n'était pas sans tempérament, il meurt tristement d'une maladie de poitrine causée on devine par quoi.

Encore une fois, c'est une œuvre patiemment conduite, d'une plume cruelle et franche qui ne recule devant rien. On ne saurait faire meilleur compliment en présence des difficultés multiples affrontées par un écrivain sincère traitant un sujet de cet ordre. Ajoutons qu'il y a dans la plupart des pages de bonnes qualités de style expressif et précis.

27 janvier

DRAME SOCIAL

La *Revue Socialiste* vient d'achever la publication du second essai dramatique d'Eugène Fournière.

Dans une courte préface, l'écrivain indique trop nettement les intentions de son théâtre *social*, pour qu'on en saisisse pas d'emblée la portée très haute. Il pense que son œuvre dramatique ne trouverait pas encore d'auditeurs, s'il lui venait la pensée de la livrer aux hasards de la scène, et c'est pourquoi il a songé à le faire « lire », avant de le faire « voir ». Eugène Fournière se défend pourtant d'avoir voulu, dans ce second drame *Hélène*, mettre en jeu des idées pures au lieu de sentiments et de passions.

Si, dit-il, une idée forme le nœud de l'action dans *Hélène*, j'ai tâché d'animer chacun de mes personnages d'une vie propre, et le ressort des sentiments, des passions et des préjugés, les meut en les rapprochant autant que je l'ai pu des gens que nous rencontrons tous les jours et dans les cœurs desquels se produisent les mêmes conflits entre leurs passions et le sentiment plus ou moins fort du devoir ou de ce qu'ils estiment être tel. Mais je ne me sens pas le courage de heurter de front le préjugé d'une salle entière sur le mariage, car le public est d'autant plus sévère dans sa morale théorique que sa morale pratique est plus relâchée. Il y a sur la scène de notre temps un idéal de vertu que personne ne réalise, mais dans lequel chaque spectateur espère se mirer. On peut lui présenter des gredins, faire même de tous les personnages d'une pièce des gredins, le public tolérera, acceptera et ne verra dans cette collection de types répugnants que sa propre antithèse. En les voyant si vils, il se sentira plus noble.

On ne saurait mieux condamner le défunt jésuite que pleurent encore l'Église et l'Académie, Octave Feuillet, pour qui le théâtre fut l'art de plier les conventions du métier dramatique aux conventions de la plus factice société, comme il est pour Dumas fils l'art de découper en actes rigoleurs les plus sombres et les plus impudentes thèses.

Fournière défend aussi une thèse dans sa pièce : l'union libre. Aussi en eût-il fait plutôt un roman, s'il n'eût craint de tomber dans l'excès des développements au dépens de l'action. Seule la forme dramatique pouvait le préserver de ce qu'il croyait être l'écueil.

Mais analysons d'abord l'œuvre et nous verrons ainsi que, contre l'avis de son auteur, elle est sûrement jouable, dès maintenant et qu'il a tort de manifester cette crainte « d'avoir eu raison trop tôt. »

Hélène est en trois actes :

Personnages : Mᵐᵉ Fabert, son fils Michel Fabert, Pascal Sergy, Hélène Rozier, son père, sa mère et sa sœur Marthe. Les amis de Michel, Grenay, Valin, Daubois.

Michel Fabert est un socialiste pratiquant, journaliste et orateur. Il mène campagne contre l'institution du mariage et professe la doctrine de l'union libre. Une fille de bourgeois, Hélène Rozier, se passionne pour ses idées jusqu'à le suivre et à se mettre en ménage avec lui.

Michel et Hélène sont désapprouvés par leurs familles respectives et se brouillent, Michel avec sa mère, Hélène avec son père et sa mère. Seule, sa sœur Marthe conserve quelques rapports avec elle.

Ils ont un enfant. La mère de Michel s'attendrit et revient les voir.

Hélène, qui sent son mari s'élever peu à peu, craint qu'une fois célèbre et riche, il n'oublie ses principes et ne la quitte. Michel l'entend formuler ces peurs. Très touché, il cède à un mouvement de pitié et se marie avec elle, faisant de sa femme libre son épouse devant la loi.

Bientôt Michel est aux prises avec la vie, aimant sa femme, mais forcé de la négliger pour suivre le courant de ses occupations.

Un ami, Pascal Sergy, devient le sigisbée, le compagnon constant de la jeune femme laissée trop seule.

Ils s'aiment.

Michel s'en aperçoit, voit tout perdu. Un autre ami le console et lui conseille de s'expliquer avec Hélène, de s'assurer qu'elle a su résister physiquement à son entraînement et de l'emmener à l'étranger. Hélène comprend, n'a cessé d'admirer Michel, ne veut pas faiblir et engage Pascal à s'éloigner.

Mais Pascal ne peut se détacher; il revient avant qu'Hélène et Michel soient partis.

Hélène l'apprend, se sent à jamais prise par cet amour et déclare à sa sœur qu'elle ne peut plus que succomber.

. . . .

MARTHE. — Tais-toi, malheureuse !

HÉLÈNE. — Me taire! Voilà un an que je me tais, un an que je retiens mes cris et mes sanglots. Voilà un an que j'étouffe! C'est Pascal seul que j'aime, c'est lui que je veux. Ah! pourquoi n'est-il pas là? S'il venait en ce moment, je lui dirais : emmène-moi !

MARTHE. — Tais-toi, si Michel entendait.

HÉLÈNE. — Michel! Eh! qu'il entende! Qu'est-ce que ça me fait! Tantôt il m'offrait ma liberté.

MARTHE. — Tu sais bien qu'il en mourrait.

HÉLÈNE. — Oui, c'est vrai... Ah! quelle horrible femme suis-je donc, pour avoir de telles pensées ... Oui, il dit vrai : il y a des femmes qui sont des filles-nées... Je suis une catin, une catin ! (*Elle tombe épuisée.*)

MARTHE. — Hélène, ma pauvre sœur, reviens à toi.
HÉLÈNE. — Quelle ignominie!... Montrer mon dévergondage à cette ange! Va-t-en, je te salis... Je ne suis pas mauvaise pourtant... Je suis sûre que si mon pauvre petit Henri avait vécu, j'aurais été aussi bonne épouse que bonne mère... Je souffre, mon Dieu, que je souffre!... Je voudrais mourir... Est-ce qu'il faut beaucoup souffrir pour mourir?... Il me semble qu'en ce moment je n'aurais pas peur... J'irais retrouver mon petit Henri... Non! il est au ciel, et l'enfer me tient déjà... Que je souffre!... Qu'est-ce que je te dis?... Je déraisonne, hein?... Je ne suis pas mauvaise, va, sœurette; je suis une pauvre, pauvre femme... Il y a dans ma tête des pensées qui ne sont pas à moi...

MARTHE. — Ne parle pas, calme-toi... Je suis près de toi.

HÉLÈNE. — Toi aussi, tu veux que je parte avec Michel?...

MARTHE, — C'est ton devoir, c'est le salut.

HÉLÈNE. — Le devoir?... Oui, c'est le devoir qui me tue... Quand je pense à Michel, si grand, si bon, je me méprise... Je sens que son regard pénètre jusqu'à ma pensée, et qu'il fait semblant de me croire quand j'essaie de me tromper moi-même... Et tu veux que je parte avec lui, que je mente encore, qu'il s'aperçoive de mes mensonges, qu'il me méprise, lui aussi! Non... J'ai trop lutté, la force me manque, je suis ma pente... Quand je me suis donnée à lui, en me sauvant de chez nous comme une voleuse, j'ai fait mon premier pas vers le gouffre. A présent, rien ni personne ne peut me retenir... Laisse-moi, plains-moi. (*Pascal paraît à la porte du fond.*)

LES MÊMES, PASCAL.

HÉLÈNE, *apercevant Pascal et s'élançant vers lui.* — Pascal! Ah!...

MARTHE, *l'arrêtant*. — Que fais-tu ? *(A Pascal)* : Sortez, Monsieur !

PASCAL. — Mademoiselle.

MARTHE. — Sortez, ou j'appelle mon beau-frère.

HÉLÈNE, *écrasée*. — Oh ! quelle honte !

MARTHE. — Ce que vous faites est indigne d'un honnête homme.

HÉLÈNE. — Marthe !

PASCAL. — Pardonnez-moi ! Hé !... Madame le courage m'a manqué.

HÉLÈNE, *saisissant les ciseaux sur la table à ouvrage*. — Eh bien, j'en aurai pour deux. *(Elle se frappe.)*

PASCAL. — Hélène, qu'avez-vous fait ?

MARTHE. — Hélène ! ma sœur ! Du secours ! Michel !

HÉLÈNE. — Marthe ! attends, ne l'appelle pas encore... *(A Pascal)* J'ai payé assez cher le droit de te voir jusqu'à la fin. A toi, Pascal, ma dernière pensée.

PASCAL et MARTHE. — Morte !

LES MÊMES, MICHEL.

MICHEL. — Morte ! Hélène ! Morte ! *(Il se précipite vers elle.)*

MARTHE. — Elle s'est frappée. Ah ! c'est ma faute ! J'ai été impitoyable ! Ma pauvre sœur !

PASCAL. — Pardonne-moi, Michel. C'est moi qui l'ai tuée.

MICHEL. — Non, moi seul suis coupable... J'ai voulu la garder, malgré elle, malgré mes principes ; la mort me l'a prise.

. . . .

Telle est cette pièce étrange, si vivante et si neuve.

Loin de partager les craintes de Fournière, nous

sommes certains qu'au théâtre son drame produirait une impression considérable ; et nous engageons vivement les directeurs intelligents et chercheurs à daigner s'en convaincre par l'expérience.

---

2 février.

LES CORNES DU FAUNE

Après le *Signe* et les *Chairs profanes*, Ernest Raynaud publie à la Bibliothèque Artistique et Littéraire, un nouveau recueil de beaux sonnets, les *Cornes du Faune*, qui le montrent en pleine possession d'un talent très libre dans sa raillerie et très personnel.

Pour louer les poètes d'un si délicat mérite, le mieux est de les citer :

Je fus longtemps un Faune assis sous le feuillage,
Parmi des fleurs, au fond d'un parc abandonné
Où j'épiais, de mon œil de marbre étonné
Le vol d'un écureuil espiègle ou d'un nuage.

Un musée à présent me tient lieu de bocage
Et j'ai, par tout rappel des champs où je suis né,
Le peu de ciel que la fenêtre me ménage
Et deux brins de lilas dont mon socle est orné.

L'exil rend plus vivace en moi votre mémoire,
Oiseaux qui dans le creux de ma main veniez boire
Ce qu'une aube imbrifère y délaissait de pleurs!

Ici, j'ai les saluts d'un peuple qui m'adore
Et les soins de valets dont tout l'hôtel se dore.
Mais mon cœur est resté là-bas, parmi les fleurs !

* *
*

Je m'en reviens sous les tilleuls de l'avenue,
Tout à l'extase langoureuse où m'a conduit
La fatigue de nos baisers de cette nuit,
Blonde que j'ai tenue en mes bras, toute nue !

Le ciel réverbéré par le Fleuve, éblouit ;
Mais pour que tout émoi de mes sens s'atténue,
Je suis comme entouré d'une impalpable nue,
Et, dans mes yeux, du rêve indolent se poursuit.

Il semble que je vais tomber en défaillance ;
Le bonheur où je suis tient de l'insouciance
Des fleurs qui n'ont de soin que celui de s'ouvrir.

Mais voici que déjà me ressaisit l'envie
De ton corps, de ton corps glorieux de s'offrir,
Où noyer tout ce peu qui me reste de vie ?

---

3 février.

SOUS LA CROIX DU SUD

M. Jean Dargène, l'auteur du *Feu à Formose*, fait paraître à la librairie de la *Nouvelle Revue* une œuvre nouvelle : *Sous la Croix du Sud*, qui est « le roman de la Calédonie ».

L'état économique, moral et social d'une colonie française de transportation, la vie exotique dans la douceur et l'ennui de son désœuvrement monotone, le conflit des éléments militaires et civil, du convict et du colon libre, des petits capitaux français et des grands syndicats de la finance cosmopolite, le Bagne enfin, la grande question néo-calédonienne toujours menaçante, voilà le sujet, neuf encore, où M. Jean Dargène introduit et promène ses lecteurs à travers les détours d'une fable dramatique.

Voici l'intrigue :

Les deux frères Camberwel sont associés à leur oncle, négociant en joaillerie à Sidney, Georges, qui, beaucoup plus sympathique que son frère Mun, et quoique Anglais, est un peu Parisien d'allures et d'esprit.

Il devenu l'ami de Mariol, armateur à Nouméa et père de deux filles, Suzanne et Luce.

La première se fiance à Georges sous la condition qu'il se fera naturaliser français.

Cela demande trois ans. Au moment où ils vont s'unir, Mun se prend d'amour pour Luce.

Mais Georges déclare à son frère que ce mariage serait impossible. Comme Mun insiste, Georges écrit à Mariol quelle a été leur vie.

Lui, Georges, orphelin, a été adopté par un de ses oncles qui l'a admirablement élevé. Cet oncle était jeune et dépensier.

Une nuit, pris en flagrant délit par le mari d'une femme qu'il avait fait venir chez lui, il avait tiré un coup de revolver sur sa maîtresse. Georges survint dans la bagarre ; on le crut coupable.

Pour sauver son oncle il se sacrifia, fut condamné à cinq ans de travaux forcés et transporté à Nouméa sous le n° 4,002.

Pour le faire évader l'oncle dut faire évader aussi son compagnon de bagne, qui n'est autre que Mun qu'il a fait passer pour son frère et qui est un vulgaire coquin condamné à quinze ans de travaux forcés pour vol et faux.

Après avoir expliqué ces choses à Mariol, Georges dit n'avoir plus qu'à se tuer.

Il ne craint plus la délation de son compagnon et ne sera pas forcé de laisser le mariage de Luce et de Mun s'accomplir.

Georges se tue.

Le livre de M. Jean Dargène ouvre des aperçus curieux sur des horizons inconnus, en même temps qu'il inaugure une forme originale et intéressante du roman exotique.

Il est impartial, ému, éloquent, et il vient à point, au moment où la question calédonienne, recemment soulevée devant le Parlement, commence, par sa gravité même, à s'imposer à l'attention publique.

---

5 février.

UNE IDYLLE A SEDOM

Voici une œuvre rééditée, fort originale et remarquable par l'aisance avec laquelle son auteur y exploite les études ardues que sa préparation a dû coûter.

Sedôm, la superbe ville impure, dont le nom seul fait battre les paupières baissées des adolescents, forme le décor énorme et fantastique sur lequel Georges de Lys a fait se détacher, au sein d'une auréole étincelante, un jeune et naïf amour.

Unie en confédération avec Gâmora, Adama, Zé Boïn et Bula, Sedôm, ainsi que toutes les autres cités de la Pentapole, souffrait de son asservissement au joug de Koudour, chef des Elamites. Depuis douze ans, Bura, roi de Sedôm, préparait sa révolte. Elle éclate soudain. Koudour est forcé de lâcher prise et les cinq villes de la Pentapole s'intitulent cités libres. Un an s'écoule. Koudour reparaît remforcé par les troupes d'Amraphel, prince de Shinnar. Panique de la ville. Seule Lot, sa femme, ses deux filles et quelques citoyens continuent d'habiter la cité. Ils sont faits prisonniers. Koudour pille la ville et se retire avec un immense butin. Le peuple de Sedôm rentre dans sa capitale saccagée. Naphis, fils adoptif d'Abraham, oncle de Lot, se lance à la poursuite des Elamites et revient vainqueur, ramenant les prisonniers. Le roi Bura veut lui donner tout le butin repris. On offre à Abraham la fille du grand-prêtre Abimaël, la belle Maheleth, le joyau de Sedôm. Abraham la refuse parce qu'elle est du sang des prêtres de Sedôm ; mais le vainqueur Naphis s'est épris de la fiancée refusée par son oncle. Il la sauve de cinq hommes qui ont voulu la violer et sont conduits par le favori même du grand-prêtre Noëph. Naphis et Maheleth se fiancent dans un baiser.

Les deux filles de Loth, Zogar et Radja, éprises de Naphis, se concertent pour perdre Maheleth. Elles la surprennent après le bain, dans un rendez-vous avec Naphis, et font prévenir Abimaël. Maheleth avoue à son père son amour pour Naphis. Abimaël répond : « Je t'ai promise à Noëph, tu seras sa femme ! » Les deux filles de Loth annoncent ce mariage à Naphis. Celui-ci se rend chez Abimaël, y trouve Maheleth qui lui demande de l'enlever. Zogar et Radja lui font prendre le lendemain un narcotique à l'heure du rendez-vous. Il s'éveille et arrive trop tard. Abimaël, dans une orgie, veut livrer sa fille à tous ses gens. Maheleth résiste. Naphis apparaît, veut la défendre. Abimaël le fait enchaîner et marquer de son sceau pour qu'il compte parmi ses favoris.

Un orage éclate, épouvantable ; la foudre incendie la ville. Naphis et Maheleth se sont jetés l'un vers l'autre et s'étreignent au milieu de l'épouvante de la cité. La flamme les atteint et les dévore, enlacés.

Cette intrigue nouant une si brillante reconstitution de temps fabuleux, est simple, hardie et crânement menée. On trouve dans le style net, clair et riche, le reflet de la langue chatoyante qui a chanté le Cantique des Cantiques.

7 février.

M. CLARETIE. — DÉMISSION

M. Jules Claretie serait bien gentil de se tenir tranquille. Il n'est qu'une *utilité* dans son théâtre ; qu'il fasse comme les autres *utilités* qui ne manifestent pas, ou qui, si elles manifestent, ne se permettent pas de le faire isolément.

Ou bien alors il faudra dire son fait à M. Claretie et à ceux qui ont eu la sottise de lui confier un poste qu'il est littérairement et administrativement indigne d'occuper. Qu'il se garde d'appeler *amis de la liberté et du bon sens* ceux qui se chargent de le défendre dans la triste situation où il s'est mis ; ils sont peut-être tels, mais ce n'est pas l'occasion de les qualifier ainsi, car il n'y a dans ces affectations de sympathie que le fait d'une de ces camaraderies sans tact et sans importance.

* * *

Qu'il se garde surtout de défendre son caractère politique.

L'art de conduire sa barque a été pour M. Claretie l'art de n'avoir aucun caractère, ni littéraire, ni politique. C'est l'homme aux poignées de main faciles, le pied-plat le plus plat de ce temps, et nous n'avons jamais entendu dire qu'il ait su jamais se rebiffer avec le moindre courage quand quelque puissance daignait lui marcher sur les orteils.

C'est à M. Claretie que l'on doit d'avoir institué cette mode impudente, pratiquée par certains chroniqueurs modernes, d'écrire quotidiennement dans cinq ou six journaux d'esprit différent en prenant pour chacun le ton de la maison ; faux gommeux au *Gaulois*, libéraux au *Temps*, pornographes à la *Vie parisienne*, pédants aux *Débats*, réclamistes au *Figaro* et pochards au *Gil Blas*.

C'est assurément faire preuve d'un polycopisme ardent, d'une souplesse de métier remarquable, d'un vif goût pour le travail graphique, d'un grand culte pour les petits profits, mais c'est prouver aussi que l'on est le contraire d'un caractère.

Journaliste, M. Claretie émargeait de la main droite au *Figaro*, de la main gauche au *Temps*, ici républicain, là réactionnaire, et montrait qu'il n'était ni l'un ni l'autre, mais simplement un farfouillard casant ses lignes où l'on payait le mieux, en attendant qu'il se casât lui-même.

**

Que M. Claretie se garde encore de parler de son bagage d'écrivain dramatique. Si ses pauvres drames ont été interdits par l'Empire et par le Seize-Mai, c'est bien comique alors qu'il ait prêté la main à ce que l'on jouât *Thermidor*. Nous n'avons garde de nous souvenir quelles furent au juste ces pièces ; mais si vraiment elles étaient républicaines et que M. Claretie ne se soit nullement aperçu que *Thermidor* ne l'était pas, c'est franchement que M. Claretie manquait un peu de cette logique qui fait essentiellement partie d'un tempérament révolutionnaire et qui n'était pas le moindre mérite de Robespierre.

Et pourtant, M. Claretie l'a écrit en toutes lettres au *Jour* :

> Personnellement, il me semble assez IRONIQUE de voir un homme dont les drames *révolutionnaires* ont été interdits par l'Empire et par le Seize-Mai, accusé... de jouer une œuvre forte d'un des maîtres du théâtre contemporain. — Quand, autrefois, je demandais la liberté pour moi, je la demandais aussi pour les autres !...

Assurément, c'est ironique, comme il le dit lui-même, et rien ne montre mieux quel homme de foi, de cœur et de caractère aura été ce M. Claretie.

Il a fait du théâtre *républicain* ; puis il écoute *Thermidor* et trouve que c'est *républicain* et parfaitement jouable sur un théâtre que subventionne la République.

Quant à demander la liberté « pour tout le monde » nous savons aussi fort bien que c'est dans la nature de M. Claretie, valet de Magnard, valet de Dumas fils, valet de Coquelin, comme il le sera de l'évêque d'Autun quand il lui faudra son assentiment pour devenir secrétaire perpétuel de l'Académie. Mais, cette liberté, comment a-t-il pu la demander jamais pour lui, cet étrange Claretie qui ne fait que servir ?

*
* *

En tous cas, ce qu'il a mal servi, ce sont les intérêts de la Comédie.

Au poste où le mettait l'administration des Beaux-Arts, il avait peu de chose à faire : simplement à ménager de bons rapports entre les auteurs, les sociétaires, la presse et le public. On savait qu'il était l'homme de ce métier de courbettes et l'on se reposait de cela sur lui. Or, il n'a su prévenir ni les uns ni les autres d'un accident manifestement inévitable.

Par ce manque de clairvoyance, il a fait perdre 500,000 francs à un théâtre de l'Etat. Qu'il paye dans la mesure de ses moyens par une démission en règle et prompte.

Qu'il ne se contente pas de dire :

— Je suis un fonctionnaire. Ma situation est donc extrêmement délicate. Je ne puis me permettre de formuler la moindre appréciation en ce qui concerne le coup qui nous atteint. Il est évident que c'est dur, très dur même ; mais, qu'y faire ?

Qu'y faire ? On communique à la presse une note parlant de la démission *en masse* des sociétaires.

S'ils le font, que M. Claretie prenne la queue et s'en aille derrière les utilités, derrière le grand M. Villain et la triste Hadamard.

Il y a au Théâtre-Libre une troupe et un directeur tout prêts pour remplacer les suicidés de *Thermidor*.

C'est l'avis de Molière.

---

9 février

LA RACCOMMODEUSE

Vespasien Sardou a trouvé son critique. Ce n'est ni feu Wolf, ni feu Pontmartin.

C'est un jeune être apollonien, au nom d'un arrangement un peu rococo, mais charmant tout de même, c'est M. Hugues Le Roux.

C'est le même qui servit de bonne à tout faire aux ménages Claretie et Daudet, et qui, sous l'aspect le plus littéraire, cache encore la féminité la plus vibrante.

Cette aimable personne, dont une décoration prématurément offerte par ses vieux maîtres satisfaits a rehaussé les charmes comme d'un trait de fard originalement placé et qui, dans une lettre dont l'encre est encore fraîche, nous parlait de « sa belle *position* conquise, rien qu'avec de l'élégance morale et le respect de son écriture » (pends-toi Floupette !), oui, cette aimable personne s'est promis d'arranger les choses dans cette affaire *Thermidor*, qui n'en est encore qu'à l'instruction.

Elle ne fait la leçon à personne; elle comprend tout le monde, excuse chacun : aimons-nous bien, dansons la ronde !

Elle se tourne vers le ministère et dit dans un murmure :

— « Il est sûr que le domaine des Muses devrait être fermé à toutes ces passions comtemporaines ! »

Vers les muscadins, avec un soupir :

— « Ce devrait être un monde supérieur au nôtre, un royaume d'apaisement où l'on n'entrerait qu'assagé avec le goût de la vérité et de la justice. »

Vers Coquelin, langoureusement :

— « Mais ce paradis-là est aussi lointain, aussi idéal que l'autre ! »

Et vers Lissagaray, avec une flamme en ses doux yeux :

« Dans le fait, le théâtre est une arène de lutte; et il est tout naturel qu'on s'y batte ! »

Mais la charmante trouve qu'au fond de tout cela... quoi... qu'est-ce qu'il y a ?

Examinons : certes, il est difficile de rester sur le terrain de la critique pure. M. Sardou est sorti de l'art impartial. Sa pièce est une pièce à tendances.

Cependant en quoi, je vous prie, tant de gens sont-ils coupables ?

Il y a un précédent, et dans la biographie de M. Hugues Le Roux lui-même, s'il vous plaît :

« Il y a quelques années, j'accommodai pour la scène le roman de Dostoïewsky, *Crime et châtiment*. M. de Mohrenheim, ambassadeur de Russie, avait bien voulu accepter la dédicace du drame. Cependant, lorsqu'il fut question de mettre la pièce en répétitions à Saint-Pétersbourg, nous apprîmes qu'elle était interdite. A propos de Rodion, on avait prononcé le mot de nihiliste dans beaucoup de journaux français qui ne sont pas trop bien renseignés *sur le nihilisme, son histoire, ses nuances*. Cette confusion nous fit du tort. On estima là-bas que nous avions sans doute dénaturé la physionomie du personnage. Nous avions écrit une pièce à tendance sans nous en douter. »

Et voilà !

De même que M. de Mohrenheim s'était laissé surprendre dans ses notions sur le nihilisme, *son histoire et ses nuances*, MM. Larroumet et Claretie s'étaient laissés surprendre dans leurs notions sur la Révolution, *son histoire et ses nuances*. Pas plus !

Comme tout s'explique !

Comme tout s'arrange !

Colombine ne met pas mieux la main d'Arlequin dans celle de Pierrot.

Vous comprenez ?

La lueur de la rampe ménage mille surprises. Cela déplace les effets d'ombre et de lumière : un drame ne peut être jugé que sur la représentation.

Est-ce qu'ils pouvaient prévoir, MM. Larroumet et Claretie ?

On comprend maintenant... ah! la matine, où pourrait-on bien encore la décorer?

Où a-t-elle pris le cœur de se vouer a un tel effort de conciliation ; car vraiment, c'était dur...

Hé bien! mais... et la reconnaissance, donc?
Tenez, c'est écrit :

— J'ai dit cela pour m'acquitter vis-à-vis d'hommes que j'estime et que j'aime, dont les intentions ne sauraient être suspectées et qui sortent tout à fait indemnes de cet incident.

Très bien ; mais, ma commère, vous poussez parfois l'euphémisme jusqu'au point où il devient tout à fait excitant et pervers.

Avec votre bonne volonté de faire convenir que dans tout cela il n'y avait pas de quoi vous fouetter le chat, vous nous donnez des comptes rendus bien troublants :

M. Sardou ne lève pas un rideau qui jusque-là avait été tenu abaissé. Nous savions tous que le pavé de Paris a été rougi de sang.

C'est la résurrection de ces souvenirs à cette minute précise de notre vie politique, dans le cadre spécial de la Comédie-Française, qui a *semblé choquer une partie du public.*

Semblé choquer une partie du public ?
Rêvé-je?
Cette pluie de monnaie? Ces bousculades? Ces cris? Ces empoignades? Ces arrestations?
C'était le public qui SEMBLAIT *choqué?*

Que demandiez-vous donc? Peste! il en faut pour vous émouvoir!

Est-ce pour nous piquer? pour nous monter? pour nous faire aller plus loin que vous nous diminuez ainsi ces fureurs, que vous trouvez que ce n'était rien, méchante?

Prenez garde! Avec des piques comme celle-là, on fait faire des bêtises aux hommes, on les pousse à l'égorgement.

Vous déchirez vos raccommodages.

Conspuez la cantinière!

---

15 février.

IDÉES GÉNÉRALES

Avec *fin de siècle*, *écriture* et *altruisme* ce singulier terme, *idées générales* est aujourd'hui passé mot à la mode. Il y a mis du temps depuis Aristote et Platon; mais tout a son heure et l'heure d'*idées générales* est enfin sonnée.

Le très fin débat où MM. de Goncourt et Renan viennent de se mesurer avec une très rare égalité de mépris et de félonie réciproques a été la consécration du fait. Ces deux esprits se sont reproché tout ce qu'on peut reprocher à un homme concernant ses idées générales.

M. de Goncourt s'écrie en une phrase bizarrement agencée :

— Tout cela, mon doux Jésus ! pour la divulgation d'idées générales que tout le monde a entendu développer par lui à Magny et ailleurs, d'idées générales toutes transparentes dans ses livres, quand elles n'y sont pas nettement formulées, d'idées générales dont il aurait, j'ai tout lieu de le croire, remercié le DIVULGATEUR, si le parti clérical ne s'EN était pas emparé pour LUI faire la guerre.

A cette phrase singulière dont M. Renan eût dû sratégiquement s'emparer afin de démontrer que M. de Goncourt écrivait fort mal le français, puisqu' « écrire mal », c'est avant tout se faire mal comprendre, et que M. de Goncourt semble exprimer, contre son intention évidente, que le part- clérical s'est emparé d'un divulgateur pour faire la guerre à ce même divulgateur (??) ; à cette phrase singulière, M. Renan ne sut que répondre ceci :

« M. de Goncourt n'a pas d'idées générales et le sens des choses abstraites lui manque absolument. »

C'est donc bien uniquement parce que l'un avait et l'autre n'avait pas d'idées générales que ces deux cuirassés se sont entrechoqués et entaillés et se sont par trois fois remis aux prises jusqu'à ce que l'un cédât, qui fut M. Renan, laissant aux mains de l'ennemi, supérieur en force et en courage, ses armes acérées et son bagage d'idées générales, dont feront grasse ripaille M. de Goncourt et sa redoutable académie.

Maintenant, c'est accompli.

M. Renan ne reprochera plus à son adversaire de manquer d'idées générales puisqu'il vient, en se dérobant, de laisser les siennes sur le terrain.

Mais cela même ne le vengera-t-il pas? Ce Goncourt est un sauvage, est un Barbare, est un Vandale; saura-t-il à quoi cela sert et comment on s'en sert? si c'est mangeable, potable, ou purgatif ou aphrodisiaque? si cela se prend en pilules, en sirop, dans du bouillon ou entre deux feuilles de pain azyme? à quelle dose? toutes les heures ou une fois par jour ou seulement dans quelques occasions, changement de saison, crises gastriques ou malaises cérébraux?

On raconte qu'il y a quelques vingt ans un voyager ayant égaré sa chaîne et sa montre sur un rivage exotique, revint et les retrouva, mais brisées. Des sauvages avaient vu l'objet et l'avaient pris pour un magnifique et dangereux serpent doré, immobile mais menaçant par son redoutable tic-tac et son mystérieux jeu d'aiguilles. Après de longues hésitations, les plus jeunes et les plus hardis de la tribu, protégés de boucliers, s'étaient élancés et avaient « tué la montre à coups de trique. »

Tremblez pour les idées générales de M. Renan! Elles sont dorées et inquiétantes. Sous leur apparente impassibilité immobile et sereine, on perçoit à l'intérieur le tic-tac des oscillations dubitatives, et cela peut-être a jeté le trouble dans le cœur du sauvage Goncourt.

Il ne se dira certes pas que ce joyau est un chef-d'œuvre d'art.

Ne le voyez-vous pas se demander déjà :

Certes, c'est beaucoup, en ce dix-neuvième siècle, d'avoir inauguré, sur toute matière, sur tout sentiment, détachée de toute conviction, de tout enthousiasme, de toute indignation, la rhétorique sceptique *du pour et du contre* ; d'avoir apporté le ricanement joliment satanique d'un doute universel ; et par là-dessus encore, à la suite de Bossuet, d'avoir été l'adaptateur à notre Histoire sacrée de la prose fluide des romans de Mme Sand. Certes, c'est beaucoup, je vous l'accorde, mais point assez vraiment pour *bondieuser*.

Ce qui, traduit en bon sauvage, signifie :
— Ce bloc d'idées générales tombé en ma possession ne me dit rien qui vaille. C'est joli, mais cela ne bouge pas et cela fait un vilain bruit. Cela m'a tout l'air de quelque chose de nuisible et qu'il faut détruire.

Oh! oui, tremblez !

Ce sauvage n'est-il pas à deux pas de livrer l'objet animé aux jeunes gens de sa tribu pour qu'ils le brisent et l'émiettent ?

Or l'idée particulière de M. Renan étant que ses idées générales sont la suprême expression quintessenciée de toutes idées générales antérieures ou contemporaines, ne sera-ce pas la fin des fins ?

Pour un vulgaire, ce ne serait rien. On remplace un bijou détruit ou on l'oublie, si cher qu'il fût.

Mais quand on est M. Renan et que l'on considère son bijou comme le talisman du monde contemporain, quand on n'aime rien tant que l'humanité et que l'on songe quelle perte ce sera pour l'humanité, vrai! de telles inquiétudes doivent causer une bien grande souffrance!

20 février.

A CALIBAN

Merci, Caliban, et louanges à vous. En plein *Figaro*, vous expliquez nos bonnes raisons de la *Bataille* et vous réussissez à les rendre intelligibles aux lecteurs ordinaires de Wolff, desquels vous daignez faire de temps en temps l'ahurissement.

Comprennent-ils?

Comprennent-ils pas?

Il y en a qui comprennent, espérons-le.

Les autres retiennent toujours quelque chose et c'est tout ce qu'on peut leur demander.

Mais en ce journal informé et déprincipé où Barrès piquotte son os de seiche, où Lemaître et un tas d'*Objectif*, de *Swell* et de on ne sait quoi, ni surtout qui prennent les ordres de M. le préposé aux annonces, comme c'est brave d'avoir dit dans vos formes personnelles, notre mot sur la question du Théâtre-Français !

Il n'y a que vous, Caliban ! Comment Magnard prend-il la chose ? Il est vrai que vous ne dites pas de mal de Claretie et que dans tout cela c'est à Claretie surtout qu'il tient, — s'il tient à quelque chose.

N'importe. En trois coups de plume géniaux vous avez défini ce qu'est le Théâtre-Français, comment il a été créé et comment il n'est jamais sorti de ses origines : « l'art théâtral qui s'exploite dans ce monument vénérable est un art d'une efficacité prudemment morne et qui tient en respect l'impatience des créateurs ; les écrivains qui s'y adonnent sont d'une espèce particulière ; ils ont le « génie gris » ; rien à craindre de leur inspiration ; moyenne des mœurs, moyenne des idées, moyenne du style, ils ne livrent que batailles gagnées ; et leurs audaces ont toujours quelque chose de conciliant où tous les gouvernements retrouvent la tactique du progrès qui leur est chère ; il ne pouvait venir qu'à un despote sans scrupule de pétrifier ainsi l'âme artistique d'une race en travail permanent de renouveau et d'arrêter la marche de la pensée par les chaînes de sûreté du poncif. » Grâce à cette institution extraordinaire de la Comédie Française l'esprit du dix-septième siècle entrave la circulation de l'esprit moderne et la refoule sur la philosophie monarchicocatholique de la société Louis quatorzéenne.

O les cabots royaux !

Réussirons-nous, Caliban, à les déloger ?

N'en doutez pas ; car nous avons dans notre jeu trop de beaux atouts, trop d'intérêts vrais, trop de passions hautes ; et nous n'avons contre nous que des laquais roublards, mais peureux, et qui nous lécheront les bottes quand il leur sera prouvé qu'ils n'ont plus que cela à faire.

L'infamie que ces drôles se sont permise envers Henri Becque, — et toutes les belles choses qu'ils ont tuées, ils paieront tout cela.

Et l'auteur du *Roi Carotte* en entendra de dures encore malgré ses trente-six cache-nez, tant qu'ils le garderont dans leurs coulisses, car il n'en a pas bougé, car il n'en veut bouger.

L'autre jour nous indiquions qu'une occasion s'était présentée de mettre tout le monde à l'aise.

Ceux qu'on n'osait déloger offraient de s'en aller !

C'était trop beau ; c'était trop clair ; personne n'a compris... que vous, Caliban.

L'occasion que nous signalions, n'ayant pas été saisie à la minute précise, est déjà loin de toute prise possible.

Se représentera-t-elle ?

Aurons-nous eu le temps d'éclairer le cerveau des gens compétents ?

Aurons-nous pu ouvrir les volets et fait entrer le jour dans ces bureaux pleins de ténèbres ?

Aurons-nous désardoué Coquelin ou décoqueliné les mardistes ou démardisé le Théâtre-Français ?

Ce n'est point besogne qui nous effraie.

Veules sont les mardistes, mobile est Coquelin, et mortel est Sardou.

Attendons la première de M. machin ou de M. l'autre... Et vous verrez si le mardiste Ganderax n'a pas eu tort de préjuger que nous sommes des gens de plume et de parole et non des gens d'action.

Certes nous trouvons qu'on peut faire beaucoup et bien mieux en écrivant sensément et en causant logiquement.

Mais enfin, quand ça ne suffit pas...

Verlaine disait hier dans une interview comique :

— Nous attendons pour manifester nos tendances que les auteurs attitrés du Théâtre-Libre aient déblayé le terrain.

Le Théâtre-Libre n'a rien à voir là que comme comparaison. C'est une entreprise privée où les abonnés ont ce qu'ils veulent. Le Théâtre-Français est une entreprise nationale où la Nation, la grande abonnée, doit avoir ce qu'elle veut : toutes les primeurs et toutes les fleurs du génie contemporain, fraîches, vivantes.

Et nous ferons la guerre aux marchands d'immortelles !

28 février.

DOCUMENTONS

Le *Figaro*, ô combien zélé pour l'art! a accepté les offres de service d'un courtois monsieur qui est allé de sa part visiter Verlaine à l'hôpital et lui demander ce qu'il pensait du banquet Moréas.

Paul Verlaine a répondu par quelques considérations générales, railleuses et quelconques, occupé surtout de fourrer dans la tête du courtois Monsieur tout ce qu'il y a pu faire entrer de noms de camarades pour qu'un tas de braves garçons profitassent de l'aubaine et pussent se réjouir le lendemain, en voyant leurs noms IMPRIMÉS DANS LE *Figaro*.

Verlaine est bon comme du bon pain; et c'est bien gentil à lui. Mais, pressé par le temps, sans doute, il nous paraît avoir omis quelques noms qui eussent trouvé plus légitimement que d'autres leur place dans cette énumération d'élite.

Il aurait pu d'abord ne pas oublier que Germain Nouveau pour n'avoir rien publié, n'en est pas moins un peu son frère de lettres à lui, Verlaine, non moins indépendant, non moins altier, non moins créateur, si moins producteur.

Soit dit en remerciant quand même Verlaine pour la plupart de ses élus.

... Et, puisque nous voici en veine de documentation, donnons la liste (telle que nous la transmet Alfred Valette par son *Mercure de France*) des écrivains qui se sont réunis pour fêter en un banquet *Le Pélerin Passionné* et toutes ces tendances à la mode.

Rappelons le toast élégant que Stéphane Mallarmé, président, a porté.

« *A Jean Moréas, qui, le premier, a fait d'un repas la conséquence d'un livre de vers, et uni, pour fêter le* PÉLERIN PASSIONNÉ, *toute une jeunesse aurorale à quelques ancêtres.* »

Et citons :

Stéphane Mallarmé, Jean Moréas, J. Huret, Octave Mirbeau, Schuré, Henri Lavedan, P. Quillard, F. Héroid, Ch. Morice, A Delzant, Emm. Chabrier, Sherard, Hugues Rebell, G. Heymonet, Mathias Morhardt, Paul Percheron, Tausserat, Renard, Ch. Bouguereau, Champsaur, Meyerson, Corbier, Pierre Hermant, L. Barracand, Gayda, Eug. Tardieu, Bunand, Léopold Lacour, Clovis Hugues, Daurelle, A. Fontainas, Odilon Redon, G. Vanor, J. Christophe, R. Gineste, Seurat, Maurice Fabre, Maurice Barrès, Henri de Régnier, Bernard Lazare, F. Vielé-Griffin, H. Mazel, Beraldi, R. Minhar, E. Jaubert, Lintilhac, Daniel Berthelot, Alfred Valette, Félicien Rops, André Gide, Albert Sémain, Raymond Bonheur, Quiquet, Dubreuilh, l'éditeur Lacroix, docteur Barbavara, G. Lecomte, Jean Carrère, Collière, Fuchs, Fourest, Anatole France, Bartoux, Bonnet, Saint-Silvestre, R. de Bonnières, Capillari, Ch. Raymond, Félix Fénéon, Bailliot, J. Le Lorrain, La Tailhède, J. Tellier.

C'est bien des noms à retenir.

Fais de ton mieux, ô public ! Car la plupart ont eu ou auront leur minute ou leurs heures dans l'histoire littéraire.

1ᵉʳ mai.

LES DEUX MARAT

C'est un docteur qui a composé le très original livre publié par la maison Genonceaux, livre d'ailleurs sérieusement historique qu'il faut lire et garder. Son auteur, M. Aug. Cabanès, a eu l'étrange idée d'entreprendre non point l'éloge ni la démolition, mais la *justification* de son héros. Et comment le « justifie-t-il ? » En peinant à démontrer que le Marat *savant* pourrait servir à *expliquer, sinon excuser* le Marat révolutionnaire.

M. Cabanès aime-t-il ou exècre-t-il le personnage que fut Marat ?

C'est bien simple : il l'aime comme confrère et tant que Marat ne fut que médecin ; mais Marat démagogue n'a pas ses sympathies. Aussi voudrait-il atténuer le second pour mieux faire sortir le premier. Son « Marat inconnu » n'est plus le farouche ami du peuple que Lamartine n'a peint qu'avec épouvante et qui fait frissonner les petits enfants des écoles chrétiennes, entre deux fessées.

Le docteur Marat du docteur Cabanès est débarbouillé, élégant, porte jabot à dentelles et culotte de ci-devant, entretient avec Voltaire d'aigrelettes polémiques où La Harpe intervient, blague Helvétius sans songer à lui faire couper le cou, se fait attacher comme médecin des gardes au service du comte d'Artois, donne ses soins aux marquises et n'a de clientes qu'au faubourg Saint-Germain.

Entre temps, le praticien aussi répandu à la cour qu'à la ville, consacre ses loisirs à des travaux de physique estimés.

Tel est le Marat cher à M. Cabanès : un bon médecin qui a « tenu dans le monde scientifique de son temps une place honorable. » Sardou en mangerait et M. Duruy l'eût décoré. Le bibliophile Jacob s'était déjà récrié : « Il y a deux Marat... le « Marat que tout le monde sait (?) et l'autre qui « fut l'élève et l'admirateur de Rousseau, l'ami de « la nature, le savant auteur de plusieurs décou- « vertes dignes de Newton dans la chimie et la « physique, l'écrivain énergique et coloré qui n'a « écrit que des ouvrages scientifiques, philosophi- « ques et littéraires. »

Étranges gens dans leur finesse !

Ayez donc été le génie d'une tempête, le tribun passionné, le vengeur des foules misérables, pour voir, cent ans après, de bons esprits vous reprendre et montrer combien vous étiez « gentil » avant la Révolution ! combien votre passé de théoricien chipotier et sentimental rachète ce que vous fûtes plus tard en pleine force, pleine action, pleine expansion !

C'est comprendre Marat à peu près comme le comprit Charlotte Corday.

Pour M. Cabanès, comme pour Paul Lacroix, le *malheur* de Marat fut, au temps de ses prouesses académiques, de s'être attaqué, par maladresse de polémiste, à la secte des encyclopédistes, par exemple au puissant Helvétius.

« Il fut écrasé par eux, ou plutôt étouffé dans l'obscurité, » dit le bibliophile.

Et voilà tout expliqué, pour M. Cabanès, le Marat révolutionnaire.

Il fut ou se crut persécuté par le clan académique, qui méconnaissait son mérite ; il se retourna violemment, plus tard, contre ses détracteurs.

Viennent les tracasseries et les déboires professionnels et Marat, qui « avait connu, un instant, les douceurs de la gloire » (textuel), Marat, dont les succès de praticien avaient obtenu un tel retentissement qu'on le nommait déjà le médecin des incurables, Marat, dont le nom allait être inscrit sur la liste des bienfaiteurs de l'humanité, se voit peu à peu contraint de renoncer à l'exercice de son art.

C'est aussi le mal physique qui vient miner lentement cette constitution d'une trempe si vigoureuse ; c'est l'horrible et douloureuse infirmité qui vient s'ajouter aux mille tourments moraux.

Et le voilà aigri, aiguillonné, le voilà abusant de ses prérogatives de justicier, le voilà révolutionnaire...

... Hé bien ! oui, monsieur Cabanès, vous avez à peu près raison. C'est en souffrant qu'on devient l'ami du peuple et l'ennemi de ceux qui l'exploitent et l'oppriment. Mais quand le peuple gagne un de ces amis-là, il gagne un véritable ami qui vient souffrir avec lui, et, plus intelligent, le remuer pour les revanches, l'exalter pour les conquêtes et le relever.

Si Jean-Paul Marat vit la cour, si, véritable savant, il n'y fut pas compris, si, philosophe éloquent, il fut joué par La Harpe, si ayant conquis une « clientèle choisie », il la perdit soudain, du même coup il comprit ce que valaient la cour, La Harpe et la clientèle. Il se tourna vers le peuple, s'y trempa et s'y trouva bien, et, de ce jour, fut vraiment Marat, voué au peuple, vivant pour lui, en lui.

Votre « Marat inconnu » très intéressant reste bien petit, bien commun auprès de ce qu'il fut après l'épreuve, quand il vit clair dans l'humanité.

MM. de la Servolle, Lieutaud, de La Bordère, Vicq d'Azir, comme lui, médecins en cour, furent de la légion banale de vos « Marats inconnus » et honorables.

Jean-Paul seul reste notre « Marat connu », celui dont vous cherchez savamment l'explication alors qu'elle est toute naturelle.

La souffrance tient deux écoles : l'une de toutes les vertus, l'autre des pires vilenies. Les parfaits coquins qui débutèrent par quelques déboires ne gagnent à l'expérience que de devenir exploiteurs à leur tour. Mais d'autres ont appris à s'abstraire héroïquement pour se solidariser ensuite et s'attacher aux souffrances d'autrui pour rester misérables avec les misérables et ne venger leur propre misère qu'en vengeant l'immense misère humaine.

Voilà le Marat du Panthéon !

TABLE DES MATIÈRES

	Pages
A mes camarades et à mes lecteurs de *la Bataille*.....	5
Rengaines..	7
Un peu de généalogie...................................	12
Vraie gloire...	17
Pigallou...	23
Bas-Rose..	28
Galanteries..	33
La Bête humaine..	39
Le Gâchis...	41
Pontmartin..	45
Emma Kosilis...	46
Polémistes...	49
Un vieux fin de siècle...................................	51
Les lecteurs de M. Renan...............................	54
La scie des entr'actes...................................	56
Mangeons du peintre....................................	60
Fanny Bora..	64
Un feuilleton..	66
Gabriel Vicaire..	69
Amants..	72
Henor..	79
Le Rousset..	83
Le petit Margemont....................................	84
En guise d'amant.......................................	89
La couverture de M. Vénus.............................	95

	Pages
En amour	100
Notre cœur	101
Mauvais fumiste	105
Eugène Vermersch	111
Le Journal libre	114
Byzance	118
Décorations	123
Éditions spéciales	127
Prenez des notes...	128
Le machiavélisme des papes	132
Non garanti	136
Les lettres d'une ouvreuse	138
Maurice Beaubourg	139
La recherche de la paternité... des idées	140
Floupetterie	144
Simple formule	145
Un ami	147
Échantillon	150
Une découverte	151
Tolstoï à Médan	153
Pourquoi ne le dit-elle pas	154
Critiques	158
Politesse	162
Au goût du jour	163
Et vous?	166
Le Port-Royal de M. Thiers	169
Gens chic	170
Drôle de métier	175
Bisbille	179
Karr	181
Albert	181
Ni Dieu ni Maître	185
Jean Lombard	193
Sixtine	198
Marie Kryzinska	202
1885-1888. — Plume à vendre	202
Un ennemi de la propriété littéraire	206
A choisir	211
Où il en est	216

TABLE DES MATIÈRES

	Pages
Dernières polémiques	218
Écrivain national	223
Mœurs à rappeler	224
La Parisienne	229
La fin d'une mode	233
Du Flaubertisme au Moliérisme	236
Simple histoire	243
Malades	248
Jules Case	249
Belles âmes	256
Célèbre	261
Fâchés	265
Un romancier condamné	266
La crise	271
La Russie heureuse. — Les Tolstowetz	275
Louis Denise	279
De Belot en Daudet	285
En décor	296
L'Antiréclame	298
Le Plaidoyer d'Ajalbert	304
Auteur dramatique et romancier	308
Le pèlerin passionné	312
Henry Rivière	317
Le Magot de l'oncle Cyrille	322
Les « Cenci » au Théâtre d'Art	324
Le Vierge	330
Drame social	333
Les Cornes du Faune	338
Sous la Croix du Sud	339
Une Idylle à Sedom	341
M. Claretie. — Démission	344
La Raccommodeuse	348
Idées générales	352
A Caliban	356
Documentons	360
Les deux Marat	362

Imp. du Progrès. — CH. LÉPICE, 7, rue du Bois, Asnières

www.ingramcontent.com/pod-product-compliance
Lightning Source LLC
Chambersburg PA
CBHW050310170426
43202CB00011B/1845